以色列史话

History of Israel

肖宪 ◎ 著

中国书籍出版社
China Book Press

前　言

　　以色列地处亚洲西端，国土面积2.19万平方公里，在全世界的200多个国家和地区中居第147位；人口约810万（其中660万是犹太人，150万是阿拉伯人），居世界第99位；2014年以色列的GDP总量为3038亿美元，居世界第27位，人均GDP为3.8万美元，位列世界第24位。无论怎么看，以色列都算不上一个大国，就人口、面积而言只是一个小国，就GDP总量和人均GDP而言充其量也只能算是一个中等国家。然而，以色列却又不是一个普通的中小国家，因为从许多方面来看，它完全可以跻身"大国"行列，或者如本书中所写的，甚至可以称之为一个"微型超级大国"。

　　我们说以色列可以跻身"大国"行列，或者可称之为"微型超级大国"，有以下这样一些事实依据：

　　一般说来，一个"大国"总会有较长的历史。现代以色列国家建立于1948年，至今还不到70年，是一个"年轻"的国家。然而，犹太民族却有长达3000多年的历史，在古代也曾有过长达1000多年的国家。今天的以色列是世界上唯一的犹太民族国家，其历史自然可以上溯到3000年前的古代犹太国家。确实，许多犹太人认为，1948年以色列并不是"建国"，而是"复国"，或者"重建国家"。当代以色列国家得以建立的理论基石——Zionism，在中文里也被翻译为"犹太复国主义"（也有人译为"锡安主义"）。以色列就是这样一个"古老"而又"年轻"的国家。

　　在长达50多年的阿以冲突中，一方是有3亿多人口、22个国家的阿拉伯世界，另一方就是以色列。双方打了五次大的战争，小的冲突难以计数，而基本上每次都是以色列获胜或者占优。这种"一边倒"的情形，实在使人难以理解。

以色列是世界上唯一的犹太民族国家，虽然其国内只有660万犹太人，但全世界有1500多万犹太人，分布在全球各国（尤其是集中在北美和欧洲）。多数犹太人都视以色列为祖国，只要以色列有需要，他们都会出钱出力（甚至出人）来帮助以色列，还会游说他们所在国家的政府支持以色列。

以色列虽然是人口小国，但却是一个"人才大国"。其劳动人口中有大学学历的为24％，仅次于美国，位居世界第二；每万人中有科技人员51人，仅次于日本，居世界第二；工程师比例居世界之冠，为每万人135名（美国为85名）；有医师2.8万人，是世界上人均医学博士最多的国家；科研人员在国际期刊上发表论文为每万人110篇，比世界上任何国家都多。

只有几百万人口和60多年历史的以色列，迄今为止已有12人获得过诺贝尔奖，其中2人获得物理学奖，4人获得化学奖，2人获得经济学奖，1人获得文学奖，还有3人获得和平奖。以色列获诺贝尔奖的人数远远超过许多人口大国。

以色列是世界上除了美、英、俄、中、法五大国之外少数拥有核武器的国家。由于以色列采取"核模糊"政策，外界不清楚它到底有多少核武器，一般估计它至少有100枚核弹头，并有高性能的运载装置。而且以色列早在1973年十月战争时就已经拥有了核武器。以色列还在1988年成为世界上第八个独立向太空发射卫星的国家。

以色列既是一个军事强国，也是一个世界级的军工强国。它生产的高性能空中预警飞机、"幻狮"战斗机、"猎手"无人机、"箭式"反导系统、"怪蛇"智能机载导弹、"战车"系列坦克以及乌兹冲锋枪等轻重武器，不仅使它在历次战争中立于不败之地，而且也是国际军火市场的抢手货。

以色列土地贫瘠、资源匮乏，但却是一个农业科技强国。它的生物育种技术、先进的滴灌、喷灌节水技术和海水淡化技术，使它不仅保证了农副产品的基本自给自足，而且每年还可以大量出口农产品，创汇10

多亿美元。在联合国发展计划署的"人类发展指数排名榜"上，以色列名列第14位，超过了许多老牌发达国家。

小小的以色列拥有数千家高新科技企业，主要涉及电信设备、软件、半导体、生物技术和医疗电子设备等领域，其中有的已经处于世界领先地位；以色列有100多家高科技公司在美国上市，是美国股票市场外国厂商最多的国家之一。

以色列还是全世界"知名度"和"出镜率"最高的国家之一。由于它长期处于冲突的旋涡中心，处事又特立独行，新闻媒体对这个国家发生的大事小事，对其领导人的一言一行、一举一动都格外关注。

……

以上列举了这么多，并不是想说以色列有多么了不起，而只是想说，以色列确实不是一个普通的中小国家，它有许多与众不同的地方，是一个非常值得关注、重视和研究的国家。尤其是当代以色列国家建立和发展的历史，是非常奇异和独特的。它既是当代世界历史一个重要的组成部分，从某种意义来说，它又是世界历史中的一个特例。

当19世纪中后期出现政治犹太复国主义思想，提出要重新建立一个犹太民族国家时，人们根本不相信这样一个国家能够建立起来。确实，那些犹太复国主义先驱当时所面临的困难是非常巨大的：犹太人散居在许多国家中，他们基本上没有什么共同的民族意识，他们中的许多人都希望通过以同化的方式彻底融入居住国社会；犹太人没有一块可以建立自己国家的土地；他们建立国家的要求最初根本得不到其他国家的承认和支持；开始时，他们没有一个统一的组织和领导机构，也没有经费和其他物质条件。但是，后来他们居然成功了。在犹太复国主义运动兴起半个多世纪之后，一个犹太民族国家——以色列国奇迹般地出现在地球上。

以色列建国后，长期处于人口数十倍于它的阿拉伯国家的包围之中。在建国后的二十多年里，它与阿拉伯国家打了四次大的战争，小规模的流血冲突和暴力事件不计其数。但是，它不但奇迹般地生存了下来，在历次阿以战争中都赢得了胜利，而且还在这种环境中取得了迅速的发展，成为中东地区在经济、军事力量和社会发展水平方面首屈一指的国家。最后它终于得到了阿拉伯国家的承认，走上了与阿拉伯国家和平共处的道路。

当然，我们可以从一些历史原因来解释以色列的成功。例如，近代欧洲社会中持续不断的反犹排犹运动，尤其是第二次世界大战期间希特勒对犹太人骇人听闻的大屠杀，给犹太复国主义运动提供了最重要和最直接的动力；第一次世界大战前后巴勒斯坦处于某种"权力真空"的状态，给犹太复国主义运动的发展提供了一定的地域空间；赫茨尔、魏兹曼、本-古里安等犹太复国主义者的不懈努力和奋斗，也是该运动得以成功、以色列国得以诞生的重要内因。以色列建国后，一些西方国家，特别是美国，给了它巨大的支持，为它的生存和发展创造了条件。除了这些之外，还有其他许多值得研究的东西。

犹太民族与中华民族同是世界上的两个伟大民族，这两个民族都有悠久的历史和灿烂的文化，都为世界文明作出过巨大的贡献。中国与以色列1992年建交以来，两国关系也一直保持着良好的发展态势。然而，由于地域的分隔和种种历史的原因，我们两个民族和两个国家之间的相互认识和了解还不够深入。很高兴中国书籍出版社能把《以色列史话》列入其"大国史话丛书"系列。希望本书能加深中国读者对以色列的认识了解，激起他们对这个国家的更大兴趣。

目 录

前言 / 1

第一章　犹太民族历史探源 / 1

- 一、朦胧的源头 ……………………………………………… 3
- 二、"十个遗失的以色列部落"之谜 …………………… 8
- 三、巴比伦之囚 …………………………………………… 13
- 四、不屈的马萨达 ………………………………………… 18
- 五、大流散 ………………………………………………… 24
- 六、三教同源——犹太教与基督教、伊斯兰教 ………… 28
- 七、千年古城耶路撒冷 …………………………………… 32

第二章　流散岁月 / 39

- 一、黑暗的中世纪 ………………………………………… 41
- 二、驱逐和"隔都" ……………………………………… 45
- 三、东奔西逃 ……………………………………………… 50
- 四、欧洲犹太人的"解放" ……………………………… 54
- 五、东欧的反犹浪潮 ……………………………………… 58
- 六、反犹主义 ……………………………………………… 61
- 七、新大陆 ………………………………………………… 66

第三章　复国之路 / 71

- 一、复国思想的产生 ……………………………………… 73

· 1 ·

▶ 二、赫茨尔和他的《犹太国》·················· 76
▶ 三、巴勒斯坦，还是乌干达？·················· 79
▶ 四、早期的犹太定居者························ 83
▶ 五、《贝尔福宣言》·························· 87
▶ 六、"犹太民族家园"·························· 92
▶ 七、犹太人、阿拉伯人和英国人················ 97

第四章　民族新生——以色列建国 / 103

▶ 一、浩劫——纳粹大屠杀······················ 105
▶ 二、戴维·本-古里安························ 110
▶ 三、与英国决裂······························ 115
▶ 四、联合国来了······························ 120
▶ 五、分治决议································ 124
▶ 六、梦想成真································ 129

第五章　为生存奋斗 / 137

▶ 一、独立战争································ 139
▶ 二、移民潮与《回归法》······················ 147
▶ 三、苏伊士运河战争·························· 153
▶ 四、"六天战争"······························ 159
▶ 五、"大以色列"？···························· 165
▶ 六、十月战争································ 170

第六章　犹太民族国家 / 177

▶ 一、犹太人与以色列·························· 179
▶ 二、不愿当以色列总统的爱因斯坦·············· 184

- 三、审判艾希曼 ·············· 189
- 四、基布兹 ·············· 194
- 五、希伯来语的复活 ·············· 200
- 六、"两个以色列" ·············· 206
- 七、耶路撒冷：圣城？首都？ ·············· 211

第七章　后犹太复国主义时代 / 219

- 一、国际社会中的孤独者 ·············· 221
- 二、政治地震 ·············· 226
- 三、犹太国度里的教俗冲突 ·············· 233
- 四、"法拉沙人"的故事 ·············· 238
- 五、"移民国家" ·············· 243
- 六、生活在以色列的阿拉伯人 ·············· 250
- 七、后犹太复国主义国家 ·············· 255

第八章　漫长的和平之路 / 261

- 一、萨达特访问耶路撒冷 ·············· 263
- 二、《戴维营协议》与以—埃和平 ·············· 268
- 三、黎巴嫩战争 ·············· 274
- 四、从马德里到奥斯陆 ·············· 280
- 五、拉宾之死 ·············· 286
- 六、沙龙放弃加沙 ·············· 292
- 七、"微型超级大国" ·············· 296

第九章　以色列与中国 / 303

- 一、中国古代的开封犹太人 ·············· 305

- 二、旧中国的犹太过客：商人和难民 …………………… 310
- 三、中国与犹太复国运动 …………………………………… 316
- 四、失之交臂：冷战时期的中以关系 …………………… 321
- 五、水到渠成：中以建交和友好往来 …………………… 325
- 六、他们都是犹太人 ……………………………………… 331

参考书目 / 336

后　记 / 338

第一章 犹太民族历史探源

以色列是一个犹太民族国家，要了解以色列，就必须了解犹太民族的历史。犹太民族的历史，确实是一部谜一般的历史。在这个民族四千年的岁月中，它只是在很短的时间里保持过一个独立的正常民族的生活，而在大多数时间里，这个民族经历的是流散、迁徙、漂泊，作为一个寄人篱下的弱者，不断受到其他民族的歧视和迫害，甚至遭到屠杀。

然而，令人惊异的是，那些曾经耀武扬威地征服它、驱逐它、流放它的大民族一个一个在历史上消失了，那些曾经傲慢地歧视它、迫害它、屠杀它的大民族也一个一个地衰落了。18世纪德国的腓德烈大帝也不得不承认说："没有一个迫害过犹太人的民族后来能繁荣起来。"而这个看起来总是处于弱者地位的小民族却能一直顽强地维持着它的生存，保持着它的传统和文化，固守着它的宗教信仰。纵观人类五千年的文明历史，能在漫长岁月里连续不断地保持着自己独特的文化、宗教、传统和习俗，能为人类文明不断作出贡献，并且至今仍能够发挥作用、产生影响的民族，在今天的世界上实在是寥若晨星了。而犹太人就是这么屈指可数的几个古老民族之一。历史上有许多次，眼看犹太人已陷入绝境，面临灭顶之灾时，它都能化险为夷，转危为安。因此，这个奇异的小民族也被人们称为"不死的民族"。

一、朦胧的源头

犹太人的历史是在迷离朦胧中开始的。之所以这样说，是因为迄今为止，我们对犹太人最早是来自何处仍一无所知。尽管我们有《希伯来圣经》这样一部重要和珍贵的文献，但其中史料与传说彼此交融，我们很难分清到底哪些是真正发生过的历史，哪些是人们的想象和传说。所以，人们在谈到远古犹太人的历史时，大都只能用一些含糊和粗略的语言来叙述它。不过这并不要紧，因为犹太人的历史是在《圣经》出现之后才变得重要起来的。

犹太人最早是出现在阿拉伯半岛的某个地方，他们同阿拉伯半岛的一些其他部落一起被称为"闪米特人"。在早期，这些闪族人完全过着逐水草而居的游牧生活。大约在公元前2000年左右，这个小小的闪族部落开始向北移动，希望找一块肥沃的土地定居下来。移动中他们曾在迦勒底一个名叫乌尔的地方生活了一个相当长的时期。据考证，这个乌尔就在现在伊拉克南部的巴士拉附近。后来，他们又在族长亚伯拉罕的带领下，沿着幼发拉底河继续向西北迁徙。可以说，这是犹太人的第一次大迁徙。

这支闪族人的队伍没有进入广阔的巴比伦平原，而是沿着阿拉伯沙漠的边缘西走，这样就可以避开强大的亚述军队。最后，他们渡过约旦河，来到了当时迦南人居住的巴勒斯坦，并在这里定居了下来。当地的迦南人称这些来自远方的闪族人为"哈卑路人"（Habiru），意为"渡河而来的人"。后来，"哈卑路"一词发生音变，成了"希伯来人"（Hebrew），他们说的语言也被称为"希伯来语"。

迦南南接西奈半岛、埃及，北连腓尼基、叙利亚，西临地中海，东距两河流域不远，是古代世界的贸易必经之路。据说，当亚伯拉罕率

亚伯拉罕带领族人来到迦南。

众来到示剑（今纳布卢斯城附近），上帝耶和华向他显现，宣称："我要把这块土地赐给你和你的后裔。"并对他说："从你所在的地方，你举目向东南西北观看，凡你所看见的一切地方，我都要赐给你和你的后裔，直到永远。我也要使你的后裔如同地上的尘砂那样多，人若能数算地上的尘砂，才能数算你的后裔。你起来，纵横走遍这块土地，因为我把它赐给你。"因此，在犹太人心中，迦南是上帝应许给他们的土地，是一块"流着奶与蜜之地"。

而当地的迦南人并不欢迎这些外族人，双方时常发生冲突。然而，这些希伯来人毕竟还是在迦南停留了下来，并在这里生息繁衍，开始了半农半牧的定居生活。据说，亚伯拉罕在年过半百之后才有了一个儿子，取名叫以撒。以撒的儿子叫雅各。传说雅各曾与天神角力，并赢了天神，被赐名"以色列"，意为"与神摔过跤的人"。雅各有两妻两妾，共生有十二个儿子，后来发展成了十二个以色列人部落。这一个时期被称为犹太人历史上的"族长时代"。

后来，迦南发生了严重的饥荒。为了部落的生存，犹太人又一次向西迁徙，越过西奈半岛来到了埃及，定居在尼罗河畔的歌珊。

犹太人在埃及和平地生活了几个世纪。大约在公元前13世纪，一个名叫拉美西斯二世的埃及法老（即国王）上台当政。为了大兴土木，修筑庙宇宫殿，拉美西斯二世逐渐使犹太人沦为了他的奴隶，强迫他们服苦役。习惯于自由生活的犹太人无法忍受这种奴役和压迫，这时他们中

· 4 ·

产生了一位名叫摩西的领袖。摩西出生在尼罗河畔，对埃及人的压迫十分不满。经过一番斗争，法老被迫同意犹太人离开埃及。在摩西的带领下，犹太人经历了千辛万苦，终于胜利逃离埃及。他们越过红海，进入西奈的沙漠之中。

据说，离开了埃及的犹太人在西奈的旷野中漂泊了四十年。为了使大家团结一致，有勇气抵御荒野中的种种艰难困苦，摩西在西奈山创立了犹太教。他声称上帝耶和华授与了犹太人十条戒律，他让人把这十条戒律刻在石板上，这就是著名的"摩西十诫"：1.除了耶和华不可有别的神；2.不可为自己制作或崇拜任何偶像；3.不可妄称耶和华的尊名；4.当守安息日为圣日；5.当孝敬父母；6.不可杀人；7.不可奸淫；8.不可偷盗；9.不可作伪证陷害人；10.不可贪婪他人的一切。摩西还让犹太人与耶和华订立盟约，要犹太人立誓接受耶和华为他们唯一的神，耶和华则会给他们以保护。这些戒律和盟约实际上是犹太人中最早出现的一些以宗教为形式的法律。犹太人后来终于返回了上帝给他们的"应许之地"迦南，但摩西却在此之前就死去了。

摩西不仅带领犹太人逃出了埃及，摆脱了法老的奴役，从而避免了犹太民族的种族灭绝，而且他还在西奈半岛创立了犹太教，使犹太人在精神上统一了起来。所以摩西被认为是犹太人最早的民族和宗教领袖，后来他也成了世界上许多民族追求自由的一种精神象征。犹太人后来每年都要庆祝逾越节、戒律节和住棚节，就是纪念摩西带领犹太人离开埃及。犹太人出埃及一事也被视为人们摆脱奴役，走向自由的榜样。法国大革命中的民众领袖们曾自称是走出埃及的"新迦南人"，美国的开国元勋本杰明·富兰克林和托马斯·杰斐逊曾建议把以色列人越过

1776年富兰克林等人提出的美国国徽图案，内容为摩西带领犹太人出埃及

红海向自由进军作为美国国玺的图案,并写上"反抗暴君就是服从上帝"。

被称为"上帝应许之地"的迦南就是后来的巴勒斯坦,这些来自埃及的犹太人并没有见过这片土地,只是从他们的先人那里知道这里是一片"流着奶和蜜的沃地"。返回迦南后,他们又花了很长的时间才重新征服了这个地区并最终定居下来。

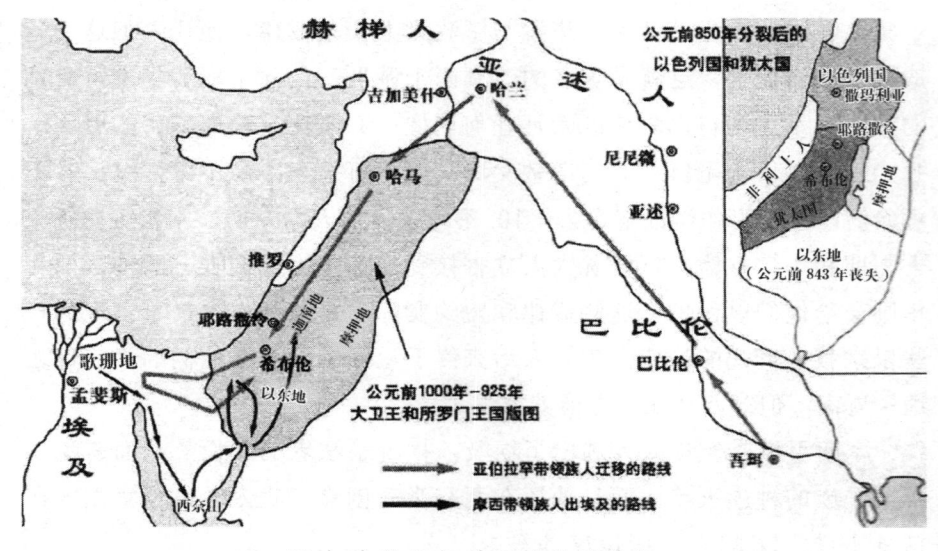

远古时代以色列人迁移的路线

接下来,定居在迦南的这些犹太人部落中出现了一些被称为"士师"的部落首领。这些由推选产生的士师既是军事统帅,又是宗教领袖,但他们的职位和权力却不能传给自己的儿子。这是一种军事民主制度,这个时期也就被称为"士师时代"。《圣经·士师记》中记载了十二位士师的故事。

此后,士师制度就过渡到了君主制度。最早登上王位的是出身于便雅悯部落的扫罗,他于公元前1025年成了各以色列部落的王。据说扫罗健壮、俊美,十分勇敢,领导了各部落与非利士人的战争。扫罗之后,继任王位的是大卫。大卫原是一个牧羊人,在与非利士人的战斗中机智勇敢,屡战屡胜,尤其是用计杀死了非利士巨人歌利亚后,在以色列人中赢得了很高的威望,从而登上王位。大卫王不但是一个勇猛的战士,而且也是一个出色的政治家。他建立了一支以色列人以前从未有过的军队，征服了当地的亚玛力人、以土买人，把非利士人逐出了境外。大卫将他的首都建立在耶路撒冷，在这里修建了宏伟的神庙和宫殿，历史上称这个古代国家为希伯来王国。大卫王在位四十年，到公元前970年他去世时，犹太人已有了一个强大的国家，疆域包括约旦河东岸的整个巴勒斯坦。

大卫死后，他的儿子所罗门继承了王位。在许多方面，所罗门比他父亲大卫更成功。在他统治的四十年里，他通过联姻结亲，签订和约等方式与许多邻国结成了联盟，不再同它们进行战争。据《圣经》说，所罗门有七百名妃子，另外还有三百名妾，她们中许多人都是通过结姻娶来的外族女子。所罗门开发了采铜、金属冶炼等行业，使国家的财富大大增加了。他还大兴土木，花了大量钱财，从腓尼基等地请来了许多工匠，用十五年时间修建起了著名的耶路撒冷圣殿。这座圣殿坐落在一个小山上，有高大的围墙，有主殿和许多侧殿，雄伟壮丽，驰名远近。在犹太历史上，这座圣殿被称为"第一圣殿"，也叫作"所罗门圣殿"。所罗门还扩大了耶路撒冷城，修建了豪华的宫殿。所罗门在位期间，犹太人的国家繁荣昌盛，人民的生活安定富足。这个时期，可以算是古代犹太民族历史上的"黄金时期"。

但到所罗门晚年时，由于无节制的享乐和挥霍，使希伯来王国的财政陷入了困境。当他在公元前930年去世之后，他的儿子罗波安继位，但希伯来王国也很快就分裂成了两个部分：一个是北方较大的以色列王国，包括了十个犹太人部落，首都在撒马利亚；另一个是较小的南方的犹太王国，只包括犹大和便雅悯两个部落和利未部落的一部分人，首都仍在耶路撒冷。但此后，原先强盛的犹太国家在南北争斗和异族入侵中逐渐走向衰落。

二、"十个遗失的以色列部落"之谜

严格地说,大卫和所罗门领导的并不是一个真正的民族国家,而只是一个松散的部落联盟。这个联盟是不牢固的,各个部落强烈的自我意识以及它们之间的相互嫉妒动摇了联盟的基础。大卫家族属于相对较为落后的、游牧的犹大部落,中部和北部较先进和富裕的部落对此一直感到不满。早在大卫王还在世时就发生了多次严重的叛乱,只不过后来所罗门王时代的繁荣掩盖了各部落间的裂痕。所罗门王死后不久,北方的十个部落就公开分裂了出去,另外组成了一个国家,历史上称为"以色列王国";剩下来的犹大和便雅悯两个部落和利未部落的一部分人,在南方组成了"犹太王国"。

犹太王国仍在大卫家族的统治之下,但北方的以色列王国在面积和人口上都比犹太王国大得多,比犹太王国也富裕得多,文明程度也较高。但在大约两个世纪后,北方的这个王国却被强大的亚述帝国征服并吞并了。如果所有犹太人合在一起,建立一个强有力的中央集权王国,本可以发展成为西亚最重要的国家。分裂后,两个国家都太弱小,不足以同其他国家对抗。而且,以色列王国和犹太王国这两个犹太人

所罗门国王

国家之间还不时发生争夺耕地和牧场的冲突，这样更进一步削弱了彼此的力量。

更大的危险来自外部，周围的埃及、亚述等大国一直在对两个犹太人的国家虎视眈眈。当时亚述的军事力量是世界上数一数二的，亚述人拥有先进的铁制兵器和强大的战车群。公元前8世纪中期，亚述国王萨尔贡二世认为征服以色列王国的时候到了。在他的率领下，亚述大军轻而易举地粉碎了以色列人的抵抗，首都撒马利亚在公元前722年被彻底摧毁。这样，北方的以色列王国在存在了二百年、经历过十九位国王的统治之后便灭亡了。

北方的以色列王国被亚述帝国灭亡后，包括国王在内的数万人被亚述人押回其帝国内，流放到一些遥远的地方。《圣经》中是这样记载的："亚述王攻取了撒马利亚，将以色列人掳到亚述，把他们安置在哈腊、歌珊河边的哈博和米底亚人的城邑。"（《圣经·列王纪·下》17:6）从此，以色列王国这十个部落离开了巴勒斯坦，最终在历史中消失了。

这十个被放逐的以色列人部落到哪里去了呢？他们后来的情况如何？他们还能重新返回巴勒斯坦，并与他们的犹太同胞相聚吗？由于自从他们被放逐之后，就再也没有关于他们的消息，这便成了一个千古之谜。在犹太民族史和宗教史中，一直流传着关于"十个遗失的部落"的说法。由于犹太教与基督教的渊源关系，这种说法在基督教和整个西方世界中也有很大影响。

据《圣经》记载，犹太族长时代的始祖雅各和他的两个妻子和两个侍女共生有十二个儿子，分别名为流便、西缅、利未、犹大、但、拿弗他利、迦得、亚设、以萨迦、西布伦、约瑟和便雅悯。以后，十二个儿子的后代发展成了十二个部落，统称为以色列人。这十二个以色列部落一起到了埃及，又在摩西的带领下逃出埃及，返回迦南。后来南方犹大部落的大卫把各部落统一了起来，建立了古希伯来王国。公元前10世纪后期，这个王国分裂成了南北两个国家：北方的以色列王国中包括了十个以色列人部落，南方的犹太王国中只有犹大和便雅悯两个部落和一小部分利未部落的成员。

据历史学家们考证，上面《圣经》里提到的地方就是现代伊朗的西北部，在里海的西南方一带。人们一般认为，这十个部落中的一些人后来可能也

Palace of Ashurbanipal - Deporting the people of the Elamite city of Din Sharri - 645 B.C.

以色列王国被亚述征服，十个部落消失了

来到了巴比伦，并与犹太人一起返回了巴勒斯坦，而多数人则留在了被放逐的地方，后来便与当地的民族同化了，因而也就永远地在历史中消失了。但是，许多虔诚的宗教徒（包括犹太教徒和基督教徒）却不接受这一说法。他们说上帝曾许诺要让这些遗失的部落返回，如果这些部落消失了，那怎能实现上帝的诺言呢？《圣经》中明确写道："主耶和华如此说：我要将以色列的子孙从他们所到的各国收取，将从各方把他们聚集，引导他们回归他们的故土。我要使他们在那里成为一国……他们不再为二国，决不再分为二国。"（见《圣经·以西结书》37:21-22）因此，他们坚定地认为，这些部落是不会消失的，他们将在弥赛亚（救世主）降临时重返上帝的应许之地，建立他们的国家。

对于犹太人来说，如果十个遗失的部落仍然存在，那么有朝一日他们将回到自己的犹太同胞中间。这不仅可以壮大犹太人的力量，而更重要的是，它将证实古代犹太先知们的预言，从而能进一步加强犹太教徒们的信仰。而基督教徒也希望找到这些遗失的部落，他们却又是出于另一种目的。他们认为，十个以色列部落的失踪发生在耶稣被钉死在十字架之前许多世纪，但耶稣受难时犹太人（即犹大部落的人）却是存在的，而且他们对此是有责任的。因此，如果找到十个失踪的以色列部落，让他们皈依基督教，承认耶稣，就可证明犹太人是走入了歧途，而基督教才是正道。

这样，寻找和发现这十个遗失的部落，对于历史学家、人类学家和文学家们来说，不过是一种具有学术价值的活动，但对于虔诚的犹太教徒和基督教徒来说，却还有着更为重要的宗教意义。因此，许多世纪以来，许多人一直在不停地寻找这些遗失的以色列部落。

在中世纪时，不断有关于发现了某一个或某几个、甚至所有遗失的部落的消息。例如，9世纪时一个名叫埃尔达·丹尼的犹太旅行家称他是遗失的"但"部落的成员。他在日记中说，但、迦得、拿弗他利和亚设四个部落生活在"库希的土地上"（现代埃塞俄比亚及周围地区）。他说他还知道另外六个部落在什么地方，因为他曾到过他们生活的地区。埃尔达·丹尼的故事一度广为流传，还引起许多学者对其进行考证和研究。12世纪时一个叫本杰明的欧洲人写了一本他在地中海东岸各地旅行的游记，他详细记载了他听到的许多关于遗失的部落的情况，这本书再次激起了人们广泛的兴趣。

到了近代，人们寻找失踪部落的热情未减。19世纪初，一个名叫约瑟夫·本雅明的法国犹太人几乎用了他的毕生精力去搜寻失踪的以色列部落。他差不多走遍了整个中东和北非地区，但后来他得出的结论是：那些遗失的部落并没有定居在某个地方，而是像欧洲的犹太人一样，成了一些漂泊不定、浪迹天涯的流浪者。他最大的成就是在印度发现了一些自称"勃奈以色列"的犹太教徒。这些犹太人在孟买及其周围地区已生活了许多世纪，但本雅明最后还是不能肯定他们到底是不是遗失的以色列部落。

19世纪中期，有一个叫作"希伯来基督徒"的基督教传教团也开展了寻找遗失部落的活动。这个团体的成员都是改宗了基督教的犹太人，他们希望找到那些古以色列人，使他们也成为基督教徒。这个团体中一个叫沃尔夫的英国人从1821年到1845年在中东向当地穆斯林和犹太人传教。他寻找古以色列人的范围深入到了波斯和中亚等地。当他听说阿富汗的普什图人可能就是遗失的以色列部落后，便多次只身去到喀布尔，进行了一系列的调查探访，但后来证明他们并不是古以色列人。沃尔夫认为中国极可能有古以色列人的后裔，但他自己却未能来到中国。

除了前面提到的那些人外，还有一些民族也曾被认为可能是遗失的以色列部落。欧洲人到达美洲大陆后不久，便有人称当地的印第安人是古代遗失的以色列人。1775年，伦敦出版了一本名为《美洲印第安人历史》的书，书中列举了印第安人的语言与希伯来语之间在词源和语法的许多相同之处，还说这两种人在体质、心理和文化方面都有大量相似之处。至于古代以色列人是如何来到美洲大陆的，却没有谁能说得清楚。17世纪一位叫作马纳斯的阿姆斯特丹犹太拉比说，那些古以色列人先是迁往鞑靼人的地区，然后又去到中国，最后才从中国去往美洲。后来，当人们发现埃塞俄比亚有许多信奉古犹太教的被称为"法拉沙"的黑人后，又称他们才是那些消失了的古以色列人的后裔。甚至有人经过考证认为，这些黑犹太人是十二个遗失部落中"但"部落的后代。但是，一些威权的非洲史学家却称，这些黑人是在历史上某个时期皈依了犹太教的当地民族，他们不可能是古以色列人的后裔，因为从人种和血缘上来看，他们同犹太人没有任何相似之处。

19世纪中，一些英国人自称他们才是真正的"遗失的部落"。他们说盎格鲁—撒克逊人中有相当大一部分都属于古以色列人，他们著书立说，找了不少根据来证明这种说法。按他们的说法，那些以色列部落不断向西北方迁徙，后来定居在欧洲北部。他们说，这些以色列人在北迁的路上留下了一些痕迹，例如，"多瑙河"（Danube）这一名称便与"但"（Dan）部落有关。这些说法其实都很牵强，有的毫无道理。实际上，这些自称"盎格鲁—以色列"的英国人是一个小的宗教派别，他们想通过自称为遗失部落来加强自己的合法性和神圣性。这个派别后来还流传到了美国等地。

针对关于"十个遗失的部落"的种种传闻和活动，英国杜克大学研究《旧约圣经》的权威学者戈德比1930年写了一本书——《遗失的部落，一个神话》，有力地告诫人们不要再对找到那些所谓的"遗失部落"再抱有任何希望，也不要再去作那些无谓的探险式的寻找活动。他说，一方面，古希伯来人就像当时其他的许多民族一样，在被征服之后被流放到异国他乡，在经历过种种艰难困苦，他们要想使自己的种族完整地保存下来几乎是不可能的。这些古希伯来人要么死于痛苦的流离迁徙之中，要么能幸存下来也自然同化进异邦的民族中去了，这种情况在历史上有许许多多，以色列人只不过是其中一个小小的例子而已。另一方面，他又说，后来的犹太人也未必全都是古以色列人的直系后裔，他们并非是一个纯粹的同种同源的民族，在漫长的历史进程中他们同样也吸收了其他的民族。所以，再去寻找所谓"遗失部落"是毫无意义的事情。

此后，在世界各地寻访"遗失部落"的活动确实减少了。但有些人，尤其是一些笃信宗教的人仍不甘心，有关在某地又发现了可能是"遗失的以色列部落"的消息仍时有所闻。

三、巴比伦之囚

公元前8世纪北方的以色列王国灭亡后，南方的犹太王国依然存在。犹太王国比北方的以色列王国小得多，人口最多时也不超过50万，大约只相当于北方王国人口最多时的三分之一。正因为它小而弱，所以没有引起那些相互争夺的大帝国太多的兴趣和注意力。由于北方以色列王国的覆亡，犹太王国的君主和臣民们感到了一种前所未有的危机，他们中间产生了一些具有深刻的忧患意识和道义责任的被称为"先知"的思想家。由于他们的出现，犹太人的民族意识和宗教思想进一步得到了强化，国家在政治上也进行了一些改革。

另外，此时外部的情况也发生了一些变化。盛极一时的亚述开始衰落，取而代之的是迦勒底人建立的新巴比伦王国。新巴比伦王国很快便占领了亚述南部的大部分领土，并向西扩张，同埃及争夺叙利亚和巴勒斯坦。公元前605年，新巴比伦军与埃及、亚述联军在幼发拉底河畔的迦基米施大战，结果埃－亚联军遭到惨败。埃及残部逃回埃及，亚述帝国则随着它首都尼尼微的陷落正式宣告灭亡，旋风般的新巴比伦大军称雄西亚。

在很长一个时期里，弱小的犹太王国一直处于埃及的控制之下。随着埃及的衰落,犹太王国的处境也变得越来越危险。它的一边是强大的新巴比伦,一边是它原先的宗主国埃及,应该倒向哪一边,这个问题令犹太国王约雅敬十分头疼。因为他知道,稍有不慎将导致自己这个小国家的灭顶之灾。他采取的方法是,表面上顺从巴比伦人而实际上却保持着同埃及人的联系。事实证明,这一策略的后果是灾难性的,最终导致了犹太王国的灭亡。

公元前586年,新巴比伦军队在尼布甲尼撒王的率领下,经过两年的围困之后,攻陷了耶路撒冷。巴比伦士兵夷平了城墙,烧毁了圣殿,将圣殿中的金银器物全部掠走。许多犹太人在沙场战死,另外许多人被巴比伦人处死。幸存下来的人,除少数最贫穷者外,包括国王、嫔妃、大臣、祭司、富豪等所有的居民都被尽数押往巴比伦城囚禁了起来。耶路撒冷这座昔日繁华的都城,现在变成了一片废墟。犹太人的历史进入了一个最黑暗的时刻。犹太王国一共经历了十九位国王的统治,它存在的时间比北方的以色列王国延长了一百六十多年。犹太王国的覆亡,宣告了古代希伯来人国家的终结。

公元前586年犹太人被掳到巴比伦城

被掳掠到巴比伦的犹太人失去了自由,沦为了奴隶。因此他们心中充满了对巴比伦人的仇恨,也充满了对故土和圣殿的思念。《圣经·诗篇》中"以色列人被掳的哀歌"一节便唱出了犹太人对故乡的思念和对巴比伦人的仇恨：

　　我们坐在巴比伦的河边，
　　追想起锡安，禁不住哭泣。
　　我们把琴挂在那里的柳树上；
　　因为掳掠者要我们唱歌，要我们作乐，
　　他们说："给我们唱一首锡安的歌！"
　　我们怎能在外邦唱耶和华的歌呢？
　　耶路撒冷啊，我若忘记你，
　　情愿我的右手忘记技巧，不能弹琴！
　　我若不怀念你，不把你作为高于一切的，
　　情愿我的舌头贴于上腭，不能歌唱！
　　这是耶路撒冷遭难的日子，
　　以东人说：拆毁，拆毁，直拆到根基！
　　耶和华啊，求你记住这仇恨。
　　巴比伦人啊，你们必遭报应，
　　用你们所为对你们施报复者，必定有福！
　　将你们的婴孩摔在石崖上者，必定有福！

　　到此时，眼看犹太民族就要灭亡了，他们的历史眼看也就要终结了。他们的两个国家都已先后灭亡了，大部分人民也被流放到了远方。然而，这些被囚禁在巴比伦的犹太人却没有重蹈以色列王国那十个部落的覆辙，他们在异国的土地上不仅没有消失，反而还更新了他们的宗教思想，使这个民族产生了一种新的精神凝聚力。

　　早在以色列和犹太王国被消灭之前，犹太人中就出现了一些被称为"先知"的思想家。他们根据形势的发展，"预言"了犹太国家将被毁灭，犹太民族将遭受痛苦和磨难。但是他们同时又强调，只要坚信上帝，保持信心，最后他们将会获得拯救。当犹太人被掳到巴比伦，经受着失去自由和遭到奴役的痛苦时，他们的思想产生了巨大的震动，因为先知们的预言已得到了证实。他们总结了犹太国家衰败的教训，检讨了过去信仰不坚定、不虔诚的种种"罪恶",对未来的获救充满着极大的希望。另一方面,当他们来到当时世界文明中心之一的巴比伦后,看到这里雄伟的城市,富丽堂皇的宫殿,与远近各地的联系,他们的眼界也大大地开阔了。他们崇拜的上帝耶和华此时已不再只是一个偏于一隅的民族神,而成了世界的神,宇宙的神。他无所不在,他的力量无所不及。

这样,作为犹太人精神核心的犹太教便被大大深化了,原来狭隘的地域观念被打破了。这一点,对后来的犹太民族精神产生了极大的影响,使他们在流散世界各地后仍能保持强烈的凝聚力,仍能坚持自己的信仰,对未来保持着信心和希望。

公元前538年,波斯帝国的居鲁士大帝征服了巴比伦,他采取的第一个行动就是让这些被掳来的犹太人返回他们的故国,并将巴比伦人抢来的5000多件物品归还给犹太人,让他们带回耶路撒冷。于是,在异乡生活了五十年之后,第一批大约四万名犹太人回到了迦南地,以后又有人不断陆续返回。但也有不少人因已习惯了巴比伦的生活而留在了当地,遥远而荒凉的耶路撒冷只是他们精神上向往的地方。这些留下来的人使巴比伦成了古代除巴勒斯坦之外的又一个犹太文化的中心。他们的子孙以后又进一步向更遥远的北方、东方和南方流散,他们去到了中亚、波斯、也门、阿拉伯、印度,甚至还有人去了中国。这些人后来都被称为东方犹太人。

那些经过几个月在沙漠中长途跋涉回到巴勒斯坦的犹太人,看到的故乡却是一片凄凉和令人忧伤的景象,到处是断壁残垣,荒草丛生,一片瓦砾。还有不少外乡人移居到了这里,他们对这些回归的犹太人很不友好。但令犹太人感到欣慰的是他们毕竟回到了自己的故土。他们在波斯人的帮助下,修复了耶路撒冷城,并重建了被巴比伦人毁坏的犹太圣殿。重建圣殿的工程前后历时近20年,最后在公元前516年建成了犹太第二圣殿。这座圣殿虽然不如所罗门圣殿那么华丽壮观,但经过此次磨难后的犹太民族在精神上却远比以前成熟了。至此,犹太人起源的早期历史也就结束了,进入了受希腊人和罗马人影响的"第二圣殿时期"。

耶路撒冷第二犹太圣殿

回到巴勒斯坦的犹太人，一度曾很消沉，对犹太教的信仰也不那么坚定了，许多人娶了异族女子为妻，有些人甚至连希伯来语都不会说了。公元前457年从巴比伦回到耶路撒冷的先知以斯拉看到这种情形后，对犹太民族的前途深感忧虑。他同犹太社团的领袖们协商后，命令所有娶了外族女子为妻的人都必须休掉他们的妻子。同时，以斯拉不断向人们宣读巴比伦文士写的《托拉》（即《犹太律法书》，也称为《摩西五经》），要求人们学习和遵守教律。在采取了这些措施后，犹太人的宗教信仰又加深了。犹太教的教义和律法体系逐渐形成和完善。

此时的迦南属于波斯帝国的一个行省，叫做"犹太省"。波斯皇帝允许犹太人在这里实行自治，对犹太人的行政和宗教事务、节日、习俗都不加干预，而且还从犹太人中挑选省督进行管理。公元前445年，又有一位犹太人尼希米从波斯来到耶路撒冷，此人是波斯皇帝的亲信，被波斯皇帝委派为犹太省的总督。回到耶路撒冷后，尼希米进行了一些社会改革，强迫富人们放弃了债务，把夺取的土地归还给穷人，并减轻了人民的税赋。他还组织人们重修了城墙，防止外族的入侵；他还并规定犹太人必须严守律法，遵守安息日制度。在此后的二百年里，巴勒斯坦的犹太人口逐渐增加，社会安定，经济繁荣，直到希腊人的到来。

四、不屈的马萨达

在第二圣殿时期的前两百年里,犹太人经历了一段相对来说较为平静和繁荣的岁月。他们虽然处于波斯帝国的势力范围内,但宽容的波斯皇帝却能让他们保持着很大程度的自治。在这个期间,犹太人的民族意识和宗教思想都有了极大的发展,尤其是犹太宗教律法体系已基本形成,它对规范犹太人的个人生活和社会生活起到了巨大的作用。巴勒斯坦的犹太人与留在巴比伦的犹太人在学术上、政治上和文化上也保持着频繁的来往,被称为犹太人的两个中心。

公元前331年,来自希腊的马其顿国王亚历山大打败了波斯帝国,征服了包括伊拉克、巴勒斯坦、埃及等地在内的整个地中海东南沿岸地区。从此,犹太人的历史也进入了一个"希腊化时期"。

希腊人的统治总的来说也还算比较宽容,犹太人被允许保持他们原来的宗教和文化,他们与欧、亚、非各地的贸易往来也受到鼓励,因此有许多犹太人逐渐移居到了希腊、叙利亚和埃及的亚历山大城等地。然而,在这个时期,犹太人的宗教和文化也受到了希腊文化的巨大冲击,希腊人的语言、哲学、宗教、文学逐渐渗透进了犹太人的生活中。他们中一些人取了希腊姓名,讲希腊语言,接受了大量希腊人的风俗习惯。在希腊化的影响下,巴勒斯坦以外的犹太人后来在日常生活中只会讲希腊语,而不会讲希伯来语了,希伯来语逐渐退化为一种用于祈祷和诵读经书的宗教语言。也就是在这一时期,有70名生活在亚历山大的犹太学者把犹太人的《希伯来圣经》译成了希腊语。这个被称为《七十子希腊文本》的圣经译本对犹太宗教思想的传播起了很大的作用。

希腊化时代的后期,统治巴勒斯坦的塞琉古王朝变得日益残暴,对犹太人实行民族和宗教压迫。统治者甚至规定犹太人不得私藏希伯来文的书籍，违者处死，这终于激起了犹太人的反抗。他们在哈斯蒙尼家族的犹大·马卡比的带领下举行了起义，经过战斗，最后推翻了塞琉古王朝的统治，建立起一个犹太人自己的马卡比王国。这样，犹太人在古代南北两个王国被消灭后又出现了一个短暂的中兴时期。

熟悉世界历史的人都知道，希腊的衰落就是罗马的崛起。哈斯蒙尼家族的马卡比王国只持续了大约一百年便被新兴的罗马帝国征服了。公元前63年，罗马统帅庞培率大军在围困了三个月后，终于攻破了耶路撒冷城。一万多名犹太人被杀死，另有一大批人被俘后解押到罗马，沦为了奴隶。从此，巴勒斯坦成了罗马帝国的属地，犹太人再一次陷于一个外来民族的统治之下。

在希腊和罗马人统治期间，犹太人的人口有了很大的增长。公元前1世纪一位叫斯特拉波的地理学家写道，在整个已开化的世界里，没有什么地方没有犹太人的影响。据说，当时罗马帝国的人口中约有近十分之一是犹太人，总数约为700万。帝国内各地都有犹太人，他们分散在巴勒斯坦、叙利亚、埃及、北非、希腊、意大利等许多地方，仅巴勒斯坦一地大约就有250万。当然，增加这么多的犹太人口不仅只是靠自然的人口出生，而在很大程度上是犹太教接受了许多新皈依者。

罗马帝国的统治远不如希腊人那么宽容和开明。开始时，罗马人实行间接统治，任命一位犹太人希罗德为巴勒斯坦的国王。希罗德是一个凶残冷酷的君主，而且以挥霍无度、大兴土木闻名。他在位的32年间，在巴勒斯坦修造了许多希腊、罗马式的建筑，但他同时也修葺和扩建了犹太圣殿。希罗德死后，巴勒斯坦成了罗马帝国的一个行省，由罗马总督直接统治。罗马统治者一方面以各种苛捐杂税对犹太人横征暴敛，另一方面又对犹太人的宗教采取歧视和压制的政策，禁止犹太人去参拜耶路撒冷圣殿。后面这项规定对于犹太人来说，尤其难以接受。罗马人甚至还试图把罗马皇帝的塑像安置在圣殿中，只是在犹太人的舍命抗争下才未敢这样做。

公元66年5月，罗马总督弗洛卢斯指挥他的士兵进入耶路撒冷圣殿，企图夺走圣殿中的财宝。这些财宝是世界各地的犹太人奉献给他们的上帝耶和华的"信仰钱"，犹太人自然不允许罗马人拿走这些财物，他们密密麻麻地站在圣殿门口，用自己的身体阻挡入侵者。士兵们杀死了许多前来阻止他们的犹太人，鲜血染红了圣殿的石台阶。罗马人的暴行终于激怒了犹太人，他们积聚了多年的仇恨爆发了，他们在各地揭竿而起，拿起武器举行起义，反对罗马帝国的统治。历史上称这次犹太民族大起义为"犹太战争"。

起义很快席卷了整个巴勒斯坦，犹太人打击的目标也从罗马人扩大到其他非犹太人。罗马调集了数万大军前来镇压起义，强大的罗马军团先后攻克了阿克、加利利和撒马利亚，最后打到了耶路撒冷城下，把这座圣城围困了起来。犹太起义者坚守着有三道城墙的耶路撒冷，同罗马人展开了浴血奋战。战斗断断续续进行了三年多，直到公元70年罗马大军才在泰特斯的统率下攻陷了耶路撒冷。当罗马军队突破了耶路撒冷最后一道城墙后，犹太起义者被迫退守到圣殿中。罗马人又用攻城的手段向圣殿发起攻击。六天后，圣殿也被攻陷了，绝大多数起义者视死如归，只有小部分人从地洞逃出。罗马士兵冲进圣殿，进行疯狂的杀戮，起义者的尸体成堆，血流成河。随后，罗马人又一把火焚烧了这座宏伟的圣殿。

有一位名叫约瑟福斯的犹太起义军首领在加利利被俘后投降了罗马人。但他后来一直因此在良心上感到不安。为了弥补自己贪生怕死的罪过，他写了一部叙述犹太战争的书。这部书中记录下了耶路撒冷陷落前后的惨烈场景。约瑟福斯写道，到后来的时候，城中狭窄的街道到处都是血污，在夏天的烈日下，尸体都发臭腐烂了。城中已没有什么食物了，稻草、兽皮、腐肉都被吃光了，连祭坛上的祭物都被吃掉了。但人们仍不愿向罗马人投降，因为他们深知自由的可贵。耶路撒冷的陷落和圣殿被毁是犹太民族的一场灾难，数十万犹太人在这场战争中死去，还有成千上万的人被俘成为奴隶。

耶路撒冷陷落后，一些犹太人继续在各地抵抗罗马人。其中以在死海之滨的马萨达要塞的抵抗时间最长，结局也最为悲壮。

马萨达原是希罗德王在死海南端沙漠中的一座岩石山顶上修筑的一个行宫，易守难攻，地势十分险要。耶路撒冷陷落后，一支起义的队伍退到这里，据守在山上的要塞中。他们靠自己种粮食，接雨水为生。罗马军队在山下围困了整整两年，最后在公元73年靠数万士兵背土铺成了一条上山的道路，终于攻陷了要塞。当罗马将军锡尔瓦率军进入马萨达要塞后，发现山上的房屋和粮食全已被烧毁，要塞中只有960具男女老幼的尸体。原来，当山上的犹太人看到要塞已被罗马人攻破，为了避免被俘受辱，决定集体自杀。但是，犹太教律法却禁止犹太人自杀。于是，他们的首领便决定通过抽签挑选出十个人先杀死众人，十人中又由一人杀死其余九人，最后这个人再自杀。

马萨达要塞最后仍有七个人侥幸活了下来：两名妇女和五个孩子。她们成了这一历史悲剧的见证人。后世的考古学家们也在马萨达发现了许多证实这些犹太英雄事迹的遗物。后来，马萨达成为了犹太人追求自由、宁死不屈的象征。今天，以色列的新兵入伍后，都要被带到马萨达来进行宣誓："马萨达将决不再陷落！"

马萨达遗址

持续了七年的犹太战争结束了。罗马统帅泰特斯押着俘获的犹太贵族，率领他的军队高唱着凯旋的歌曲回到罗马。为了纪念这次胜利，罗马人在罗马广场为他修建了一座宏伟的凯旋门，上面雕刻着战争的场面和各种缴获的战利品，其中包括许多犹太圣殿中祭祀的用品。这座罗马人庆祝胜利的凯旋门，在犹太人眼中却是失败和屈辱的象征，他们至今都不愿意从这座凯旋门下走过。

罗马人的武力并未能使巴勒斯坦的犹太人完全屈服。在公元115年和132年，巴勒斯坦的犹太人又先后两次举行起义。其中后一次是在大卫家族的后裔巴尔·科赫巴的领导下发动的，犹太起义者曾一度攻克了耶路撒冷城。罗马人用了三年时间才把这次起义镇压下去，科赫巴也壮烈牺牲。罗马人对犹太人进行了更加残酷的报复，成千上万的犹太人被处死，据说遍地都是钉着犹太人的十字架。

罗马皇帝哈德良认为犹太人一再闹事，其根源便是犹太教。他下令禁止犹太教，废除犹太人的安息日，严禁犹太人实行他们自古以来的割礼习俗，违者均予

罗马凯旋门浮雕：罗马大军攻陷耶路撒冷后抬着战利品回罗马

以处死。为了消除犹太人的宗教意识，他还下令把耶路撒冷城剩下的建筑全部摧毁，并用犁铧翻耕。

在前后三次起义中，有一百万多犹太人被屠杀，另有几十万人被掳掠到罗马本土充当奴隶或是被迫成了罗马斗兽场中的角斗士，还有一些被强迫到埃及等地去挖矿做苦力。从此之后，犹太人口开始大量下降，从1世纪的约700万人下降为3世纪时的不足200万。犹太人口急剧减少的原因一方面是许多人死于战争和屠杀，另一方面是在这种动荡和灾难下，人口的出生率也急剧下降；还有一个原因就是在罗马的高压政策下，不少犹太人放弃了犹太教，改信了基督教或其他宗教，同化进其他民族之中。

犹太战争和起义失败后，犹太人居住的大部分地区都成了废墟和荒野，多数城镇和村庄都被毁坏了。昔日繁荣的巴勒斯坦，现在人烟稀少，四处萧条，满目凄凉。

犹太战争后，宏伟壮观的犹太圣殿虽然已不复存在，但犹太人仍将圣殿的遗址视为神圣的地方。罗马人统治时期，一些犹太教徒夜里冒着危险悄悄地到这里来诵经祈祷，尽管他们所面对的只是圣殿被毁后留下的废墟乱石，残砖碎瓦。后来，当罗马人的限制稍有松动时，一些犹太

人用废墟上的大石块，顺着残存的原圣殿西墙垒起了一堵大墙。

罗马大军是在公元70年的犹太教历的阿布月（11月）9日这一天将犹太圣殿摧毁的，后来犹太人就将这一天定为"圣殿被毁日"。每年犹太教历的11月9日，也就是圣殿被毁纪念日这一天，都会有许多犹太人来到这堵大墙下，哀今思昔，抚墙痛哭。因此，这堵大墙就被人们称为"哭墙"。而犹太人更多地把"哭墙"称为"西墙"，因为它位于原犹太第二圣殿的西侧。按犹太教义的说法，只有当救世主弥赛亚降临，被毁的圣殿才能重建。因此犹太人就把这堵大墙当作圣殿本身，在这里礼拜、祈祷以及进行各种重要的宗教活动，久而久之，哭墙就成了犹太教最神圣的圣址。

哭墙长48米，高约18米，由18层巨石堆垒而成，石块与石块之间没有使用任何粘接物，但墙体却异常牢固，历千年不坏不垮。垒成这堵大墙的大石头也饱含着历史。今天人们看到的哭墙曾经过多次堆垒和加固，最上面的七层石头是18世纪奥斯曼帝国时代重修阿克萨清真寺时垒上去的，石块都比较小；中间的四层是罗马—拜占庭时代堆垒的，石块较大；接下来地面上的7层是犹太第二圣殿遗迹，其时间可以追溯到公元前1—2世纪，这一部分都是巨大的长方形石块，平均厚1米，长3米。

千百年来，哭墙作为犹太教最神圣的崇拜物之一，一直是犹太人一个特殊的祈祷场所。关于犹太人聚集在哭墙下进行宗教祈祷活动，早在公元333年的史料中就有记载。千百年来，每天都会有一些犹太人来此面壁祷告。每逢宗教节日，更是有大批的犹太教徒聚集墙下，吹响羊角号，诵读托拉经卷，进行集体祈祷，并举行缅怀先人、追忆民族苦难的宗教仪式。哭墙成了犹太民族的虔诚信仰、忧患意识和高度凝聚力的象征。

犹太教徒在"哭墙"前祈祷

五、大流散

起义以失败告终，人民遭到杀戮，圣城耶路撒冷被毁，从此之后犹太人的历史便进入了大流散的时代。在希伯来文中，犹太人的流散被称为"加路特"（Galut），意思是被放逐或流放到他乡。在许多西方文字中，都使用一个专门的词来指犹太人离开巴勒斯坦，散居到世界各地。这个专门的术语就是"Diaspora"。这个名词来自希腊语，意为"离散"或"分散"，中文一般把它译为"大流散"。

犹太人向世界各地的流散，有两种情况。一种是犹太人主动离开巴勒斯坦，这早在耶路撒冷被毁之前几百年就已开始。在大卫、所罗门时期，就有犹太人到远方去经商和定居。当古代犹太人的南北两个王国灭亡后，又有更多的犹太人移居异乡，他们到了叙利亚、埃及、巴比伦、希腊和欧洲的其他地方。罗马帝国疆域辽阔，帝国内许多地方都有犹太人生活居住。然而，尽管犹太人散居各地，但他们却把耶路撒冷看作他们的精神中心，看作他们的国家和首都。各地的犹太人时常前来朝圣，前来缴付宗教税，并接受耶路撒冷的宗教威权在教法方面的指导。

例如，在巴比伦的犹太社团从古代就一直持续了下来。在罗马帝国的早期，巴比伦和巴勒斯坦成了犹太教的两大学术文化中心。当巴勒斯坦的犹太中心衰落之后，巴比伦犹太中心的地位依然存在，而且在规模、影响上进一步发展，远远超过了巴勒斯坦。这里的犹太人有他们自己的世袭领袖，他作为犹太社团的代表向统治着巴比伦的波斯国王负责，但拥有完全自治的权力，就如同一个国王一样。巴比伦的这种犹太自治政权一直延续到10世纪后仍存在。犹太人在巴比伦还建立了一些著名的学院，如苏拉、内哈达等地的宗教学院都曾把犹太教的研究推到一个新的高度。这些学院中负有盛名的学者被称为"加昂",他们编纂的《巴比伦塔木德》后来成了全世界犹太人研习和使用的犹太教律法权威经典。

圣城耶路撒冷的被毁,也是犹太人向世界各地流散的一个重要原因。自古以来,耶路撒冷圣殿一直是犹太人的宗教中心,对犹太人的宗教生活产生巨大的影响。他们在这里举行祈祷、祭祀活动,远近的犹太人每年要前来朝圣三次。同时,耶路撒冷也是犹太人的政治和经济中心。它原来一直是犹太国家的首都,即使在犹太国家灭亡后,这里也仍然是犹太人社团的核心。各地的犹太人有义务向管理着圣殿的犹太教公会缴纳宗教税。因此,耶路撒冷对犹太人有着强烈的吸引力和凝聚力。当圣殿被毁、圣城被改变了性质后,这种吸引力和凝聚力也就逐渐消失了。

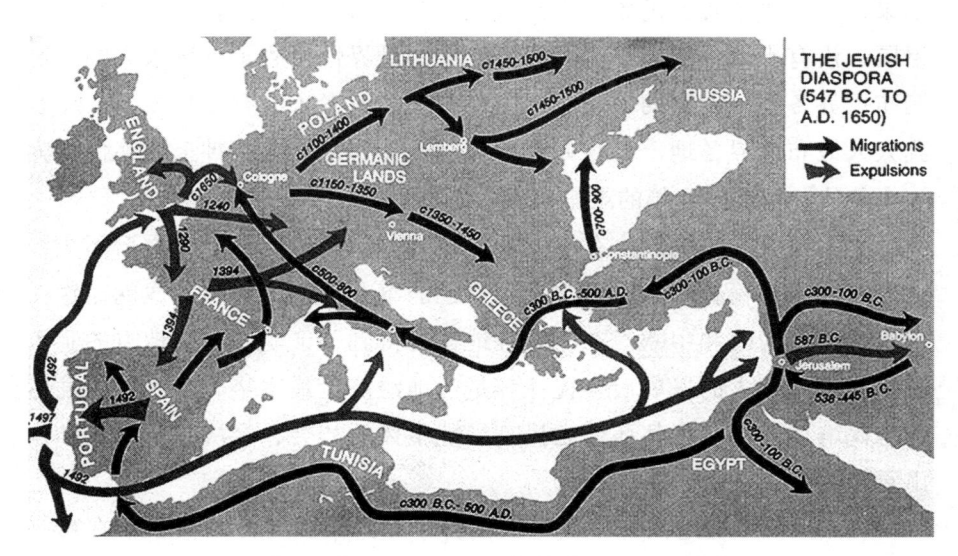

公元前547年至公元1650年犹太人的流散路线

另一种流散是被迫的,如古代亚述帝国对以色列人的流放,如公元前6世纪的"巴比伦之囚",再就是罗马帝国对犹太起义的镇压、掳掠和驱逐。罗马人的残酷镇压和迫害,使犹太人大批地离开巴勒斯坦及其周围地区,除了有一些人是被作为战利品掳获到罗马本土以外,更多的犹太人是作为逃难者背井离乡,远走高飞的。他们有的向东边的巴比伦、波斯、中亚甚至更远的印度、中国迁徙,有的向西边的埃及、北非、南欧移动,也有的则向北边的小亚细亚、高加索,和向南边的阿拉伯半岛等地流动。

大批的犹太人随着罗马帝国的扩张进入西欧、中欧各地,他们为这些地区经济和文化的发展作出了贡献。但是由于宗教原因,他们很难完全同当地居民融合。当封建制度在西欧确立后,犹太人常常遭到西欧君主们的迫害和驱逐。而当时中欧和东欧小国林立,地广人稀,这为犹太人逃避宗教迫害和驱逐创造了条件。犹太人逐渐从欧洲西部向东部迁移,到中世纪后期全世界将近一半的犹太人集中在波兰、立陶宛、匈牙利、俄罗斯。

不管是主动的还是被动的,罗马帝国统治时期犹太人向各地移动的结果,就形成了犹太民族的大流散。从此以后,犹太人就成了一个没有祖国,没有土地,随波逐流,四海为家的世界性民族了。犹太人的足迹遍布世界各地,世界的大部分地区都有过,或者曾经有过犹太人。尽管犹太人散布世界各地,但令人惊异的是,他们却能在精神上始终保持为一个整体,历经千百年的艰辛磨难,不离不散,不死不灭。

犹太人适应环境的生存能力是很强的。他们每到一个地方后不久,就能在当地站稳脚跟,进而建立起自己的事业,创造辉煌的成就,这在西班牙,在西欧和中欧,在北非等地都已得到了证明。这些地方的犹太社团经过几代人的发展后,往往都是当地经济上最富裕、文化上最发达的居民群体,而且往往还能为提高当地整体的社会、经济和文化水准作出贡献。

犹太人虽然被迫离开了故乡,离开了圣地耶路撒冷,但他们在精神上却始终向往着巴勒斯坦,向往着耶路撒冷。他们有形的圣殿虽然被摧毁了,但他们心中始终仍然存在着一座无形的圣殿。随着他们流散的足迹越走越远,区域越来越广,或者随着他们受到异族的歧视和迫害越来越严重,他们对故土和圣地的思念和向往也变得越来越强烈。这种对圣地和圣殿的向往,逐渐成了犹太宗教、文化和民族心理的一个组成部分。

后来，这种向往又发展成为返回圣地，回到祖先的土地生活的思想。犹太教徒相信他们是上帝的特选子民（the Chosen People），他们负有传播上帝旨意的特殊使命。而且上帝还允诺将巴勒斯坦赐予犹太人，作为他们永远居住的地方。其根据是，《圣经·创世记》第17章中写道："我（耶和华）要将你现在寄居的地，就是迦南全地，赐给你和你的后裔永远为业。"因此，无论犹太人流散到何处，最终上帝都将使他们重返迦南这块"应许之地"（the Promised Land）。许多犹太人把他们目前的流散解释为是上帝对他们的一种惩罚和考验，他们遭受的苦难是为了赎罪；只要他们坚信上帝，严守律法，虔诚反省，最终将会得到上帝的宽恕，并将他们从放逐之地解救出来，使他们回归祖先的土地。

因此，无论他们在世界的哪一个角落，他们都不会忘记故土和圣地。犹太人中有许多习俗都与这种向往圣地、渴望返回故土的信念有关。例如，犹太教徒每天祈祷三次，祈祷时都必须面向耶路撒冷方向；犹太家庭每年逾越节晚宴的最后一句祝词都是"明年在路撒冷"；犹太人以死后能埋葬在耶路撒冷为荣，如果不能也要设法从圣地装一小包泥土放进墓穴中，以象征在圣地安息；犹太人举行婚礼时，都要打碎一只杯子，提醒人们不要忘记被毁的圣殿；他们在建造房屋时，也要留出一部分来不加装饰，以纪念尚未修复的耶路撒冷；等等。

正是有了这样一种信念，犹太人千百年来才能够年复一年地期盼、等待，忍受一波又一波的反犹恶浪。也正是由于有这样一种信念，犹太民族在精神上始终保持为一个整体，维持着很高的道德标准，期待着复国返乡那一天的到来。

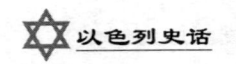

六、三教同源——犹太教与基督教、伊斯兰教

维系犹太民族的精神力量是犹太教。犹太教和基督教、伊斯兰教被称为世界三大一神教，都起源于中东，而基督教和伊斯兰教的发展都受到了古老的犹太教的影响。因此，犹太教也被一些人称为基督教和伊斯兰教这两个较年轻的宗教的"母亲宗教"。

基督教直接来源于犹太教，它是从犹太教中的一个新宗派发展而来的。公元1世纪，当巴勒斯坦的犹太人一再遭到罗马帝国的镇压而失望痛苦时，在加利利地区的犹太教徒中出现了一个教派，叫作"拿撒勒派"。开始时，他们没有独立的教义，基本上袭用了犹太教的经典《希伯来圣经》，只不过对其作了一些新的解释。由于他们对罗马统治者和犹太教上层持强烈的敌视态度，这个派别中有许多人受到迫害，被从犹太会堂中赶了出来。后来，这些人逐渐形成了一个独立的新教派，最终发展成了基督教。

相传，基督教是由加利利地区的一个犹太人耶稣创立的。他自幼深受犹太教的影响，后来在犹太教的基础上形成了新的宗教思想。耶稣在传播新教义时，引起了罗马总督的仇视，最后被钉死在十字架上。基督教发展到了后来，有了自己的经典《新约圣经》，也有自己独立的基督教会，这样它就同犹太教完全分离了。由于基督教派生于犹太教，与犹太教有着如此密切的渊源关系，所以恩格斯也曾说过："基督教是犹太教的私生子。"

基督教的《圣经》是由《旧约》和《新约》两部分组成的。所谓《旧约》，就是犹太人的《希伯来圣经》，是犹太人与上帝订立的约法。基督教继承了这部经典，但又说由于犹太人"没有恒心守约"，这部经典已经成了过去的约法，故称之为《旧约》。基督教徒称，后来上帝与人又重新订立了一个新的约章，由耶稣作为保证人，内容是基督教徒遵从上帝的约法和启示，上帝则保护基督教徒。由于这是新订立的约法，故被称为《新约》。

基督教的主要教义之一"原罪说"，就是来自犹太教中的亚当、夏娃的故事。《旧约·创世记》中说，人类的始祖亚当和夏娃是上帝在创世的第六天，按照自己的形象创造的。他们原居住在伊甸乐园，过着无忧无虑的生活。后夏娃受魔鬼引诱，不听上帝的命令，偷吃了智慧果，因此触怒了上帝，亚当和夏娃被逐出乐园，降罚到尘世。基督教把这种罪说成是人类世代相传的罪，认为人一生下来就有罪，是一种"原罪"，只有信仰上帝和基督，实行戒欲和苦修来赎罪，才能使自己的灵魂得到拯救。

基督教中最核心的信仰"三位一体"的上帝，也完全是来自犹太教的教义。犹太教认为，世界和宇宙存在一种超自然和超社会的神秘力量，这就是上帝耶和华。《旧约》称耶和华是至高无上、

基督教徒重走当年耶稣背负十字架所走的"苦路"

全能全知、无所不在、创造万物天地的唯一真神，是宇宙万物的最高主宰。只不过在基督教的教义里，上帝是由圣父、圣子、圣灵三个部分构成的。圣父就是在天上的耶和华。圣子为耶稣基督，受耶和华派遣降临人世，以自己的流血牺牲来拯救人世的苦难。圣灵是上帝与人的中介，启发人的智慧和信仰，使人弃恶从善。

基督教不仅完全继承了犹太教的上帝概念，而且也继承了犹太教中的"救世主"信仰。犹太人亡国之后，饱受苦难，他们相信上帝将会派一位"弥赛亚"来拯救他们，并将复兴犹太国家。"弥赛亚"是希伯来

文"受膏者"的意思，因为古代犹太人在封立君王时，要在受封者额上涂以膏油。基督教徒接受了弥赛亚的观念，他们称耶稣就是人们盼望的弥赛亚（在希腊文中"弥赛亚"叫作"基督"）。但是，他们认为这位弥赛亚不仅仅只是犹太人的拯救者，而是全人类的救世主，不管是不是犹太人，只要信仰耶稣，皆可获得救赎。

犹太教反对基督教称耶稣是救世主，认为他只不过是当时诸多宗教派别的领导者之一，更不同意说耶稣是上帝之子，不同意把他神化。而基督教却在《新约圣经》的《马太福音》和《路加福音》中称，耶稣就是犹太先知们所预言的救世主。《福音书》中还写道，正是由于耶稣的十二门徒之一犹大的出卖，才使耶稣遭到了罗马人的毒手，以此来影射攻击犹太人。由于存在着这些分歧和斗争，双方渐渐分道扬镳，最后成为了两种不同的、相互独立的宗教。

根据伊斯兰教的传说，伊斯兰教创始人穆罕默德也是亚伯拉罕（阿拉伯人称为易卜拉欣）的后代。亚伯拉罕的妻子撒拉年近五十还没生育，亚伯拉罕便娶婢女夏甲为妾。夏甲生下了儿子以实玛利（阿拉伯人称为易斯马仪）。但后来撒拉也生了一个儿子，叫作以撒。这样，撒拉对夏甲母子便深怀嫉妒，多次逼亚伯拉罕把夏甲母子赶出家门。亚伯拉罕无奈，只好把他们母子二人送到远离家乡的阿拉伯半岛麦加地区，给母子二人留下一些干粮和水后，就匆匆返回去了。

几天后，夏甲母子二人在荒野中很快就把干粮吃尽，把水喝光了。饥饿和干渴折磨着母子二人，夏甲四处找水，一无所获，只有仰天恸哭。以实玛利由于极度干渴，躺在地上用两只脚拼命蹬捣地面。突然从他脚下的黄沙中出现了一个泉眼，涌出清凉的泉水。母子二人靠圣泉水才得以活命。传说这就是今天麦加著名的渗渗泉的由来。以实玛利长大后，与一个游牧部落的女子结婚，生儿育女，逐渐形成了一个勇敢剽悍的沙漠民族——阿拉伯人。这虽然是一个无史可考的宗教传说，但在一定程度上反映了犹太人和阿拉伯人之间的密切的族源关系，而且这个传说还同时得到了犹太教和伊斯兰教的认可。

伊斯兰教诞生之前，犹太教和基督教就已在阿拉伯地区广泛流传了。阿拉伯半岛当时居住着不少犹太教徒和基督教徒，穆罕默德自幼年起就常常听说犹太教和基督教的一些情况,熟悉亚伯拉罕、摩西、耶稣的故事。他长大后,因经商曾几次去到巴勒斯坦和叙利亚,接触了许多犹太教徒和基督教徒,进一步了解到犹太教和基督教的宗教知识。这一切,对他创立伊斯兰教有着极大的影响。

伊斯兰教的经典是《古兰经》,穆斯林认为它是真主安拉的语言。《古兰经》从犹太教和基督教的教义中吸收了不少内容,尤其是犹太教的《旧约》对它的影响更大。《古兰经》中提到多位圣人或先知,他们也就是《旧约》中的那些重要人物:阿丹——亚当,努哈——挪亚,易卜拉欣——亚伯拉罕,易斯马仪——以实玛利,鲁兑——路德,优素福——约瑟,穆萨——摩西,达伍德——大卫,素来曼——所罗门,等等。

坚持严格的一神信仰,是伊斯兰教最基本的信条,这也是在犹太教影响下发展起来的。长期生活在阿拉伯人中的犹太人,把他们的一神教观念传播给了阿拉伯人。由于犹太教的教义是在古代闪族人的文化和经济基础上发展起来的,因此比较易为阿拉伯人所接受。伊斯兰教称颂真主是至高无上的,是全知全能的,是主宰一切的,是创造万物的,是大仁大慈的等等。可以说,伊斯兰教对一神信仰的程度,比犹太教和基督教还要坚决、彻底,是对一神信仰的发展。

伊斯兰教非常强调信教者必须遵守宗教律法,这一点与犹太教极为相似。这两个宗教对信众们的伦理道德、社会生活、婚丧嫁娶、起居饮食等方面都有严格的规定;这两个宗教都十分重视宗教学者对教法的研究和解释,宗教学者的意见具有极大的权威性。而且,犹太教和伊斯兰教非常注重信众们的宗教生活,严格规定了每天的祈祷的次数、时间、方式,每个星期的聚礼等。由于犹太教和伊斯兰教都更注重现世的社会公正、伦理道德,因此这两个宗教都被看作是"入世"的宗教。

犹太会堂和清真寺都是犹太人和穆斯林社团生活的核心,就连会堂和清真寺里带领礼拜和祈祷的人的作用,两者也非常相似。犹太教礼拜祈祷时要面向耶路撒冷。在早期伊斯兰教中,穆斯林的朝拜方向也是耶路撒冷,到后来才改为面向麦加,但耶路撒冷仍是伊斯兰教的圣地之一。从这些方面来看,犹太教与伊斯兰教之间的关系,比它们与基督教的关系更接近。

伊斯兰教的一些习俗和节日与犹太教也非常接近。例如，犹太教中的逾越节与伊斯兰教的斋月就有许多相似之处；犹太教徒在安息日不得举火做饭，必须等日落后才能劳作和进食，而穆斯林在斋月中也必须等落日后才能进食。犹太人在饮食方面有许多禁忌，不得食用猪肉等"不洁净"的东西，穆斯林也遵守类似的禁忌，也不吃猪肉和带血食物。犹太人要施行割礼，穆斯林也同样施行割礼；犹太教和伊斯兰教的葬礼几乎也是一样，都是要洗净尸体后，用白布包裹后深埋。类似的习俗还可以举出许多。

犹太教遵守安息日，基督教和伊斯兰教也都要守安息日。这三个宗教都把七天作为一个星期，每个星期有一天是圣日（礼拜日），这都是来自《旧约》。但有趣的是，犹太教的安息日是在星期六，基督教的礼拜日是在星期天，而伊斯兰教的礼拜日（称为"主麻日"）却是在星期五。

1895年生活在耶路撒冷的犹太人

七、千年古城耶路撒冷

当公元前12世纪来自埃及的犹太人征服迦南时，据守在耶路撒冷的耶布斯人并没有被征服，仍一直保持为一个独立的小国家。直到公元前1000年左右，犹太人才在大卫王的率领下攻占了这座城市，并将他们的首都从希布伦迁到这里。从此，耶路撒冷由一个小部落王国的首都，变成了统一的以色列王国的首都。大卫王迁都耶路撒冷后，依惯例将其更名为"大卫城"。大卫王在位33年,他以耶路撒冷为首都,完成了对整个迦南的统一。他将犹太人的圣物——内藏有刻着"摩西十诫"石板的"约柜"迎到耶路撒冷,暂时安放在一座祭坛上,打算日后建造一所宏伟的圣殿来放置它。

大卫王的这一心愿是由他的儿子所罗门完成的。所罗门继承王位后,耗时七载,动用了20万劳力,在城里建起了一座华丽雄伟的耶和华圣殿,史称"第一圣殿",将"约柜"置于其中。第一圣殿的完工奠定了耶路撒冷作为一神教中心的神圣地位。远近四方的犹太教徒都来这里献祭和朝拜,耶路撒冷不仅成了犹太国家的政治中心,也成了犹太人的宗教中心。从此之后,耶路撒冷城便紧紧地与犹太国家的兴衰,犹太民族的沉浮联系在了一起。

公元前922年,耶路撒冷一度被埃及人占领;公元前850年又被非利士人攻占。公元前8世纪末希西家成为犹太国王后,修建了耶路撒冷外城,并开凿了一条地下隧道,将城外的泉水引入城内,解决了城里的用水问题。公元前586年,耶路撒冷城以及耶和华圣殿被新巴比伦王尼布甲尼撒彻底摧毁,城中包括国王在内的大部分犹太人都被掳至巴比伦,这便是著名的"巴比伦之囚"。公元前538年,波斯的居鲁士大帝征服巴比伦,允许犹太人返回故乡。在大卫后裔所罗巴伯的带领下,犹太人返回耶路撒冷,用20年时间在第一圣殿原址上重建圣殿,史称"第二圣殿"。

此后的300多年里,耶路撒冷犹太社团大体上保持着自治地位。但从公元前198年起,占据叙利亚一带的塞琉古王朝在耶路撒冷强迫推行"希腊化",后又宣布禁奉犹太教,洗劫了圣殿并将其改建为宙斯神庙。塞琉古王朝的做法激起了犹太人的反抗。公元前164年,"马卡比起义"获得成功,起义军恢复了圣殿,并建立了"马卡比王国"。

公元前63年,庞培率罗马大军攻陷了耶路撒冷,从此开始了罗马帝国的统治。罗马元老院任命以土买人希罗德为巴勒斯坦的统治者。在希罗德统治的36年里,耶路撒冷城一度达到了它最辉煌的时期,不仅城市的面积扩大了,而且修筑了宏伟的城墙。希罗德还兴师动众,用了约20年的时间,重新修建了圣殿,以及新的王宫、城堡、塔楼、圆形剧场。

这里不但是世俗的政治中心,是王宫朝廷所在地,而且也是宗教中心,圣殿是远近各地信徒们朝觐的目标。据考证,此时的耶路撒冷是中东地区最重要,也最宏伟壮观的城市。

希罗德公元前4年死后,他的儿子继承了王位,但不久后即被罗马人废除。之后,罗马帝国派出总督对巴勒斯坦实行直接统治。第五任总督彼拉多在耶路撒冷处死了拿撒勒的耶稣,因而使耶路撒冷从此也成了基督教的圣地。

公元66年,爆发了反对罗马帝国统治的犹太战争。公元70年,泰特斯率罗马大军包围并攻陷了耶路撒冷,整个城市几乎被彻底毁坏,犹太圣殿也成了一片废墟。到公元130年时,耶路撒冷城又被部分恢复,并且又有了一些居民。但很快又爆发了巴尔·科赫巴领导的反抗罗马人的犹太人起义,起义被镇压下去后,罗马皇帝哈德良下令把耶路撒冷剩下的建筑全部摧毁,并用犁铧翻耕,在原址上重新建起一座罗马风格的城市——埃利亚·卡皮托利纳。这座城市的基本布局便是近现代的耶路撒冷。早先的犹太圣殿仅剩下了西墙的一部分。正是这堵"西墙",成了处于流散状态的犹太人千百年来的精神寄托,被视为犹太教最神圣的地方和犹太民族往日辉煌的象征。由于犹太人惯于在此哭诉民族苦难,这堵墙又被称为"哭墙"。

犹太人在耶路撒冷哭墙

罗马帝国衰亡之后,耶路撒冷又处于拜占庭帝国的统治之下。随后,公元7世纪时,来自沙漠的阿拉伯人征服了整个西南亚,成了耶路撒冷的新主人。阿拉伯人对耶路撒冷四百多年的统治,极大地改变了它的形象,使它从一个罗马地中海风格的古城变成了一个伊斯兰风格的中世纪城市,城中著名的岩石圆顶清真寺、阿克萨清真寺都是这一时期留下的建筑精品。

从1099年起，欧洲十字军打着"从异教徒手中夺回圣地"的旗号，一批接一批地来到中东。他们在这里建立了一个拉丁王国，以耶路撒冷为首都，持续了近一个世纪的时间。1187年，库尔德将领撒拉丁率穆斯林军队大败十字军，夺回了耶路撒冷，他因此被誉为"穆斯林英雄"。1517年，耶路撒冷落入了奥斯曼土耳其帝国苏莱曼大帝的手中，他对耶路撒冷城进行大规模改建，筑起了一圈高大宏伟、有八座城门的城墙。

3000多年来，不同的统治者，耶布斯人、希伯来人、埃及人、巴比伦人、波斯人、希腊人、罗马人、阿拉伯人、土耳其人等，都在耶路撒冷留下了自己的痕迹；在不同的历史时期，耶路撒冷也呈现出不同的风貌特点。

耶路撒冷不仅是一座举世闻名的千年古城，而且它还是世界上唯一被犹太教徒、伊斯兰教徒和基督教徒共同尊为圣地的地方。

对于犹太教徒来说，整个巴勒斯坦都是他们的"圣地"。而在圣地中，耶路撒冷又有着特殊的地位，被称为"圣地中的圣地"。他们的祖先曾在这里繁衍生息；犹太人在这里与上帝订约，创立了犹太教；这里曾经是他们古代国家的首都；他们在这里建立了供奉上帝的第一圣殿和第二圣殿；他们在这里写出了《希伯来圣经》和《塔木德》；他们为了民族的生存和宗教的纯洁，曾在这里与异教徒浴血战斗；最后，他们被迫从这里流散到世界各地。

耶路撒冷最重要的意义在于犹太人与它的精神联系。流散到东方和西方的犹太人，尽管远在异国他乡，却始终把耶路撒冷作为他们不能忘却的精神中心，相信他们终有一天要返回那里。《圣经·诗篇》中写道："我们怎能在异乡颂唱耶和华的歌呢？啊，耶路撒冷，我若是忘记你，就让我的右手变得麻木不仁；若是我不记念你，若是不把你作为我最大的愉悦，就让我的舌头粘住上腭。"犹太教的许多传统习俗中都要提到耶路撒冷，如婚礼上的祝福词、葬礼上的哀悼词，甚至人们在信件的末尾也常常要写上"为耶路撒冷而祈祷"。从中世纪起，犹太人每年在过逾越节时，总要祈祷仪式中念诵："明年在耶路撒冷。"

在犹太人把耶路撒冷称为他们的圣地的同时，世界上的另外两个最大的一神宗教——基督教和伊斯兰教——的信徒也把耶路撒冷称为他们的圣地。

对于基督教徒来说，耶路撒冷的神圣性并不亚于犹太人。相传圣母玛利亚"圣灵感孕"后，就是在耶路撒冷城南17公里的小镇伯利恒的一个马厩里生下了耶稣。耶稣后来在这一带传播新宗教，最后又是在耶路撒冷各各它高地上被钉死在十字架上。据基督教义，耶稣死后三天从坟墓中复活，多次向其门徒显现，然后升入天国。现在耶路撒冷旧城周围仍有许多基督教《新约圣经》中提到的地方，如橄榄山、朱斯马尼花园、最后的晚餐遗址、耶稣受难的"悲哀之路"和圣墓大教堂等。基督教徒们认为，"正是主耶稣基督之死，才使耶路撒冷成了基督教的中心"。

尽管很早就有基督教徒到耶路撒冷来朝圣，但真正使它成为一座基督教圣城的却是公元326年罗马帝国皇帝康斯坦丁的母亲海伦娜太后对耶路撒冷的朝圣。据说，海伦娜太后在耶路撒冷发现了钉死耶稣的那个十字架和埋葬他的墓地，于是便在耶路撒冷修建了那座著名的"圣墓大教堂"（又称"复活教堂"），据说那里是耶稣遇难和复活的地方。海伦娜还在耶稣诞生地伯利恒修建了一座"圣诞大教堂"。首批基督教教堂于公元336年完工。这意味着从那时起，耶路撒冷成为基督教不可替代的永久圣地。

到公元6世纪时，罗马皇帝查士丁尼在耶路撒冷修造了更多的基督教堂和修道院。基督教在耶路撒冷的繁荣直到公元614年波斯人西侵才告结束。伊斯兰教兴起后，穆斯林犹太人和基督徒在长达四个世纪里基本上是和平共处的。尽管11—13世纪，欧洲十字军曾一度控制了巴勒斯坦，数以万计的穆斯林和犹太人惨遭屠杀，但最终这一地区还是被穆斯林夺回。基督教势力虽然丧失了对耶路撒冷的控制，但基督教徒却仍可前来朝圣和居住。直至今天，世界各地成千上万的基督徒每年都要前来朝圣和举行宗教活动，尤其是在圣诞节、复活节前后，各种肤色的基督徒常常把耶路撒冷狭窄的街道挤得水泄不通。

在伊斯兰教中，耶路撒冷是仅次于麦加、麦地那的第三大圣地。阿拉伯人还把耶路撒冷称为"古德斯"，意为"圣城"。相传，先知穆罕默德在创立伊斯兰教后第九年的一个晚上，忽闻天使来召。天使带他乘飞马从麦加来到耶路撒冷，在"远寺"见到了先知易卜拉欣（即《圣经》中的亚伯拉罕)、穆萨(即摩西)和耶稣,并同众先知谈了话,还踏着一块巨石登上了七重天,聆听了真主的教诲。伊斯兰教的神圣经典《古兰经》"夜行"一章便是此次夜行登霄得到的启示经文。当阿拉伯人打败拜占庭人征服了耶路撒冷后,在穆罕默德登霄处建盖了两座宏伟的清真寺。一座叫作"萨赫莱清真寺"(阿拉伯语"萨赫莱"意为岩石),金色的大穹顶下覆盖着穆罕默德踩着登天的那块巨石。另一座叫作"阿克萨清真寺","阿克萨"阿拉伯语意为"遥远",因为穆罕默德曾从遥远的麦加夜行到此登霄。

　　伊斯兰教创立初期,耶路撒冷是穆斯林朝拜的方向。直到后来穆罕默德率军征服了麦加之后,才把朝拜方向从面向耶路撒冷改为面向麦加。萨赫莱清真寺和阿克萨清真寺建成后,以这两座清真寺及其由高墙围筑的宽敞院落为中心,耶路撒冷成了伊斯兰教继麦加和麦地那之后的第三圣地。穆罕默德曾这样赞美耶路撒冷:"啊,耶路撒冷,真主在他所有的土地中选择,这里是他选中的仆人。世界从这里展开,又将如同一幅卷轴从这里收起。降落在耶路撒冷的露珠可以医治百病,因为它来自天国的花园。"

耶路撒冷的清真寺和基督教堂

这些交织在一起的历史和传说，使各个宗教都声称耶路撒冷是本教的圣地。由于历史的变迁，有的宗教圣址也难分彼此了。例如，在原来犹太教圣殿的遗址上伊斯兰教建起了萨赫来和阿克萨两座清真寺；犹太教奉为圣物的原圣殿西墙，被穆斯林称为飞马墙，认为是当年穆罕默德从麦加来到耶路撒冷后，把飞马拴在这里。伊斯兰教认为穆罕默德踏着登霄的那块巨石，却被犹太教认为是亚伯拉罕准备用自己的儿子以撒向耶和华献祭的地方。耶路撒冷中心这块面积只有0.135平方公里的区域（即《圣经》上所说的莫利亚山），曾经是第一圣殿、第二圣殿、希腊宙斯神庙、基督教圣母教堂及其院落所在地，犹太人称其为"圣殿山"，阿拉伯人则称其为"尊贵的禁地"（即"古德斯"）。

在属于同一语系的希伯来语和阿拉伯语中，"耶路"的意思是"基石"或者"城市"，"撒冷"的意思是"和平"，因此，"耶路撒冷"即为"和平之城"。但是，在耶路撒冷近5000年的历史中，这座"和平之城"却很少有和平，它总是与征战、暴力、流血、死亡联系在一起。在人类已进入21世纪的今天，人们期盼着，古老的犹太民族能够利用他们古老的智慧，给耶路撒冷这座古老的圣城带来真正的和平。

第二章 流散岁月

公元一世纪反抗罗马人的起义失败后，犹太民族的主体就被迫离开了巴勒斯坦，犹太人的历史也进入了一个"流散时代"。在此后近两千年的时间里，犹太人成了一个没有祖国，四海为家的世界性民族，"地球就是他们的祖国"。犹太民族的流散有这样几个特征：一是持续时间长，分布范围广，两千年来，犹太人的足迹几乎遍及世界各地，从西亚到地中海周围，再到北非和欧洲，后又从欧洲到美洲、大洋洲；二是尽管沦落天涯，犹太人却始终没有忘记以色列故土，未曾割断与故土的精神联系，并期待有朝一日能返回故土，重建家园；三是尽管身处逆境、历经磨难，一再遭到驱逐、歧视、迫害乃至屠杀，犹太民族却能始终维系着自己的传统、信仰和文化，保持着整体的认同，并保持着旺盛的生命力和创造力。

犹太人的流散史证明，流散对于犹太民族来说并非都是消极意义。正是由于流散，犹太人从西亚的弹丸之地巴勒斯坦走出来，找到了更大的发展空间，获得了更多的发展机会，犹太民族也从一个地域性的小民族成了一个世界性的民族，犹太文化也从一种地域性文化发展成了一种世界性的文化。另外，流散的犹太人在世界各地建立了一个个社区，这就使得任何人都不可能完全消灭他们。正如美国犹太历史学家马库斯所说的那样:"犹太人必须生活在四面八方……上帝通过把犹太人分散在各个国家中向他们显示了他的仁慈,如果他们散居四方,他们就无法被致命一击尽数消灭。"

一、黑暗的中世纪

犹太人为什么会在罗马帝国时期大量离开巴勒斯坦,流散到世界各地呢?除了前面谈到的犹太人起义遭到罗马帝国的残酷镇压,耶路撒冷被毁之外,还有一个重要的原因,这就是基督教的产生,并在后来成了罗马帝国的国教。

基督教的创始人耶稣本人也是一个犹太人,这种新宗教在开始时是作为犹太教的中一个异端派别出现的。因此,它的传播受到了犹太教正统势力的敌视。据基督教的《新约圣经》记载,保守的犹太教公会对耶稣进行了审判,并将他交给了罗马总督彼拉多。而彼拉多认为耶稣煽动人们起来造反,便把他钉死在十字架上。耶稣死后,基督教在罗马帝国内的下层群众中迅速传播。罗马统治者先是对基督教进行严厉的镇压,宣布它是非法的宗教。但到了公元4世纪初,在镇压无效的情况下,统治当局改变了对基督教的态度,罗马皇帝君士坦丁宣布接受基督教,后又进一步将它作为帝国的国教。

基督教产生和传播时,正好是犹太人在同罗马人进行浴血战斗的时候。其实,早期的基督教和犹太教一样,都是与在罗马帝国当时占统治地位的多神教相冲突的,都是受压制的宗教。然而,当后来基督教成为罗马帝国的国教之后,由于犹太教与基督教之间的渊源关系和两者在教义上的分歧,再加上有关耶稣之死等问题,基督教便成了罗马统治者迫害犹太教徒的一种工具,犹太人也成了帝国内基督教徒仇视和攻击的对象。基督教脱胎于犹太教,这是一个不可回避的事实,但这一事实却使基督教徒们很不舒服。他们一开始希望犹太人能改变信仰,承认耶稣是新救世主,并接受基督教;当这样做不成功时,他们干脆采取"杀人灭口"的做法,宣扬犹太人是上帝唾弃的民族,对其进行残酷的精神和肉体折磨，甚至屠杀。

因此，有许多犹太人是为了逃避宗教迫害而离开巴勒斯坦的，他们都想尽量远离基督教的罗马帝国。所以，他们逃向了巴比伦、阿拉伯、北非、波斯、印度等地，因为这些地方不属于基督教的范围。那些已去了欧洲的犹太人也尽量往当时基督教还未传播到、仍被称为"蛮族"地区的西班牙、法国、德国和北欧等地移动。所以说，早在基督教还没有传入欧洲的大部分地区之前，犹太人就已在这里居住和活动。

然而，从5—6世纪起，犹太人在欧洲的生活很快就变得艰难了起来，因为基督教不久就传遍了整个欧洲。这些犹太人就成了欧洲各地基督教徒们敌视的目标，这种敌视往往变为大规模的迫害。犹太人常常是生活在充满仇恨的环境里，在社会上受到各种各样的限制，还时常被迫从一个地方迁移到另一个地方。从西欧到东欧，再从东欧到西欧，他们很难找到一块可以长期栖身和立足的土地。

那些流散到阿拉伯、巴比伦和波斯等地的犹太人，到了公元7世纪以后便处在了信奉伊斯兰教的阿拉伯人的统治之下。与欧洲的基督教徒相比，阿拉伯人对犹太人要宽容得多。伊斯兰教与犹太教在教义上比较接近，而且历史上又没有什么恩怨纠葛，所以每当阿拉伯人征服了一个新的地方之后，都允许当地犹太人保持他们自己的宗教信仰和风俗习惯，允许犹太人社团保持很大程度的自治，唯一的条件只是要求他们比穆斯林多缴纳一种"人丁税"。例如，巴比伦的犹太人在阿拉伯帝国时期，不仅保持着高度自治，而且在宗教文化方面也得到了很大的发展，形成了继巴勒斯坦之后的又一个宗教学术中心。

在另一方面，来自沙漠的阿拉伯人在向外扩张时，也需要得到犹太人的帮助。犹太人经常往来于世界各地，

传统的东方犹太人

熟悉各地的情况，与许多不同的地方保持着广泛的商业、贸易、文化联系，他们中有很多人都通晓希腊语或拉丁语等欧洲语言，同时又懂希伯来语和阿拉伯语。因此，他们在帮助阿拉伯世界与基督教世界之间的沟通和联系方面，具有十分重要的价值，能发挥重要的作用。也正是由于他们有这样一些优势，不少犹太人后来成了阿拉伯统治者在外交、贸易、财政方面的顾问，还有的获得了很高的官职。

当阿拉伯人8世纪初从北非渡过直布罗陀海峡，把征服的矛头指向西班牙时，当地深受基督教歧视和迫害的犹太人对阿拉伯人的来到欢欣鼓舞，热烈欢迎。在西班牙，除了那些原来就生活在基督教统治下的犹太人外，还有很多犹太人是随着阿拉伯征服者一起来到的。在阿拉伯人统治下，西班牙犹太人达到了他们在中世纪的"黄金时代"。他们深受阿拉伯统治者的信任，不少人当了宫廷中的高级官员，有的人甚至还担任了军队的指挥官。在自由的环境中，犹太人的聪明才智得到了充分的发挥，他

迈蒙尼德（1135—1204）中世纪西班牙犹太哲学家

们中涌现了许多著名的哲学家、医学家、语言学家，产生了不少学者和诗人。其中最负盛名的有迈蒙尼德、犹大·哈利维、加比洛尔等人。他们一方面把传统的犹太宗教、哲学、文学推到了一个新的高峰，使其更具有理性力量；另一方面他们还把古代希腊、罗马的一些重要的著作翻译为阿拉伯语、希伯来语，又把中世纪重要的阿拉伯人的著作译为拉丁语，有力地推动了东西方之间的文化交流。

但是，中世纪除了西班牙处于穆斯林的统治下外，其余东、中、西欧的绝大部分地区都是在基督教徒的统治下，基督教会有着极大的权力和影响。犹太人在基督教欧洲的命运就远不能与西班牙犹太人相比了。

11世纪后期，一些去耶路撒冷朝圣的基督教徒向罗马教廷诉说，他们在前往圣地的旅途中受到了穆斯林的种种刁难和骚扰，圣地也遭到了

这些异教徒的破坏和亵渎。于是教廷在法国的克莱芒召开了一个会议，号召基督教徒向巴勒斯坦进军，去消灭穆斯林，夺回圣地，以救赎自己的灵魂。这便开始了长达几个世纪的"十字军东征"。

但是，这些十字军并未能打败东方的穆斯林，却给欧洲各地的犹太人带来了巨大的苦难。这些由乌合之众组成的十字军到东方后遭到了当地人民的英勇抵抗，往往损失惨重，铩羽而归。一些基督教徒突然发现，其实他们并没有必要跑到遥远的巴勒斯坦去进行圣战，不信基督教的犹太人就在身边，向他们开战同样可以救赎自己灵魂，而且他们还有丰厚的财产。"杀死一个犹太人，以拯救你的灵魂！"成了许多十字军成员的口号。于是，成群结队的基督教狂热分子便纷纷对在欧洲各地的犹太人发动了攻击，强迫他们改信基督教，一旦遭到拒绝便施之以武力，殴打、屠杀、驱逐、洗劫犹太人的财物，在欧洲许多地方都发生过这样野蛮的暴行。

在高压下，少数犹太人违心地接受洗礼，变成了基督教徒。但大多数犹太人却宁死也不肯改变自己的信仰，在欧洲和近东的不少地方都发生了犹太人遭到基督教徒集体屠杀的事件。还有一些犹太人采取了自杀的方式来保持自己的尊严。为了不违反教规，他们也是挑选出少数人来杀死多数人，然后他们再自杀。他们都被认为是为了信仰而牺牲的宗教烈士。一次次的十字军东征后来都演化成了的大规模反犹活动，先后有数

十字军攻占耶路撒冷

万名犹太人在十字军浪潮中丧生。在外界的压力下，犹太社团内部的凝聚力也空前加强了。

十字军的浪潮过去之后，欧洲各国犹太人的景况也没有多少改变，他们仍生活在漫漫的长夜之中。不少国家都颁布了专门针对犹太人的法令，如限制他们的自由，要求他们缴纳额外的税赋，规定他们不得从事某些职业，禁止他们成为国家的官员，禁止他们占有土地等。而基督教会还常常会以各种莫须有的罪名来指控他们，例如说他们杀死小孩用来祭神，说他们用基督教徒的血来做逾越节的无酵饼，说他们传染麻风病、黑死病、鼠疫等可怕的瘟疫，等等，真可谓是"欲加之罪，何患无辞"啊！

二、驱逐和"隔都"

欧洲各地的基督教徒为什么要仇视和迫害犹太人？除了宗教原因之外，还有其他多方面的原因。这些原因和现象被统称为"反犹主义"，有很复杂和深刻的根源，后面再作分析。这里，我们只是简单地谈一些历史上发生的情况。

大多数犹太人拒绝改变信仰。在一些情况下，他们虽然在表面上屈服于外界的压力，但他们在内心中并不承认自己低下。因此，基督教会就想尽量从精神上伤害他们，消灭他们的自尊心。1215年，罗马天主教会宣布，所有犹太人必须佩带表明其犹太身份的徽记才能在街上行走，违者将被处以死刑。而佩带着这种犹太

缝在衣服上的犹太标志

徽记，也就意味着低人一等，随时都会受到人们的羞辱。一个带有犹太徽记的人走在街上，只能低眉垂首，低声下气，而且常常会成为石块、污物、唾沫袭击的对象，只能在人们鄙视和厌恶的目光中生活。

各国的统治者还常常根据自己的好恶和需要，动辄驱逐犹太人。法国国王1182年宣布驱逐其境内的所有犹太人，没收他们的全部财产。但不久之后又把他们召了回来，因为犹太人是法国税收的主要来源。英国也在1253年宣布，除了少数作为王室奴仆的犹太人外，把其他所有犹太人驱逐出英格兰和威尔士，但他们的财产却一律不准带走。后来，这似乎成了一种规律：每当某个国家的统治者需要钱时，他就会下令驱逐犹太人，没收他们的财产。而当某个国家没有了财政来源，或者需要犹太人的技能和头脑时，又会允许犹太人重新前来定居。据犹太历史学家统计，在中世纪和近代的欧洲，犹太人遭到的这种集体驱逐达34次之多！

规模最大也是最彻底的驱逐行动发生在西班牙。西班牙自8世纪便处于阿拉伯人的统治之下，从13世纪起，基督教势力开始从北向南地重新征服西班牙。凡是被基督教徒征服的地方，犹太人的生活状况都迅速恶化，只要他们不改变信仰，受洗成为基督教徒，就会受到迫害甚至遭到屠杀。仅1391年，就有大约十万西班牙犹太人在反犹暴乱中丧生。也就是从这一年起，大批的犹太人开始被迫改信基督教。

为了区别于原来的基督教徒，这些新改宗的犹太人被称为"新基督教徒"，又被称为"马拉诺"。"马拉诺"一词在西班牙语中的意思是"猪"，反映了当时西班牙和葡萄牙的基督徒对这些新改宗者的鄙视。而这些被迫改宗的犹太人往往在表面上信奉了基督教，但在内心中仍然觉得自己是犹太教徒，因为3000年流传下来的文化、信仰和生活习俗是不可能通过一两代人就能完全改变的。在基督教的暴力威胁下，他们表面上接受了基督教，而秘密地信仰犹太教。他们一般只在内部婚嫁，保持着犹太人的许多生活习俗，过犹太节日，甚至偷偷地举行犹太宗教仪式。

这些"马拉诺"引起了基督教会的注意，由于"马拉诺"的人数不少，影响到了基督教的纯洁性，对基督教本身也构成了威胁。于是，基督教会建立了"宗教裁判所",对所谓的"伪信者"用酷刑审讯,一旦发现秘密保持犹太教信仰的"马拉诺"就用火活活烧死。不少"马拉诺"惨死在这种"宗教裁判"制度下,另有许多"马拉诺"只得纷纷外逃。在宗教裁判所存在的三个多世纪里,在西班牙和葡萄牙共有40万人受到审判,其中的3万人被处死。这种宗教裁判制度直到19世纪才最后结束。

当然,也有大量的犹太人即使在残酷的歧视和迫害面前仍不愿意改宗。1492年,当西班牙南端的最后一个伊斯兰国家格拉纳达被基督教征服后,西班牙国王费迪南和王后伊莎贝拉为了在全国统一天主教信仰,干脆颁布了一个法令,规定犹太人要么改宗成为基督教徒,要么必须在三个月内离开西班牙。约有5万名犹太人受洗成为了基督教徒,大约有20万名不愿改宗的犹太人被迫离开了西班牙。经过了几百年的发展,当时西班牙犹太人家庭大多数都已比较富裕,但他们在离开时却不被允许带走金银等值钱的东西。他们在留下了自己的住宅和几乎所有财产后,悲惨地流落到地中海沿岸的其他国家——摩洛哥、埃及、土耳其、巴勒斯坦和意大利,还有一大批人暂时逃到葡萄牙,后又转到荷兰和东欧。

当时有一个意大利犹太人对被驱赶出西班牙的犹太人的情况作了这样的描述:

许多流亡者去了穆斯林国家,到了突尼斯国王统治下的非斯和一些柏柏尔省份。穆斯林不允许犹太人进入他们的城市,许多人死于饥饿,还有许多人因精疲力竭而倒卧在城外时被狮子和猛兽所吞噬……还有不少流亡者因找不到愿意收留他们的地方而返回了西班牙,接受了基督教……但他们是为了不使上帝的名字蒙尘而逃走的,所以只有一小部分人改变了信仰……。

当(驱逐)法令传到其他国家后,从热那亚来了一些船只来运送犹太人。这些船上的水手残暴地对待犹太人,抢夺他们的财物,并把他们多数人送到了臭名昭著的海盗"热那亚大王"那里。那些设法逃到热那亚的人又受到当地人无情的虐待,他们甚至从母亲的怀中夺走孩子,让他们皈依基督教。

许多运送犹太人的船只从西西里到达那不勒斯。那不勒斯国王对他们很同情和友善,给了他们帮助。那不勒斯当地的犹太人也尽量为这些受难者提供物品,并派人到意大利各地为他们募捐。城里的马拉诺借钱给他们而不收利息。然而,这一切也不足以使他们活下去,仍有不少人饿死了,还有一些人把他们的孩子卖给了基督教徒以便他们能活下去。后来,一场瘟疫在他们中蔓延,许多人死去了,那些活下来的人连埋葬死人的力气都没有了……

1492年西班牙对犹太人的大规模驱逐,是犹太人又一场巨大的民族灾难,使中世纪在西班牙繁荣了700年的犹太人社团消失了,使犹太民族主体又一次大流动,从西欧转移到了东欧和地中海东南沿岸。到15世纪末,除了当时尚未统一的意大利和德国外,犹太人已基本上被赶出了西欧。

自从犹太人离开巴勒斯坦,流散到欧洲和其他地方之后,他们往往都喜欢集中在一起居住。这样他们觉得日子要好过一些,在受迫害时彼此也可以互相照应。开始时,他们这种聚居是主动和自愿的。1180年罗马教廷颁布了一项歧视性法令,规定犹太人必须与基督教徒分开居住。但在很长的一个时期里,生活在意大利的犹太人与基督教徒之间的关系还比较友好,当法国、英国等地的犹太人遭到驱逐后,意大利一度还成了他们的避难所。到了1516年,在意大利的小国威尼斯,当局发布了一个命令,要求威尼斯城的所有犹太人都必须集中到一个指定的区域内居住。这个地方的名称叫作"Ghetto",意为"铸造厂",因为当时这里是一个铸造枪炮的地方。这个居住区四周有墙,将它与城市的其他部分隔离开来,只有一个有两扇厚实大门的入口,由基督教徒看守,天黑后基督教徒就不得再进去,犹太人也不能再出来。以后,人们把这种在一个城市中划出来强迫让犹太人集中居住的区域都称为"Ghetto",中文译为"犹太隔离区",或者根据其音译为"隔都"。

不久后,规定犹太人只能居住在隔都里的做法很快传到了意大利的其他地方,后来又传到欧洲各基督教国家,在许多城市里都有了犹太隔都。隔都成为法定的犹太人居住区,每天早开晚关。另外,每逢基督教节日、犹太教节日,犹太人也不得出来。而且犹太隔都的范围一经划定,当局一般是不允许其扩大的。所以犹太隔都内常常是人满为患,居

住条件十分恶劣，卫生也极差，而且因住房越盖越高，很容易失火。意大利等地的犹太隔都就曾多次发生惨重的火灾。另外，生活在隔都里的犹太人除了一般的税收外，还要向当局多缴纳一种特殊的人头税。

意大利威尼斯隔都，世界上最早的犹太人隔离区

　　尽管隔都是一种歧视性的做法，但是，在社会上备受欺凌的犹太人还是愿意生活在隔都内，因为这里毕竟是他们自己的一个小天地。隔都内的犹太人实行自治，犹太教会堂和学校是隔都生活的中心。他们可以在隔都内保持他们的宗教信仰、文化习俗，让他们的孩子接受犹太教育。当时犹太人常常说，"隔都里的孩子可能会没有食物，但他们决不会没有教育"。实际上，隔都成了犹太人免受外界侵扰和避免同化的一种保护措施。

　　中世纪是犹太人历史上非常黑暗的一个时期。他们在欧洲受到欺凌和迫害是难以形容的。然而，尽管看上去犹太人在迫害面前表现得唯唯诺诺，逆来顺受，但实际上他们在精神上始终是乐观的、自信的，甚至可以说是高傲的。他们虔诚地信仰着犹太教，相信他们是上帝的"特选子民"，一切苦难都不过是过眼烟云，只不过是上帝对他们错误的惩戒。上帝耶和华曾说过："以色列人哪，你们全家是我从埃及地领上来的，在地上万族中，我只认识你们；因此，我必追讨你们的一切罪孽。"（《圣经·阿摩司书》，3:2）他们也相信，救世主（弥赛亚）将会降临，犹太人最终将得到拯救，他们的民族最终将会繁荣，他们的子孙将如"天上的众星"和"地上的尘沙"一样繁多。他们认为这一切都是天意，而不是人的行为，所以没有必要怨天尤人。这种信念与中国的

孟子的"天将降大任于斯人也，必先苦其心志，劳其筋骨，饿其体肤"的说法颇为相似。

也正是在这种精神力量的支持下，犹太人在频繁的艰苦磨难面前始终保持着信心。财产被没收了，通过自己的努力再重新敛聚创造；被从世代居住的地方驱赶了出来，找一个新的地方再重建家园；虽然他们在肉体上受到折磨，在外表上受到基督教统治者的轻蔑和唾弃，但他们在精神上却是高傲的。只要精神不死，犹太民族就不会灭亡。

三、东奔西逃

15、16世纪被从西欧驱逐出来的犹太人大部分流向了两个方向：东欧的波兰和地中海东岸的奥斯曼帝国。

早在第二圣殿后期，犹太人就已开始逐渐北上，他们经黑海来到克里米亚、乌克兰、俄罗斯、立陶宛和波兰等地，建立了一些古老的犹太社团。当时这些地方都还没有对犹太人的歧视和迫害。尤其是在波兰，当地统治者一开始很欢迎犹太人，因为当时波兰境内地广人稀、经济落后，犹太人来到后使波兰各地的商业贸易都繁荣了起来。10世纪后，德国犹太

19世纪的捷克布拉格犹太区

人也从西边不断东移,进入波兰。当地统治者为了吸引更多的犹太人前来,甚至还颁布了一个保护犹太人的法令。这样,在很长一个时期里,波兰便成了吸引西欧、北欧犹太人的避难所。西欧的犹太人在遭到迫害和驱逐后,便踏着德国犹太人的足迹源源不断地来到波兰。到17世纪中期,波兰的犹太人已达到了50万,是当时世界上犹太人口最集中的地区。

波兰犹太人社团保持着很高程度的自治,文化和宗教生活一度也很兴旺。那些来自德国的犹太人还把德语和古老的希伯来语以及斯拉夫语糅合在一起,创造了一种独特的犹太语言——意第绪语。这种语言在语法上同德语比较相近,用希伯来字母书写。到后来,意第绪语成了包括俄罗斯、波兰、立陶宛在内的东欧犹太人的语言,后来又随着东欧移民被带到美国。

波兰犹太人中最显著的特点是对宗教生活的重视,和研习风气的浓厚。犹太教后来的一些宗教派别(如哈西德派)、大量对《塔木德》等经典的研究成果,以及犹太社团的宗教学习和研究制度,都是在波兰犹太人中出现的。当时的一位学者记录道:

在全世界的犹太居住地中,没有哪个地方比得上波兰这片土地。这儿的《托拉》经卷最多,也最全;这里的每个犹太公会都有《塔木德》研究学院。……在整个波兰王国,几乎没有一个犹太家庭不学习《托拉》,要么户主本人就是学者,要么他的儿子或女婿常年投身于研习,最起码户主也要资助一个青年学生,有时甚至在一个家庭中同时出现上述情况……

然而,好景并不长,1648年波兰爆发了哥萨克人在赫米尔尼茨基率领下反对贵族和王室的起义。处于贵族和平民之间、统治阶级和被统治阶级之间的犹太人却成了动乱的受害者。起义的农民把犹太人视为地主和贵族的代理人,因为犹太人常常作为中间人代统治者向农民收税,而地主贵族阶级在暴乱中又以牺牲犹太人来保护自己。因此,大约有10万名犹太人在短短的两年动乱中丧生,数以百计的犹太居住点被毁。于是,又有不少犹太人重新西移,再次返回西欧。同时,也有一些向东逃亡的人进入了沙皇俄国。

当进入近代时，全世界大约共有300万犹太人，其中的一半左右生活在东欧。随着1772年、1793年和1795年波兰三次被俄国、普鲁士和奥地利瓜分，大部分原来的波兰犹太人居住地被划入了俄国的版图。俄国东部成了犹太人最集中的地方。西欧约有40万人，其中30万是在德国，法国大约有5万人，英国有1万多人。

16世纪被从西班牙逐出的多数犹太人并没有去东欧，而是流向了当时统治着地中海东南沿岸的奥斯曼土耳其帝国。

此时奥斯曼帝国正处于全面扩张时期。同西欧各基督教国家反犹排犹的做法形成鲜明对照的是，信奉伊斯兰教的奥斯曼帝国对犹太人表现出了极大的宽容。奥斯曼帝国的苏丹（皇帝）不仅向犹太人敞开了大门，而且还给予了他们许多优待，允许他们保持自己的信仰，允许他们集中居住，并保持社团自治。

大约有10万犹太人和"马拉诺"从西班牙和意大利向东进入了奥斯曼帝国。他们安顿下来后，很快又蓬蓬勃勃地发展了起来，使奥斯曼土耳其成了一个新的犹太中心。犹太人在奥斯曼帝国的经济、文化发展中作用显著，一些人还取得了显赫的地位。如从葡萄牙逃亡而来的犹太妇女格拉西阿·门德斯不仅建立了一个以伊斯坦布尔为中心的庞大的国际商业网，而且还非常热心帝国的公益和慈善事业。她的侄儿约瑟夫·纳西除了经商外，还从事政治活动，后来成为苏丹的亲信和外交顾问，参与了许多重大的政治决策。苏丹为感谢他的贡献，将巴勒斯坦的一大片土地赏赐给了他。

从16世纪一位波希米亚官员用德文写的日记中，可以看出当时奥斯曼帝国犹太人的兴旺景象：

……在土耳其的任何一个城市都可以发现无数的犹太人。他们来自各国，讲着不同的语言。但是由于他们有共同的语言，所以每个犹太团体都很团结。无论何时犹太人被从某个国家驱逐出来，他们都会汇集到土耳其。他们居住得很拥挤，就像一堆密密麻麻的虫子一样。……犹太人总是同舟共济，不让他们中的任何人去乞讨或者流浪。有的犹太人沿门挨户募集贫民救济金，以帮助贫困的犹太人或者开办医院。

除了波兰和土耳其，中世纪还有一块犹太人的容身之地，这就是西欧的荷兰。

荷兰的阿姆斯特丹是西欧唯一没有驱逐犹太人的地方，因为这里是基督教新教的根据地，所以对受天主教迫害的犹太人表现出了很宽容的态度。犹太人被允许在这里定居，继续信仰他们的宗教，并修建了一座犹太会堂。西班牙和葡萄牙的犹太人也闻风而来，阿姆斯特丹的犹太居住区很快就增加到了400户，成为西欧最大的犹太社团，而且这里还是西欧唯一一个既有塞法尔迪犹太人（即东方犹太人），也有阿什肯纳兹犹太人（西方犹太人）的社团。荷兰犹太人很强调古老的传统，十分重视宗教礼仪和社团的团结。到18世纪末时，荷兰的犹太人已达5万。

荷兰犹太人在经济领域中表现得非常活跃和富于创造性，如阿姆斯特丹的股票交易所、荷兰东印度公司中，犹太人都占了与他们的人数不成比例的份额。这个社团中还出现了一些世界性的著名人物，如伟大的哲学家巴鲁赫·斯宾诺莎（1632—1677）。斯宾诺莎家庭曾生活在西班牙，1492年因天主教会对犹太人的宗教迫害而逃到葡萄牙，后又于1592年逃到荷兰。他的父亲是一位商人，在阿姆斯特丹经营进出口贸易，并担任犹太人公会会长和犹太学校校长。斯宾诺莎因独立思考而偏离了犹太教正统学说，被逐出了犹太会堂。他后以磨镜片为生，同时进行哲学思考。磨镜片这项工作伤害了他的健康，在45岁时他就去世了。斯宾诺莎的学说对整个欧洲思想界的发展产生了巨大而深远的影响。

犹太哲学家斯宾诺莎（1632-1677）

四、欧洲犹太人的"解放"

18、19世纪之交,欧洲出现了新兴资产阶级发动的启蒙运动,"自由、平等、博爱"的思想逐渐深入人心,民族自由、民族平等、民族独立的意识也开始广泛传播。在这种大气候下,一些有识之士开始对过去欧洲各国的反犹政策进行反思,认为不应再歧视或压迫犹太人,应该给予他们平等和自由的权利。对于西欧的犹太人来说,真正给他们带来解放福音的是法国大革命。

法国大革命前,西欧大约有40万犹太人,主要集中在德国、法国、荷兰和英国,其中又以德国最多,约有30万人。近代科学的发展和理性主义的兴起,对欧洲犹太社团内部也产生了猛烈的冲击,出现了以德国犹太人摩西·门德尔松为代表的犹太启蒙运动。这个运动主张犹太人学习现代科学知识,接受新的生活方式,摆脱传统、保守的犹太教的束缚,融入到现代西方文明中去。

法国大革命爆发后,解放犹太人的进程大大加快了。1791年9月,法国制宪会议赋予所有法国犹太人以公民身份进行宣誓的权利。拿破仑对犹太人的苦难一直很同情,为了进一步解放犹太人,他于1806年7月召开了一个犹太知名人士会议。他向犹太人提

早年的法国犹太人

出了所谓"皇帝的十二个问题",涉及到犹太人的律法、对国家的忠诚等许多方面。与会犹太人对这些问题的回答使拿破仑很满意。于是,第二年法国召开了犹太教公会,根据拿破仑的旨意通过了一系列文件,使犹太人第一次享有了同天主教徒、新教徒完全平等的法律地位,并得到政府的保护。

受法国的影响,另外一些西欧国家也先后宣布"解放"犹太人。德国、奥地利、意大利和英国等国家都从法律上宣布废除对犹太人的歧视,并正式授予他们公民权。这样,犹太人出门无须再佩带那含有极强侮辱色彩的犹太标志,也不需要再比其他人多缴纳歧视性的人头税,他们也不再被强迫居住在狭小肮脏的"隔都"里,而可以走出隔都,生活到外面的世界里了。尽管这些做法往往只是象征性的,而且当拿破仑战争和后来的欧洲革命失败后,一些国家又故态复萌,恢复了往昔的歧视性规定。但是,犹太人能够在法律上享受平等的待遇和权利,这毕竟在欧洲漫长的历史上是破天荒的第一次!

另外,西欧的工业革命和工商业的发展,也给犹太人带来了施展他们聪明智慧和经营才能的广阔天地。他们中不少人随着资本主义制度在西欧的确立而上升成为了资产阶级,掌握了社会中的大量财富。他们中涌现出不少大银行家、大商人和企业家,控制着一些国家的金融业和对外贸易。如起源于法兰克福的罗斯柴尔德家族,通过其分布在西欧各国的商业金融网络,对整个欧洲及海外殖民地的经济活动发挥着极为重要的影响。西欧犹太人中还出现了一些非常有影响的思想家、文学家、科学家。

但是,对犹太人的歧视并没有因为他们在经济上的成功而消失,在一些地方反而加强了。除了过去的宗教矛盾、民族仇恨、社会偏见之外,现在又加上经济上的嫉妒。因此,那些已经走出隔都、在经济上也取得了成功的犹太人并没有真正被欧洲社会所接受,他们仍被视为外来者。这些犹太人也为此深感苦恼,他们中不少人便主动接受洗礼,成为了基督教徒,希望能够通过这条道路融入欧洲社会。用德国著名诗人海因里茨·海涅的话来说,这是为了"领取进入欧洲文明的入场券"。海涅本人便是一个改宗了基督教的犹太人,马克思主义的创始人卡尔·马克思也是出身于一个改宗了基督教的犹太家庭。

在西欧、中欧的一些国家里,有一个时期犹太人主动改宗基督教的人为数不少,尤其是在那些已步入社会上层的犹太人更是如此。他们相信,只要改宗了基督教,再把自己的国籍固定下来,做一个忠诚的法国人、英国人、德国人、奥地利人、意大利人,不再给人以一种"流浪的犹太人"的印象,他们就最终会被欧洲社会接受。这便是当时流行的"同化"理论,许多犹太人和非犹太人都相信同化是解决欧洲社会中"犹太人问题"的好办法。德国犹太人加布里尔·里塞尔形象地阐述了将犹太教与德国精神融为一体的思想,他说:"我们有一位父亲和一位母亲,父亲是上帝,万民之父,在天宇;母亲是德意志,在地上。"

然而,这种天真的看法却低估了欧洲社会中那种根深蒂固的反犹太人的思想。在表面上,已进入了文明时代的欧洲各国已不再有中世纪时那种疯狂、野蛮、愚昧的反犹暴行,但在许多欧洲人的内心深处,仍保持着对犹太人的憎恨和厌恶。一旦有了适当的机会和条件,这种情绪又会暴露出来,并在社会中演化成大规模的反犹运动。拿破仑战争失败后,奥地利的犹太人又被赶入隔都;德国又恢复了对犹太人居住和就业的种种限制;意大利各地也纷纷取消了给予犹太人的各种平等权利。19世纪后期,变动中的欧洲各国都上演过各种大大小小的反犹闹剧。

与过去不同的是,19世纪的反犹主义以一种新的形式出现,这就是种族主义。种族主义者称,欧洲的大多数民族都属于褐色皮肤和蓝眼睛的"雅利安人",而犹太人(还有阿拉伯人)则属于身材较矮小、黑头发黑眼睛的"闪米特人"。从人种学的标准来看,雅利安人远比闪米特人和其他人种要优秀。一些种族主义者还声称,在欧洲的各民族中,日耳曼人是最纯正的雅利安人种。

欧洲的反犹宣传画

一个名叫豪斯敦·斯图尔特·张伯伦的英国种族主义者1898年在其著作《19世纪的基础》中声称，犹太人是一个没有生存价值的种族，它的任务只是破坏日耳曼民族的纯洁和"繁殖一群假希伯来人混血儿，即一个在体质、精神和道德上无疑都发生了蜕化的民族"。

种族反犹主义分子说，由于犹太人是一个劣等民族，他们同化于欧洲民族实际上比不同化还要可怕，因为同化就意味着他们的种族、血液就溶入了欧洲民族之中，从而也就玷污了纯洁的雅利安人种，使优秀的雅利安人种发生退化。根据这一逻辑，一些极端的种族主义者便提出了"生存战争"的口号。他们称反对犹太人是一种生物性和种族性的生存竞赛（而不是宗教的，或政治、经济的），这种生存竞赛需要采用极端的、毫不留情的手段。为了不让犹太人混杂和玷污纯洁的雅利安种族，最好的办法是把他们统统驱逐，甚至从肉体上彻底把他们消灭掉。

法国是当时西欧文明程度最高、最开明的国家，也是最早解放犹太人、犹太人感到最自由的国家。但是，就在这个国家里仍发生了一次大规模的反犹运动。1894年，法国军队中一位名叫阿尔弗雷德·德雷福斯的犹太上尉军官被指控向德国提供情报，法庭以叛国罪为名判处他终身监禁。后来事实证明这是一起冤案，并在十二年后平了反。但当时德雷福斯案却在法国社会中掀起了轩然大波。人们所关注的并不是案件本身，而是因为被指控者是一名犹太人，而且是一名自称要通过同化融入法国社会的犹太人！于是，社会上到处都有人在高喊："杀死犹太人！""犹太人该死！""犹太人滚出去！"大批暴民围攻和谩骂犹太人，抢劫犹太人的商店；还有许多人上书政府，要求剥夺犹太人的政治权利，并把他们驱逐出法国去。

许多原来主张同化的犹太人在这一事件中彻底失望了。因为在思想最开明、文明程度最高、最早解放犹太人的法国，人们对犹太人尚且有着如此深刻的仇恨，那么，在那些比法国落后的国家里，他们还能指望什么呢？同化已失去了意义，因为他们的罪恶已不再是因为他们信仰什么，也不再是因为他们表现如何，而是因为他们的出身和他们的血统。出身和血统是无法改变的。犹太人生而有罪，如果他企图通过改宗或同

· 57 ·

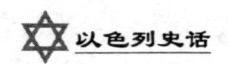

化来改变自己的出身，那么还要罪加一等，因为他那样做的目的就是要玷污和毒害其他的人民！

五、东欧的反犹浪潮

中、西欧的犹太人情况如此，至于那些被从波兰划入到沙皇俄国的犹太人，在从一个世俗力量较强的罗马天主教国家转到了一个对他们有更深敌意的东正教国家之后，他们的命运比过去更加悲惨，前途也更加黯淡。

匈牙利的一个犹太"隔都"

沙皇政府规定，犹太人只能在一定范围的地域内居住和活动，这种划出来的区域被称为"栅栏区"（pale），大多分布在原波兰境内。他们不得到这些区域之外去活动，更不能移居到这些区域之外。只有某些犹太人经当局特许之后才能到"栅栏区"之外去旅行和工作。沙皇政府公开宣称，实行限定犹太人居住区的规定是"为了不让犹太人败坏俄国社会"。

除了犹太居住区的规定外，当局还规定犹太人不得从事某些行业的工作，不得拥有土地，而且必须缴纳双倍的税款。另外，沙皇政府还规定，犹太人中12－15岁的青少年必须到军队中服义务预备役，然后再服长达25年的现役。这种兵役制度最为犹太人所痛恨，因为在军队中，政府会采用各种手段，迫使许多犹太青年改信基督教。一些父母千方百计不让自己的孩子去参军，他们隐瞒孩子的年龄，甚至把孩子弄残废，以逃避被征入伍。而政府则派出密探到处侦查，以保证兵源。

1850年俄国境内的犹太人大约只有240万，而到19世纪末时已接近500万，占当时全世界犹太人口的三分之二。沙皇亚历山大二世执政时，对犹太人采取了一些较宽容的政策，如放宽了对他们移居到居住区以外的限制，允许一些人获得公职。这样，一些犹太人便开始移居到彼得堡、莫斯科等原先禁止他们进入的城市，一些大学里也开始有了犹太学生。然而，俄国社会中根深蒂固的反犹思想却依然存在，尤其是在那些落后偏僻的乡村中更是如此，一些无知的农民把犹太人称为"吸血鬼"。在这样的背景下，宽容政策只不过是昙花一现，一个偶然发生的事件立刻又把俄国犹太人抛入了黑暗的深渊。

1881年3月，沙皇亚历山大二世在俄国革命党人进行的一次暗杀行动中被炸身亡，因涉嫌者中有一名年轻的犹太妇女，于是俄国在全国范围内便出现了空前猛烈的反犹排犹浪潮。反犹活动先从乌克兰南部开始，很快就蔓延到全国各地，各地的犹太人都遭到大群暴民的袭击、驱赶和残杀。沙皇政府对此持默许和鼓励态度，而且一些警察和军队也参与了对犹太人的驱赶和屠杀。当时俄国社会各阶层几乎都卷入了对犹太人的迫害，就连一些开明的知识分子也未置身其外，著名的文学家托尔斯泰、屠格涅夫等人对反犹活动不是赞成，就是沉默。没有谁站出来为犹太人说一句公道话。

1882年5月，新任的内政部长伊格纳切夫颁布了被称为"五月法令"的一系列法律，重新对犹太人的居住范围进行了限制，明令禁止在

Figure 12. "Cast your vote for Kadet!!" ("Constitutional Democratic Party," a liberal party of the center). Front page of the Russian anti-Semitic weekly, Pluvium, 1907.

俄国1907年的反犹漫画

犹太居住区外新建任何犹太人居民点，而且准许各地城乡的居民们可以把"有罪的犹太人"赶回定居区去。"五月法令"还规定对犹太人的财产、职业进行限制，减少大中学里犹太学生的比例。不仅如此，为了永久地解决"犹太人问题"，俄国当局甚至公开宣布，他们的计划是把三分之一的犹太人从肉体上消灭，把三分之一的犹太人驱逐出俄国，再把三分之一的犹太人改变信仰成为基督教徒！

在此后的几年里，俄国各地不断发生各种反犹暴行。1891年有一万多人被赶出莫斯科和基辅。1903—1908年，反犹活动在俄国达到高潮，数百个城市都发生了杀害犹太人的事件，成千上万的人死于非命，如基什尼奥夫一次就50多人被杀死，500多人受伤；在黑海之滨的敖德萨，在四天的反犹骚乱中就有400多人被杀害。另外，受俄国的影响，在乌克兰、罗马尼亚、匈牙利等许多东欧国家也发生了类似的排犹屠犹活动，犹太人成了一切社会问题的替罪羊。

这股大规模的反犹灭犹浪潮给东欧和俄国犹太人带来了极大的苦难和恐惧，许多人开始向西逃亡。自1881年开始，这股西迁的势头持续了三十多年。到第一次世界大战爆发时的1914年，大约有300万犹太人离开俄国和东欧。有的历史学家说，1881年俄国和东欧犹太人的向西大逃亡完全堪与1492年犹太人被从西班牙驱逐相提并论，正是从这个年代之后，犹太人才不再集中在东欧和俄国，也不再被限制在欧洲大陆，而开始真正大范围地散布到世界各地。这些离开俄国和东欧的犹太人有少数在西欧定居，还有一些人去了巴勒斯坦、南非等地，而绝大多数（约占80%）则越过大西洋，去了彼岸的美洲大陆，定居在美国、加拿大和一些南美国家。

六、反犹主义

早在古代社会，犹太人就受到埃及人、巴比伦人、波斯人、希腊人、罗马人的征服和统治，被迫流亡、迁徙到他乡异国。当然，古代的这种征服、掠夺、压迫、流放还不能称为反犹主义，

波兰带有犹太标志的犹太人

因为在当时不同民族之间的战争中，胜者为主、败者为奴，似乎是一种很自然的现象。当时那些强大的民族对弱小的犹太民族的征服和统治，并不意味着他们对犹太人有什么特别的仇恨，只不过是弱肉强食的自然法则在人类社会中的体现而已。

犹太人因为他们所具有的犹太特性而受到其他民族的仇恨和歧视，应该说是从基督教诞生之后才出现的。从早期基督教时代开始，到中世纪，到近代，再到现代，这种对犹太人的敌意在许多国家、许多民族中一直持续不断，只不过有时较为隐蔽，有时较为公开，有时比较平缓，有时却突然、猛烈地爆发出来；有时表现为人们言行中的厌恶、歧视，有时则发展为大规模的暴力活动。

由于这种普遍、深刻和持久的对犹太人的敌视，德国人威廉·马尔

1879年创造了一个专门的术语，用来指各种形式的对犹太人的敌视情绪和行为。这个术语就是"Anti-Semitism"，它源于希腊语，原意是"反闪族主义"，但实际上它并不针对包括阿拉伯人、埃塞俄比亚人在内的其他说闪米特语的民族，而专门指对犹太人的仇恨和敌视，因此，中文也就把它译为"反犹主义"。

说到反犹主义的普遍性，只要从一个简单的事实便可看出：即在绝大多数犹太人生活过的国家里，都发生过大规模驱逐犹太人的事件。

英国早在1290年就驱逐了其境内的所有犹太人（大约有16,000人），直到1650年以后才陆续有犹太人重新定居英国。

法国1306年和1394年两次全面驱赶犹太人，直到1789年后法国才重新让犹太人返回。1492－1497年，西班牙和葡萄牙把境内数十万不愿改宗基督教的犹太人驱逐一空。

匈牙利在1349－1360年，奥地利在1421年，立陶宛在1445年，德国各地在14至16世纪间，都曾以"传染黑死病"等为由驱逐了当地的犹太人。

1772年之前，俄国根本就不允许犹太人入境。后因波兰被瓜分，大批犹太人处于俄国的统治之下，当局便把他们限制在"栅栏区"内。1882年以后，俄国发生了空前规模的反犹高潮，成千上万的犹太人被杀死，更多的人被迫抛弃财产，逃往异国他乡。

在大洋彼岸的南北美洲，尽管犹太人生活的时间并不长，但也未能摆脱反犹主义的阴影。在美国、加拿大，在阿根廷、智利、秘鲁、巴西，都出现过或大或小的反犹排犹运动，许多犹太人为躲避迫害一再迁移。

反犹现象遍布世界各地，可以说，只要有犹太人的地方，就有反犹主义。

之所以说反犹主义具有深刻性，是因为它已经超出了一般的文化偏见和种族歧视，在某些国家已成了一种根深蒂固的社会疾病，成了一些人的歇斯底里症。在这些国家里，反犹运动往往会演化为大规模的暴力行为。犹太人遭受的不仅仅是人们言行中的憎恨和厌恶，而是抢劫财物、驱逐、殴打、折磨和屠杀。无论是在中世纪的宗教社会中，还是在近代的世俗社会里，犹太人都深受反犹主义之害。尽管犹太人在许多国家只占人口比例的很小一部分，但这些国家却都把他们看作是一种危险的、可怕的敌人。

反犹仇犹的人给犹太人加上了许多莫须有的罪名：他们喝非犹太人的血，他们带来了各种传染病，他们在水井中投毒，他们谋害了耶稣基督，他们密谋征服全世界，等等。

贫穷的犹太人遭受欺凌，而富裕的犹太人也同样受到憎恨。那些同化了的犹太人往往会

反犹主义宣传画，称犹太人会杀死基督教小孩并喝他的血

被怀疑为是里通外国的第五纵队，而不愿同化者又会被作为冥顽不化的"异己分子"而受到加倍的仇视。基督教徒憎恶犹太人，穆斯林也不喜欢他们，其他各种宗教势力也都把他们视为危险的异教徒。德、意法西斯分子说他们是"共产主义分子"，而在原来苏联和东欧的社会主义国家中，他们又被指责为"资本主义势力"。

再说反犹主义的持久性。犹太人受到的歧视和迫害，从时间上看，数千年来一直就没有停止过：

在遥远的希腊罗马时代，犹太人就因不接受占统治地位的多神信仰而受到镇压和迫害，开始向巴勒斯坦以外的东西方流散。

基督教诞生后，犹太人又因他们与基督教徒之间的信仰差异而遭到敌视。这种敌视的程度没有随着时间的推移而减弱，反而与日俱增，到中世纪的"黑暗时代"达到高潮。尽管基督教内部发生过数次分化、改革，但它对犹太人的敌视却没有改变，无论是罗马天主教、东正教、新教，还是其他各个宗派，都毫无例外地对犹太人采取强烈的敌视态度。

中世纪崛起的伊斯兰教对犹太人虽然不像基督教世界那样残酷无情，但也对他们实行种种限制和歧视：要他们缴纳额外的税赋，强迫他们佩戴有侮辱性的标记⋯⋯

欧洲的文艺复兴、启蒙运动、工业革命以及资本主义的兴起，曾使

犹太人的苦难命运出现过一线转机。但不久之后，更猛烈的反犹运动就铺天盖地而来，使他们陷入了更加悲惨不幸的境地。当代西方世界总是标榜它是理性、平等、自由、博爱的乐土，但反犹主义在20世纪的欧洲却达到了登峰造极的地步，600万犹太男女老幼惨遭纳粹屠戮。

为何犹太人的命运会如此多灾多难，为什么他们会受到这样普遍、深刻和持久的仇视呢？难道他们确实有什么为世人所不容的恶性陋习吗？难道他们真的犯下了什么十恶不赦的滔天罪孽吗？

有人认为犹太人遭到仇恨的根源是他们与众不同的宗教，是他们自称为上帝"特选子民"的观念。也许在神权占统治地位的古代和中世纪，这确实是反犹主义的主要原因，但在世俗化的近现代，反犹主义却依然如故，而且还愈演愈烈，这难道是宗教冲突能解释的吗？希特勒要杀死的是所有的犹太人，无论你信教还是不信教，就连那些已皈依了基督教的犹太人也不能幸免。

有的人提出了"替罪羊"的解释。因为犹太人是一个分散在许多国家中的弱小民族，每当这些国家的政治、经济和社会出现麻烦时，统治集团和主体民族便把责任推到犹太人身上。犹太人成了统治者们方便地转移注意力、社会各阶层发泄不满的对象，于是就出现了周而复始的反犹运动。但又有人问，在存在着若干种"替罪羊"的时候，为何单单要把犹太人推出来呢？而且，既然只是把他们当作"替罪羊"（一种手段），又为何非要把所有的犹太人斩尽杀绝、置于死地而后快（目的）呢？

还有人说经济是引起反犹排犹的根本原因。由于犹太人放高利贷、为地主和贵族向农民收租税、开银行办工厂，他们不劳而获，人数很少却控制着大量的社会财富，是一个剥削阶级。他们说，犹太人的钱就是反犹主义的根源。但是，这种观点却很难解释这样一个现象：富裕的犹太人被别人所憎恨，贫穷的犹太人同样也受到歧视。反犹运动爆发时，生活在贫民窟里的犹太工人阶级与住在花园别墅里的犹太资本家一样厄运难逃。

又有人从社会心理学的角度来解释反犹主义。他们说，犹太人之所以受到歧视，无非是因为这样两点：一、犹太人没有自己的国家，散居在其他民族之中；二、他们有着一些与众不同的特性，但又不愿意改变他们自己。求同排异是一种人的天性。无论在任何地方，人们总是喜欢求同，不喜欢存异。任何一种异己的东西，总是使人感到不舒服，甚至使人感到是一种威胁。当这种排异心理发展到一定程度，就成了一种病态，以希特勒为首纳粹分子就是一些心理不正常的迫害狂。但问题是，许多已完全同化了的犹太人从

乌克兰反犹漫画

思想、行为和外表上与当地民族已没有了差异，而反犹主义分子仍不放过他们。另外还有一些国家根本就拒绝接受犹太人的同化。

　　反犹主义作为一种复杂的社会现象，肯定不是由某种单一的原因引起的。反犹主义的原因包括宗教、文化、社会、政治、经济等诸多方面。然而，在不同的历史时期，引起反犹主义的主要原因是不同的；另外，在同一历史时期里，不同国家中的反犹主义的产生也有不同的原因。总的看来，在古代－中世纪－近代－现代的历史进程中，反犹主义的主要原因基本是按宗教－社会－经济－政治发展的，而且是递进的。也就是说，如果没有古代、中世纪的宗教斗争和社会压迫，也就不会有近现代的经济冲突和政治迫害；如果没有长期的歧视和偏见，也就不会发展到后来灭绝种族的大屠杀。

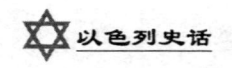

七、新大陆

由于受交通条件的限制，15世纪末被逐出西班牙的犹太人只能流落到地中海沿岸和东西欧；而随着交通和航海技术的发展，19世纪反犹浪潮中离开欧洲的犹太人却能远走高飞，逃向大西洋彼岸的美洲大陆。

在大批俄国和东欧的犹太人移居美国之前，美国就已有一些犹太人了。他们既有最早于17世纪后期少量来自西班牙和葡萄牙的"马拉诺"，也有19世纪前期来自德国等地的中欧犹太人。但他们的人数却不多，到1861年南北战争爆发时，全美也只有大约15万犹太人。而从1881年开始，大批俄国和东欧犹太人的到来，才使美国犹太人社团真正发展壮大起来。此后的30多年时间里，在美国的犹太人从20多万增加到了250万，翻了整整十倍，这主要便是大批来自俄国和东欧的移民。也正是这些移民来到美国之后，使犹太人在世界上的分布除了欧洲之外，又出现了一个新的中心。

一批又一批俄国和东欧犹太人乘轮船来美国。经过长时间的、令人疲惫不堪的海上航行之后，当轮船沿哈得孙河进入纽约港，远远望见高高矗立的自由女神像时，这些新移民往往都激动不已。一位名叫爱玛·拉萨鲁斯的犹太女诗人为自由女神像写下一首著名的十四行诗，其中有这样的诗句：

到我这里来吧，
你们这些疲惫的、你们这些贫穷的，
你们这些蜷缩的，然而却
渴望呼吸自由空气的芸芸众生；
到我这里来吧，

你们这些被你们拥挤的国家抛弃,
你们这些落魄潦倒,
无家可归、颠沛流离的人们;
我高举火炬伫立在金色之门旁。

这首诗后来被镌刻在自由女神像的底座上,几乎成了美国接受外来移民,容纳受迫害的逃亡者的格言。

长期生存在欧洲恶劣的反犹主义环境中的犹太人,来到自由、开放的美国之后,犹如飞鸟入林,游鱼入海,进入了一个发展的新天地。在美国这个新国家里,他们长期被压抑的特殊才能得到了充分的发挥。在不长的时间里,犹太人就成为美国社会中最成功、最富有的一个少数民族。

这些东欧新移民来到美国之初,一般都集中在东部沿海的大城市里,尤其是集中在纽约城。到1920年时,纽约市的犹太人已多达175万,

来自俄国和东欧的犹太移民乘船到达纽约港

曾担任美国大法官的布兰代斯是犹太人

几乎占这个城市人口的三分之一。原因很简单，一是这些犹太人原来在东欧也主要是生活在城市里，他们没有从事农业的习惯和技能，不愿向乡村发展；二是他们大都是虔诚的犹太教徒，只有在犹太人集中的城市里，他们才能保持和遵守犹太教的教规，譬如，定时上犹太会堂祈祷，食用符合教规的食物，与犹太人而不是与基督教徒结婚等；三是当时美国的西部开发运动已结束，他们很难再找到新的向外发展的机会，只能在工业发达的大城市中寻找工作，生存和发展。

新来的东欧犹太人有近一半聚集在纽约市和近郊，他们大都较贫穷，比较集中地居住在曼哈顿岛东南角一个被称为下东区的拥挤的贫民区里。这里的东欧犹太人如此之多，以至于在整个地区竟听不到人们讲英语，而只能听到一种语言——意第绪语。有许多东欧犹太移民虽然生活在美国，但到死也没能学会讲英语。由于文化程度低，一开始这些东欧犹太人能找到的工作都是各种下等的体力劳动，有相当大一部分人进入了由当地早期来的德裔犹太人开的服装工厂工作。这些工厂工资低、工时长、工作条件恶劣，被称为"血汗工厂"。

由于处在社会的最底层，加上一些具有社会主义思想的犹太人也随着大批东欧移民来到美国，所以到20世纪初，社会主义思想在美国犹太移民中迅速传播，工人运动也随之兴起。犹太工人中成立了劳工联盟和工人联合会，进行要求提高工资、改善工作条件的斗争。犹太工人运动是当时美国劳工运动的先锋和主力军。

美国没有欧洲各国那种传统的保守势力，也没有强大的基督教会势力，因此社会上那种对犹太人的固有偏见较少。尽管在有的地区也有对犹太人的歧视性限制，但从整个美国社会来说，对犹太人还是比较平等和宽容的。在20世纪20年代的一个时期里，美国社会中也出现了欧洲式的反犹主义倾向，出现了针对包括犹太人在内的种族主义组织——三

K党。受他们的影响，美国政府也开始对接受新犹太移民人数进行限制，但这种情况不久就被制止住了。

这样，尽管东欧移民在开始时处境比较艰难，但经过努力和奋斗，大部分人后来都逐渐摆脱了贫困，开始步入美国社会主流。一些小商贩开了自己的商店，成了老板，一些工人也慢慢有了自己的小工厂和小企业。不少人搬出了贫民区，迁到较好的街区。由于犹太家庭有重视教育的传统，他们的子女受的教育往往要高于美国社会的平均水平，因此在移民的第二代、第三代人中，涌现出了更多的成功者和杰出人物。在政治界、商业界、金融界中都有他们的佼佼者，在教育、法律、新闻、学术、艺术等行业中，犹太人的比例也相当高。他们中出过市长、州长、国会议员、最高法院大法官、部长，甚至国务卿。

总之，经过两三代人的发展之后，从政治影响、经济收入、社会地位等方面来看，犹太人上升成为美国社会中最成功、最富有的一个少数民族，他们的影响远远超过了他们在美国社会中所占的2.8%的人口比例。

在美国这块适合犹太人生存和发展的肥沃土地上，在19世纪末到20世纪中期不过五六十年的时间里，犹太人口从20万迅速增加到600万，整个犹太世界的重心也随之从欧洲转移到了美国。

犹太人在19至20世纪之交从欧洲向美洲的迁徙，又一次完成了其民族主体的大迁徙、大转移。这次迁徙和转移，不仅使犹太人又找到一块适宜他们生存、繁衍、兴旺发展的新土地，而且更重要的是，当20世纪三四十年代在欧洲发生纳粹德国对犹太人毁灭性的大屠杀时，当时至少已有三分之一的犹太人安全地生活在了大洋彼岸的美洲大陆，从而避免了整个民族的覆亡。

美国前国务卿亨利·基辛格是德裔犹太人

第三章 复国之路

虽然在两千年漫长的流散岁月中，犹太人一直没有忘记故土，祈祷着"明年在耶路撒冷"，但是直到19世纪末和20世纪初，他们才真正踏上了返乡复国的道路。这一时期兴起的犹太复国运动，是现代犹太民族和国家历史的开端。

19世纪是一个犹太人的希望和失望交织在一起的世纪。在这个世纪里，西欧犹太人经历了对他们的"解放"，以及因这种"解放"而刺激起来的新的反犹浪潮。而东欧的犹太人不仅未能品尝"解放"的滋味，反而在沙皇政权的暴政下陷入了更深重的苦难之中。犹太人在经历了新的希望和失望，新的喜悦和痛苦之后，一种形式独特的民族主义也在他们中兴起，这就是——犹太复国主义。20世纪初，犹太复国主义者们采取的两个主要步骤是：一、鼓励和帮助各地的犹太人向巴勒斯坦移居；二、争取大国对建立犹太国家的支持和国际社会的承认。第一次世界大战是犹太复国主义运动发展重要的转折点。英国发表了支持犹太人在巴勒斯坦建立"民族家园"的《贝尔福宣言》，犹太复国主义运动正式得到一个大国的支持。此后，一批又一批犹太人向英国统治下的巴勒斯坦移居，使当地犹太社团不断发展壮大。一个犹太民族国家的雏形逐渐显现。

一、复国思想的产生

一方面是无情的屠杀和迫害，另一方面同化又不被接受，不少犹太人对此深感痛苦。如果说，对于中世纪那种野蛮粗暴的歧视和迫害，犹太人还能用宗教拯救的思想来进行自我安慰的话，那么，受到启蒙思想影响，并已经在法国大革命后品尝到自由之果的近代犹太人，是不愿再对新的反犹浪潮逆来顺受了。残酷的现实迫使他们进行思考，犹太人的出路究竟在哪里？怎样才能摆脱这种周而复始、层出不穷的反犹浪潮？

一些具有现代意识的犹太知识精英对此进行了深入的思考和探索。最后，他们得出的结论是，犹太人必须有自己的国家！古代犹太人曾经在巴勒斯坦有过自己的国家，后来这个国家灭亡了，今天要永久性地解决当代犹太人问题，就必须重新恢复犹太人的国家！这种恢复巴勒斯坦犹太国家的思想，就是犹太复国主义（Zionism），也称"锡安主义"，它得名于被视为犹太圣山的耶路撒冷城外的锡安山。

近代第一位从政治上提出犹太复国理论的人是德国犹太思想家摩西·赫斯。他出身于波恩一个正统派犹太教家庭，年轻时也同当时的许多犹太人一样，主张通过同化来解决犹太人问题。赫斯还曾是一个社会主义者，同卡尔·马克思和弗里德里希·恩格斯等有过密切的交往。欧洲革命失败后，为了逃避当局的迫害以及由于政治见解的分歧，他流亡到了国外并脱离了政治活动，潜心学术研究，也关注和研究犹太人问题。

1862年，赫斯在科隆出版了《罗马与耶路撒冷》一书。他在这本书中认为，犹太人问题已成了欧洲最后的民族问题；犹太人是一个特殊的民族，而不是一个宗教集团；犹太人的解放不能靠与其他民族的同化；要彻底摆脱反犹主义，唯一的办法就是"返乡复国"，犹太人回到巴勒斯坦去，恢复建立古代的犹太国家。他写道："每一个犹太人，不管是否愿意，在血统上都同本民族的命运休戚相关、紧密相连……每一个人对于以色列的复兴都生死与共、负有责任。"他还提出，这个犹太人国家应建立在"社会主义原则"之上，实行土地国有和合作生产，将成为亚非被压迫民族的榜样。

摩西·赫斯不仅是最早提出政治犹太复国主义思想的人，而且他还大胆地将社会主义与犹太复国主义结合起来。然而，由于当时社会主义运动在欧洲正处于一个低潮时期，再加上他也未能为犹太人返乡复国提出什么具体可行的办法，因此他的《罗马与耶路撒冷》一书出版后并没有产生多大的影响。

1881年俄国的反犹浪潮，刺激着每一个东欧的犹太人的神经。许多人也在思考着犹太人的出路：是逆来顺受？是改宗同

摩西·赫斯（1812—1875）

化？还是远走他乡？敖德萨的一位犹太医生列奥·平斯克，在目睹了沙皇政府排犹屠犹暴行之后，于1882年在柏林用德文匿名出版了一本小册子《自我解放》，立即在犹太人中，尤其是在东欧犹太人中激起了很大的反响。他在《自我解放》中分析道，反犹主义是一种不可治愈的精神变态，其原因就是犹太人在经济上的成功往往引起居住国民众的嫉恨，而犹太人没有自己国家的状况又使他们很容易成人们发泄不满的牺牲品。另一方面，由于长期受压，犹太人本身也已失去了一个正常民族的特征。唯一的解决办法，就是通过犹太人的自我解放来消除这种原因。犹太人必须居住在自己的土地上，建立自己的国家，过上一个正常民族的生活。

与摩西·赫斯不同的是，平斯克不但提出了自我解放、建立国家的思想，而且还进一步提出了行动的计划。他主张召开俄国全体犹太人大会，商议购置一块土地，以供数百万犹太人定居，并争取大国对这一方案的支持。平斯克开始时并不强调在古老的巴勒斯坦建国，他说犹太人并不是"需要有圣地，而是要有我们自己的土地"，他提出可以考虑

在北美或是在奥斯曼帝国境内获得一块土地。但不久之后，平斯克就发现，只有把巴勒斯坦作为建国的目标，才能激发起广大犹太人的感情动力。于是他修正了自己的观点，并成为"热爱锡安山运动"的领导人。

尽管平斯克《自我解放》的小册子产生的影响比赫斯的著作大得多，但它仍然还是限于一定的范围之内，读到它的人不多。受平斯克影响而组织起来移居巴勒斯坦的东欧犹太人数量不多，而且更多的是一种实验性质的小团体行动。

19世纪后期，除了摩西·赫斯和列奥·平斯克，还有一批犹太思想家也提出了类似或相近的犹太复国主义理论，如卡利舍尔拉比的宗教复国理论、斯摩棱斯金的民族复兴理论、比恩鲍姆的政治－宗教学说、阿哈德·哈阿姆的文化犹太复国主义以及赫茨尔的政治犹太复国主义等等。几乎在同一时期，在不同的国家和地区，这么多的犹太知识精英不约而同地对犹太民族的前途进行思考和探索，提出了相近或相似的理论学说，既说明了当时犹太人问题的紧迫性，同时也证明了犹太复国运动兴起的必然性。

受平斯克《自我解放》一书的影响，1882年，一些俄国犹太人成立了一个"锡安山热爱者"（Hibbat Zion）协会，号召犹太人组织起来向巴勒斯坦移居。在平斯克接受了将巴勒斯坦作为定居复国的目标之后，他被邀请担任这个协会的主席。1884年，"锡安山热爱者"协会在波兰的上西里西亚的卡托维茨召开了第一次代表大会。与会代表决定筹集资金，援助犹太人前往巴勒斯坦定居。大会还决定在华沙和敖德萨等地建立分支机构。后来，"锡安山热爱者"

1882年来到巴勒斯坦的第一批犹太移民

又召开了几次代表大会，于是，一个被称为"热爱锡安山运动"的早期犹太复国主义运动兴起了。

"热爱锡安山运动"在犹太复国主义运动历史上占有重要的地位。它为后来政治犹太复国主义运动的大规模兴起奠定了基础，并为犹太复国主义运动培养了一大批骨干力量。20世纪前期犹太复国主义运动的领导人早期几乎都参加过"热爱锡安山运动"的活动。

二、赫茨尔和他的《犹太国》

尽管赫斯和平斯克较早就提出了犹太人返乡复国的思想，但由于各种原因，他们的学说在当时的影响有限，并没有得到普遍的传播，也没有引起广泛的反响。真正使犹太复国主义形成完整的理论并在世界范围内成为一个群众性政治运动的，是西奥多·赫茨尔。

赫茨尔于1860年5月2日出生在匈牙利的布达佩斯一个富裕的犹太家庭里。他在那里接受了小学和中学教育。他18岁时全家迁到了维也纳，所以后来他一直认为自己是奥地利人。赫茨尔自幼爱好文学，但在他父亲的坚持下，他大学时学的是法律，并且获得了法学博士学位。然而，他后来并没有从事法律工作，而是进行文学创作和新闻写作。1891年，他受聘担任维也纳《新自由报》驻巴黎记者。

西奥多·赫茨尔

对于生长在中产阶级家庭，并接

受德国式世俗教育的赫茨尔来说,反犹主义对他早年的生活并没有产生多大影响。后来他读了一些反犹书刊,看到了身边的一些反犹活动,这个问题才逐渐引起了他的关注。但在开始时,他仍主张通过同化来解决犹太人问题。他曾倡导犹太人受洗成为基督教徒,鼓励他们与非犹太人通婚。

1894年,赫茨尔在巴黎亲眼目睹了德雷福斯案件。遍及法国的反犹浪潮使赫茨尔感到非常震惊,他原来的"同化"信念被彻底动摇了。他后来说,正是德雷福斯案件使他成了一个犹太复国主义者。激愤之余,赫茨尔开始从新的角度来探索犹太人问题。犹太人的出路在哪里?怎样才能彻底地、有效地消除反犹主义?在这些日子里,他一直被这个问题缠绕着,用他自己的话来说:"自从它进入我的生活后,已经过去了许多天,许多个星期。它一直充溢着我的思想,无论我到什么地方,它总是跟随着我,它总是影响着我的谈话。当我从事我必须干的、可笑的、琐碎的记者工作时,它总是在我身注视着我。它使我不得安宁,使我无法摆脱。"

他经过不断的思索,分析,研究,最后形成了一种清晰的想法,这就是,犹太人是一个民族,要永久性地解决"犹太人问题",唯一办法就是犹太人建立自己的国家。他开始在一种冲动的激情中写作他关于解决犹太人问题的计划。一连许多天,他奋笔疾书,把喷涌而出的思想写到纸上。当冷静下来之后,他又对这个在感情冲动中写出来的小册子进行了认真修改,并于1896年2月在维也纳正式发表。这就是他伟大的著作《犹太国》。

《犹太国》出版后,立刻引起了强烈的反应。有人嘲笑它是"一个被犹太狂热症弄得精神错乱的人的痴心妄想";有人认为它不过是一种犹太人的乌托邦;也有许多人反对它,尤其是那些主张"同化"的上层犹太人,他们认为它将会使反犹主义加剧;还有的人称赫茨尔企图当犹太人的国王或首相;然而,《犹太国》却受到了下层犹太人民热烈的拥护和支持。由于新闻检查,《犹太国》很难进入当时犹太人最集中的俄国和东欧。但是当这些地方的犹太人知道了赫茨尔和他写的小册子后,他们把他欢呼为来从苦难中解救犹太人的"弥赛亚"(救世主),把

《犹太国》称为一次神的新启示。

赫茨尔在提出他的政治犹太复国主义理论之前,并不知道在他之前赫斯或者平斯克等人所做的一切。他是从自己特有的角度来思考这个问题,并着手来解决这个问题的。赫茨尔对现代犹太复国主义运动所作的贡献主要表现为两个方面:

第一,他不仅提出了到当时为止最完整、最有逻辑性的犹太复国主义思想,制定了最详尽和最具可行性的行动计划,而且还亲自投入到将这一思想付诸实现的斗争之中。尽管在赫茨尔之前犹太复国主义思想已经萌生,但它们仍处于很朦胧和模糊的状态。赫斯、平斯克等人提出的建立犹太国家思想,既没有多少系统性,也没有多少可操作性,更多的只是一种理想和愿望。

1896年出版的《犹太国》封面

第二,在赫茨尔的努力下,犹太复国主义运动开始成为一个国际性的政治运动。虽然在此之前,一些犹太人因不堪忍受日益加剧的反犹迫害,已开始了某些争取改善自身状况的努力,包括建立自己的组织,集体向巴勒斯坦、阿根廷等地迁移等。但是,这类活动规模很小,只限于某一国家或地区。赫茨尔四处奔走宣传,建立与各地犹太社团的联系,召开国际性犹太复国主义会议,建立世界犹太复国主义组织和民族基金,终于使各地复国主义运动的涓涓细流汇成了一股国际性的强大潮流。

赫茨尔最大的成就是1897年在瑞士的巴塞尔召开了第一届犹太复国主义者代表大会,并建立了世界犹太复国主义组织。在这次大会上,通过了著名的《巴塞尔纲领》,明确提出"在巴勒斯坦为犹太人建立一个得到公认的、有法律保证的民族家园"。由于赫茨尔的功绩和威望,他在此次大会上被一致推选为第一任世界犹太复国主义组织主席。

从1897年到1903年,赫茨尔组织和参加了六届犹太复国主义代表大会，做了许多实际的工作，使复国运动取得了很大的进展。但他自己也因积劳成疾，于1904年7月3日在奥地利去世，当时他只有44岁。由于赫茨尔对犹太民族的巨大贡献，他受到了犹太人的崇敬和爱戴，被尊称为犹太人的"新摩西"和"现代以色列之父"。1949年，即以色列国成立后第二年，赫茨尔的遗骸被从维也纳迁到了以色列。以色列为他举行了隆重的国葬，把他重新安葬在耶路撒冷最高的一座山上，并把这座山改名为"赫茨尔山"。现在，赫茨尔山上还有埋葬以色列国家领导人和烈士的国家公墓。

第一届犹太复国主义代表大会后，赫茨尔在他的日记中写道："在巴塞尔我创建了犹太国。如果我现在公开这样说，我将会遭到嘲笑，但可能在今后50年，无论如何，在今后50年，每个人都会看到它。"历史惊人地证实了赫茨尔的预言，刚好50年后，这个犹太人国家——以色列诞生了。

以色列钞票上的赫茨尔

三、巴勒斯坦，还是乌干达？

1897年8月29日，第一届犹太复国主义者代表大会在瑞士巴塞尔隆重召开。参加大会的代表共有197名，分别来自东欧、西欧、北美和阿尔及利亚，其中来自俄国的代表就有90名。当赫茨尔出现在会议上时，受到了代表们极其热烈的欢迎，暴风雨般的掌声经久不息。他在开幕词中宣布，这次大会的任务是"为庇护我们犹太民族的大厦奠基"。他强调说："我们犹太复国主义者是要寻求犹太问题的解决……我们与阴谋、秘密活动以及间接手段毫不相干，我们希望把问题置于自由的公共舆论监督之下。"

会议代表从一开始就分成了三派：一是以赫茨尔等人为代表的"政治派"，认为犹太人向巴勒斯坦移居并建立犹太国家，必须得到大国的支持，因此他们主张首先同有关国家进行交涉，取得合法的国际保证；二是以"热爱锡安山运动"为代表的"行动派"，主张立即组织犹太人向巴勒斯坦移民，造成既成事实，无需事先取得任何国家的同意；三是以阿哈德•哈阿姆为代表的"精神中心派"，主张将巴勒斯坦建成全世界犹太人的精神中心，而不一定要建立一个具体的犹太国家。最后各派求同存异，通过了一个《世界犹太复国主义运动纲领》（即《巴塞尔纲领》），明确规定"犹太复国主义运动争取在巴勒斯坦为犹太民族建立一个得到公认的、有法律保障的家园"。

第一次世界犹太复国主义大会会徽

为了实现复国运动的目标，《巴塞尔纲领》还提出了具体的行动方案：1.有计划地鼓励犹太劳动者移居巴勒斯坦；2.各国犹太人根据本国法律，联合起来组成紧密的团体；3.提高犹太人的自我意识和民族觉悟；4.为得到各国政府对实现犹太复国主义目标的支持而开展必要的工作。大会还决定成立世界犹太复国主义组织，组织的常设机构在维也纳。凡年满18岁，赞同《巴塞尔纲领》，并缴纳一个谢克尔（古希伯来货币单位，相当于当时的25美分）的犹太人均可加入这个组织。大会还通过了犹太国国歌和国旗的方案，讨论了建立一家银行，设立一项用以购置土地的民族基金，和创办一所希伯来大学等问题。

巴塞尔大会是犹太复国主义运动史上的里程碑,它标志着原先分散的、地区性的犹太复国主义运动开始成为一个统一的、世界性的政治运动。大会之后,赫茨尔等人访问了巴勒斯坦,创办了犹太垦殖银行,建立了犹太民族基金,并使世界犹太复国主义组织的活动制度化,坚持每年召开一次代表大会。巴塞尔大会之后的几年里,犹太复国主义运动发展迅速。1898年第二届代表大会召开时,代表人数增加到了400人,各地的犹太复国主义小组也从117个增加到了913个;到1901年第五届大会召开时,出席的代表人数达到了600名,代表着世界各地的1572个犹太复国主义小组。此时,整个运动登记在册的成员已超过了10万人。

犹太复国主义运动领导层的另一项主要工作是开展外交活动,寻求有关国家的支持。赫茨尔和其他犹太复国主义运动领导人开展了大量的活动。他们求见德国皇帝、奥斯曼帝国苏丹、罗马教皇及欧洲各国的君主和政治家,希望得到他们对犹太复国运动的同情和支持,但这些活动没有产生多少效果。由于犹太复国主义运动在俄国遭当局取缔,赫茨尔还到圣彼得堡与俄国政府代表见面,向其解释该运动的立场,同时请求改善俄国犹太人的境遇。在许多人看来,这些散居各国的犹太人,既没有共同的地域,也没有共同的语言,他们互相之间在思想、文化、生活习惯上差别极大,就像一盘散沙,他们居然想要建立一个国家,这听起来就如同天方夜谭一样离奇。不少人把犹太复国思想看作是一种狂人的幻想,往往对它嗤之以鼻,不屑一顾。但犹太复国主义者们并没有气馁,仍执着地寻找着机会。

赫茨尔本人先后拜会了奥斯曼帝国苏丹阿卜杜勒·哈米德二世和德国皇帝威廉二世,以及英国殖民大臣约瑟夫·张伯伦等人,希望他们支持犹太人移居巴勒斯坦。德皇威廉二世多次接见赫茨尔,但却从未给予实质性支持。1901年5月,奥斯曼帝国苏丹阿卜杜勒·哈米德二世也接见了赫茨尔等人,但他却一口拒绝了犹太复国主义者的要求,并说"我宁可兵刃加身,也不愿意失去巴勒斯坦"。德国的暧昧态度和奥斯曼帝国的强硬立场使赫茨尔等人很失望,英国当局一开始对此也不热心。后来由于俄国和东欧的反犹运动使大批犹太难民纷纷涌入英国及英属殖民地,加上受以银行家罗斯柴尔德为代表的英国犹太社团的影响,英国政府才开

1898年赫茨尔亲自到巴勒斯坦考察

始考虑同犹太复国主义运动合作，以解决日益严重的犹太难民问题。由于英国是世界的头号强国，而且近代没有发生过大规模的反犹运动，于是赫茨尔等人便将活动的重点转向了英国。

英国开始时并不同意将巴勒斯坦作为建立犹太民族家园的地点，而表示愿意考虑让犹太人在英国的某个殖民地定居。由于当时东欧遭受迫害的犹太人急需寻找一块避难地，赫茨尔等人便倾向于选择地中海东部的塞浦路斯或者西奈半岛建立民族家园。但英国认为塞浦路斯岛上已有希腊人和土耳其人居住，不能将他们赶走，表示可以考虑西奈半岛的阿里什地区。犹太复国主义组织为此还派出了一个调查团前往西奈半岛，但这一计划最终也因埃及政府的反对而未能实现。在此情况下，英国殖民大臣张伯伦提出可以将英国在东非一块被称为"乌干达"的保护地划给犹太人建立民族家园，这一方案因此被称为"乌干达方案"。

乌干达方案被提交给1903年8月举行的第六届犹太复国主义者代表大会讨论。赫茨尔试图说服大会接受这一方案，并解释说它仅仅是一个解决犹太难民的暂时性应急措施。来自英国的赞格威尔等人主张接受这一方案，他们强调，重要的是犹太人有一块安身之地，至于这个安身之地在什么地方并不重要。但来自东欧和俄国的代表们却拒绝考虑巴勒斯坦以外的任何地方，认为这是对《巴塞尔纲领》的背叛。后来，当大会以295赞成、178反对、98票弃权的投票结果，决定派一个考察团前往东非进行实地调查时，全体俄国代表退出了大会，以示抗议。赫茨尔不能理解，为什么俄国和东欧犹太人"脖子上套着绞索"，"却不怕继续受苦"而要拒绝乌干达方案。但他认为重要的是维护复国运动的团结，不团结将一事无成。赫茨尔等人做了大量工作，但犹太复国主义运动却仍面临着分裂的危险。

在1904年5月举行的行动委员会上,为了维护犹太复国主义运动的团结,赫茨尔表示不再坚持乌干达方案,并再次确认只有巴勒斯坦才是建立犹太民族家园的唯一地点。他在致会议闭幕词时,激动地举起右手,吟诵《旧约圣经》中的诗句"耶路撒冷啊,我若是忘记你,就让我的右手变得麻木不仁",发誓继续忠于《巴塞尔纲领》。此次会议后不久,赫茨尔便去世了。

1905年7月,第七届犹太复国主义者代表大会在巴塞尔举行。这次会议根据考察团认为东非不适于犹太人定居的报告,正式否定了乌干达方案。支持乌干达方案的赞格威尔等人宣布脱离世界犹太复国主义组织,重新建立了一个"领土主义组织",致力于东非、南美等地的犹太垦殖活动。第七届代表大会还试图协调"政治派"与"行动派"之间的立场。由于赫茨尔几年来开展的政治外交没有取得什么成果,"政治派"的影响有所下降,而"行动派"得到了更多人的支持,在犹太复国主义者组织中的地位上升了。

四、早期的犹太定居者

在罗马帝国之后,巴勒斯坦先后被拜占庭、波斯、阿拉伯、塞尔柱、欧洲十字军、马木路克等外来势力统治过。从16世纪起,巴勒斯坦便一直在奥斯曼帝国的版图内。当地的主要居民是信仰伊斯兰教和基督教的阿拉伯人,也有一些较小的宗教社团,包括一些从事宗教研究、依靠慈善基金为生的犹太教徒。

在奥斯曼帝国几百年的统治之后,当年"流着奶和蜜"的圣地巴勒斯坦已变成了一块人烟稀少、经济凋敝、疾病流行的荒凉之地。1867年,美国著名作家马克·吐温作为记者曾到过巴勒斯坦,他给人们描绘的是一幅凄凉的图画："在所有景色凄凉的地方中，我认为，巴勒斯坦当可首屈一指。那里的山上寸草不生，色彩单调，地形丑陋。谷地是难看的沙漠，沙漠周围是一些荏弱的植物。这是一块没有希望的、令人伤心和沉闷的土地。"

犹太复国主义者们强调，自古代以来巴勒斯坦一直有犹太人居住，尽管16－17世纪时人数很少，大约只有3000－4000人。出于宗教原因，海外犹太人与耶路撒冷等地一直保持着联系，不时也有一些人从海外零星到圣地来定居。到1882年时，据估计巴勒斯坦的阿拉伯人口约为30万，犹太人口约有2.4万。犹太人主要集中在耶路撒冷、萨法德、太巴列和希布伦这四个犹太教圣地，其中仅耶路撒冷就有约1.5万人。他们大都属于讲阿拉伯语的塞法尔迪犹太人，信仰正统犹太教，对外部世界的一切事务都不关心。

自19世纪中期以后，巴勒斯坦的犹太人口开始有了较快的增长，并进入了一个较活跃的时期。这其中，一些欧洲犹太慈善家的资助发挥了相当重要的作用。如英国犹太金融家摩西·蒙特斐奥雷先后7次来到巴勒斯坦，并慷慨解囊，为当地犹太人修建了医院、学校、会堂。随着耶路撒冷古城内变得越来越拥挤，1860年一些犹太人在蒙特斐奥雷等欧洲富人的资助下开始在旧城墙外的西面新建住宅，这里后来发展为耶路撒冷新城。一批耶路撒冷的犹太人于1878年在雅法附近购买土地，建立了第一个近代农业定居点——佩塔提克瓦（希伯来文意为"希望之门"）。虽然此次试验并不成功，但激发了东欧犹太人到巴勒斯坦开发农业的热爱锡安山运动，并导致了第一批东欧犹太人前来定居。

1882年7月，热爱锡安山运动中一个叫作"比路"组织的15名成员从俄国来到巴勒斯坦。"比路"是《圣经·以赛亚书》中的一句诗"雅各家啊，来吧，让我们在耶和华的光明中行走"希伯来文首字母的拼写。据估计，"比路"当时大约有520名成员，主要是受俄国民粹主义运动影响的青年学生。第一批移居者到达后，开始是到米克维农业学校居住，后来又到农业定居点从事农业劳动。不久后，又有数百名俄国和罗马尼亚的热爱锡安山运动成员也来到巴勒斯坦，并建立了他们自己的农业定居点。

第三章 复国之路

这种因受犹太复国主义思想影响而有目的、有计划、有组织地前往巴勒斯坦定居的运动被称为"阿里亚",其希伯来语的意思为"上升",也就是说当犹太

早期的犹太定居者

人从流散地回到圣地定居后,其精神和肉体都得到了"升华"。这一期间的移民运动因而也被称为"第一次阿里亚"。在从1882年到1900年的近20年里,大约共有2.5万犹太人从俄国和罗马尼亚等地移居巴勒斯坦,使这里的犹太人口翻了一番,达到了5万人。此外,这一时期还有1000多名也门犹太人前来巴勒斯坦定居,他们主要是听到有关犹太慈善家在这里购买土地,免费提供给犹太人的消息后而来的。

这些脑子里装着梦想和理想,手里紧握着《圣经》的犹太人,充分发挥他们远祖亚伯拉罕的精神,一踏上巴勒斯坦就用手、用脚、用汗水和智慧开始屯垦。第一批移民在犹太民族基金的帮助下购买土地,垦荒拓殖。定居者得到的土地往往都非常贫瘠,有的地方是沙漠,有的地方是沼泽。这些早期的定居者来到后,只能住在简陋的帐篷或棚屋里,他们不但要与恶劣的自然环境作斗争,要同疾病、饥饿、毒虫野兽作斗争,还面临着许多其他困难,如缺乏劳动经验和技能,土耳其当局和当地阿拉伯人的敌意等等。流行的疾病和肆虐的蚊虫使不少人丧失了生命。到19世纪末,多数定居点在经济上都陷入了困境,只得靠慈善基金勉强维持生活。在一个时期里,定居者们情绪低落,一蹶不振,移出者的人数超过了移入者的人数,最后剩下来的人寥寥无几。第一次阿里亚虽然以失败告终,但他们的活动仍在世界各地的犹太社团中激起了对巴

· 85 ·

勒斯坦的广泛兴趣。

1903—1907年俄国反犹浪潮再度高涨，又有大批犹太人向国外逃亡，他们中的大多数去了美国和西欧，也有一部分人来到巴勒斯坦。1904—1914年间，有3.5万—4万犹太人移入巴勒斯坦，这批移民的到来被称为"第二次阿里亚"。从1882年到1914年的两次阿里亚，先后大约有6.5万犹太人迁入巴勒斯坦，使巴勒斯坦的犹太人口达到了大约8.5万人，与当地阿拉伯人口（44万）相比虽然仍居于劣势，但这些人都是意志坚定的复国主义者。

与第一次阿里亚不同的是，第二批阿里亚的移民主要来自沙皇统治下的波兰、立陶宛和白俄罗斯，而且他们多数是犹太复国主义者。他们除了逃避迫害的自身考虑外，更多的还是出于犹太民族解放和复兴的理想。另外，这批移民中还有许多人在东欧受到社会主义思想的影响，是工人运动的积极分子。他们试图把社会主义思想与犹太复国主义理想结合起来，在巴勒斯坦建立起一个平等、公正和没有剥削的犹太民族家园。在他们的影响下，巴勒斯坦的犹太复国主义运动从一开始就带有明显的社会主义色彩。一些定居者们提出了"劳动征服"的思想，他们的口号是："让我们来建设这片土地，也让这片土地来改造我们。"他们用高价从土耳其和阿拉伯土地所有者手中购买了一些荒地、沙漠以及疟疾盛行的沼泽地，然后抽干沼泽，改良土壤，引水灌溉，建立起新型农业定居点。

一方面是受社会主义和劳动征服思想的影响，另一方面也接受了第一次阿里亚失败的教训，一些年轻的移民们便组织起来，以共同劳动和集体生活的方式定居。1909年，第一个这样的集体农业定居点——德加尼亚基

一位基布兹成员在采摘柑橘

布兹（kibbutz）在北部的太巴列地区出现了。出生在这个基布兹里的第一个孩子名叫摩西·达扬，后来成了以色列的国防部长。希伯来语"基布兹"的意思就是"聚集"或"集体"，它最基本的原则就是各尽所能，按需分配。在基布兹里，一切财产均为集体所有，其内部没有货币往来，成员之间完全平等，大家在一起生产和生活，实行民主决策和民主管理。有人称，基布兹是"小型的共产主义社会"。到1914年为止，巴勒斯坦一共建立起了12个基布兹，它们对犹太复国主义的发展和以色列国家的诞生起了很重要的作用。

五、《贝尔福宣言》

第一次世界大战爆发后，统治着巴勒斯坦的土耳其奥斯曼帝国加入了德奥同盟国一方，同英法俄等协约国家作战。对犹太复国主义运动的领袖们来说，第一次世界大战是一次可以利用的机会。他们认为，如果能同有望获胜的一方建立起良好关系，战后就可以得到该方的支持，推进在巴勒斯坦的建国运动。但是，究竟哪一方最后能获得胜利，当时是难以预测的。于是，犹太复国主义运动内部就出现了亲德和亲英两派。

以弗兰茨·奥本海奥为首的亲德派认为，德国发动的是一场"神圣的自卫战争"，德一奥同盟将最终战胜反动、残暴、黑暗的沙皇俄国。犹太复国主义运动与德国合作，不仅可解救受沙皇政府迫害的俄国犹太人，而且还可得到德国及其盟国奥斯曼帝国对犹太人向巴勒斯坦移民事业的支持。战争爆发后不久，德国犹太复国主义组织就发表声明，支持同盟国一方，甚至号召犹太青年参军服役。但德国政府在两个问题上却使奥本海默等人很沮丧：一是它始终没有正式发表一项支持犹太复国主义运动的声明；二是它也并未真正致力于解放俄国和东欧的犹太人。

以哈伊姆·魏兹曼为代表的亲英派则认为，英、法等协约国家将赢得战争的最后胜利，巴勒斯坦未来将划入英国的势力范围。因此，犹太复国主义运动应该同协约国合作，应依靠英国来实现自己的目标。开始时，亲英派在犹太复国主义运动中属于少数派。当时世界犹太复国主义组织执委会的6名成员中，有3人为俄国籍，2人为德国籍，1人为奥地利籍。魏兹曼等人的意见不仅受到德国犹太复国主义者的反对，而且也得不到多数俄籍犹太人的支持，因为他们担心同德国、土耳其的关系恶化后，会使巴勒斯坦犹太人的处境更糟。直到对德外交碰了钉子，以及随着战局的变化，亲英派的影响才逐渐上升。

魏兹曼出生在俄国，成长在波兰，青年时即前往德国留学，毕业后一度在瑞士日内瓦大学任教。他1904年初移居英国，在曼彻斯特大学讲授生物化学，1910年加入英国国籍。到第一次世界大战爆发时，他已在英国生活了10年。早在德国留学时，魏兹曼就因受赫茨尔《犹太国》一书的影响，成了一名坚定的犹太复国主义者，多次参加了犹太复国主义代表大会。移居英国之后，他成了英国犹太复国主义运动的领导人。

魏兹曼具有杰出的外交才能。为了扩大犹太复国主义运动的影响，他在英国广交朋友，同许多重要的政界人士建立了联系。他认为，犹太复国主义运动应该争取英国的支持，因为一方面近代以来英国没有出现过大规模的反犹活动，英国犹太人的地位不断提高，已开始有人担任政府要职；另一方面英国将在大战中获胜，巴勒斯坦将成为英国的势力范围，英国政府将能对犹太人移居巴勒斯坦提供极大的帮助。他还认为，要得到英国的支持，就必须使犹太复国主义运动的目标同英国的战略利益相一致。1914年10月，他在一封信中写道：

我毫不怀疑我的看法，那就是巴勒斯坦将被划为英国的势力范围。巴勒斯坦是埃及的自然延伸，是苏伊士运河与黑海及可能来自那个方向的敌对势力之间的屏障，……如果我们的情况稍有好转，就能

哈伊姆·魏兹曼

够比较容易地在以后50年到60年中向巴勒斯坦移入100万犹太人，这样英国将有一个有效的屏障，而我们也将有一个国家。

魏兹曼先后结识了英籍犹太人、内政大臣赫伯特·塞缪尔、英国军需委员会主席劳合·乔治以及后来出任外交大臣的亚瑟·贝尔福等政界要人。在他的影响下，这些人都对犹太复国主义运动持同情或支持态度。一战爆发后，魏兹曼应劳合·乔治邀请主持英国海军部研制新炸药的工作，成功地发明了丙酮生产新工艺，为制造新炸药（也被称为无烟炸药）解决了关键性难题。这极大地密切了他与英国官方的联系，为争取英国政府对犹太复国主义运动的支持创造了条件。

1917年2月，英国内阁举行了一次重要会议，与会者包括英国犹太复国主义领袖和著名犹太银行家罗斯柴尔德家族的两名成员。会议决定，将由英国对巴勒斯坦实行保护，犹太复国主义运动将与英国进行合作。在此之后的几个月里，魏兹曼与其他犹太复国主义领导人多次协商，并频繁同英国政府进行联系，希望英国政府对犹太人移居巴勒斯坦和建立犹太民族家园正式表示支持。魏兹曼等人还与美国犹太社团联系，希望他们支持由英国来保护巴勒斯坦，为英国夺取巴勒斯坦制造舆论。

1917年7月，应英国外交大臣亚瑟·贝尔福（曾任海军大臣，与魏兹曼有不错的私交）的要求，魏兹曼等犹太复国主义领袖提出了一个草案，供英国内阁讨论。10月，英国内阁在征求了美国总统威尔逊的意见之后，决定正式发表一项支持犹太复国主义运动的宣言。1917年11月2日，英国政府以外交大臣亚瑟·贝尔福致函英国犹太复国主义联盟领导人罗斯柴尔德勋爵的形式，发表了如下宣言：

外交部，1917年11月2日
亲爱的罗斯柴尔德勋爵，
我代表英王陛下政府，十分愉快地向您转达下述同情犹太复国主义愿望的宣言，这个宣言已提交内阁，并得到内阁的批准：
英王陛下政府赞成在巴勒斯坦建立一个犹太人的民族家园，并将尽最大努力促其实现。但必须明白理解，绝不应使巴勒斯坦现有非犹太团体的公民权利和宗教权利或其他任何国家内的犹太人所享有的权利和地位受到损害。

如果您能将这一宣言通知犹太复国主义联盟,我将十分感激。

您诚挚的

阿瑟·詹姆斯·贝尔福

这就是著名的《贝尔福宣言》,全文除去抬头和落款只有三句话,共125个英文单词,但对中东历史的影响却十分深远。这个宣言的发表,使犹太复国主义运动在巴塞尔大会20年之后首次得到了一个大国的正式支持。

英国外交大臣贝尔福和《贝尔福宣言》

《贝尔福宣言》从开始酝酿到正式发表,前后经过了近一年时间。其间经过几次起草、修改,英国内阁三次开会讨论,并征求了美国政府和犹太复国主义组织的意见,最后才发表的。该宣言的内容后来也被包含在一战结束后签订的《色佛尔条约》中。英国为何要发表这样一个支持犹太人在巴勒斯坦建立"民族家园"的宣言呢?一般说来,可以从英

第三章 复国之路

国的长远战略利益和当时的策略需要两方面来分析。

英国一直想趁奥斯曼帝国瓦解之机，把具有重要战略意义的巴勒斯坦置于自己的控制之下。这样，不但能使苏伊士运河东面有一道可靠的屏障，而且还可加强英国在地中海东岸的战略地位。只要支持犹太复国主义运动，英国便能以帮助犹太人建立民族之家为理由长期占领巴勒斯坦，同时也可在中东地区培养一支能为英国所利用的力量。在这一点上，犹太复国主义运动与英国的战略目标是一致的。

从当时的需要来看，英国通过支持犹太复国主义运动，可以争取到世界各国犹太人对英国的支持。到1917年，大战双方都因人力、物力消耗惨烈，引起国内危机，双方都想尽快打败对方，结束战争。当时俄国国内革命运动高涨，很有可能要退出战争。英国想通过支持犹太复国主义，争取俄国境内人数众多的犹太人，使俄国继续留在协约国中进行战争；同时也可争取势力很大的美国犹太社团的支持。当时，德国也在作争取世界犹太人的努力，如果英国不抢先发表支犹宣言，就有可能"把他们推入德国人的怀抱"。

除了以上两方面主要的原因外，促使《贝尔福宣言》的问世也还有一些其他因素，如魏兹曼等犹太复国主义者的积极奔走活动，当时英国内阁中劳合·乔治、贝尔福、塞缪尔等决策人物对犹太复国主义运动的个人感情，美国政府的赞同态度，法国、德国的竞争等等。魏兹曼与贝尔福有不错的私交。据说，有一次贝尔福问魏兹曼，为什么犹太复国主义关注的中心是巴勒斯坦而不是别的地方。魏兹曼回答说，只有巴勒斯坦才与犹太人有真正的历史联系，其他地方都只是暂时的居住地。他反问道："贝尔福先生，这就像拿走您的伦敦，将它换成巴黎一样，您会同意吗？"贝尔福反驳："魏兹曼博士，可伦敦已经是我们的了。"魏兹曼回答说："那倒是。不过在伦敦还是一片沼泽的时候，耶路撒冷就是我们的了。"

《贝尔福宣言》的发表，是犹太复国主义者们长期努力和不断追求的结果。用魏兹曼的话来说：《贝尔福宣言》是经过"两千次登门拜访才得以问世的"。尽管《贝尔福宣言》中没有明确提出建立"犹太国家"，而是说要建立一个犹太人的"民族之家"，但对于英国和犹太复

· 91 ·

国主义者们来说，"民族之家"就是犹太国家的代称，双方对此实际上都心照不宣。

对犹太复国主义运动来说，宣言的发表确实是一次巨大的胜利。它使犹太复国主义运动第一次得到了一个西方大国的正式承认和支持，为此后国际社会对它的承认奠定了基础。宣言的发表，也极大地鼓舞了世界各地的犹太复国主义者，给这一运动带来了新的声誉和动力。同时，它也使魏兹曼成了犹太复国主义运动当之无愧的领袖，使该运动进入了一个新的发展时期。所以，后来任以色列外交部长的阿巴·埃班在他写的《犹太史》一书中说：犹太民族事业的"真正的转折是在1917年，而不是在1948年"。

但是，这个宣言却严重损害了巴勒斯坦阿拉伯人的权益。当时巴勒斯坦约有70万阿拉伯居民，拥有当地97％的土地，而宣言仅以"非犹太社团"一笔带过。英国在起草和发表宣言时，既没有征询当地阿拉伯人的意见，也没有将其作为一个重要因素来加以考虑，这是非常不公正和不合理的，也为日后巴勒斯坦犹、阿两个民族之间的长期冲突埋下了祸根。

六、"犹太民族家园"

魏兹曼等人深知，尽管犹太复国主义运动得到了《贝尔福宣言》，但离建立一个犹太国家的目标还很远，他们还有许多路要走。魏兹曼说："缔造一个国家绝不靠一纸决议，而只能通过一个民族几代人的努力奋斗，即使各国政府给了我们一个国家，那也只是一种字面上的礼物。只有犹太人到巴勒斯坦亲自去建设它，犹太国才能成为现实。"

《贝尔福宣言》发表后不到一个月，英军就在艾伦比将军的率领下从埃及攻入巴勒斯坦，并于1917年12月占领了耶路撒冷。1918年10月，奥斯曼帝国向协约国投降。此后，巴勒斯坦就完全处于英国的军事占领之下。

此时巴勒斯坦共有大约8.5万犹太人，但并不是所有的犹太人都是犹太复国主义者，有相当一部分犹太人并不支持犹太复国主义运动，甚至还有一些人（主要是正统派犹太教徒）反对犹太复国主义，认为通过人为的努力来建立犹太国家是违背犹太教义的。所有生活在巴勒斯坦的犹太人被统称"伊休夫"，意为犹太社团。英国当局承认1920年成立的巴勒斯坦犹太民族委员会为伊休夫的代表机构，由其处理伊休夫内部的日常事务。另外，犹太社团还有首席大拉比和拉比法庭，处理社团内的宗教事务。英国当局把希伯来语同英语、阿拉伯语一起规定为巴勒斯坦的三种官方语言。这样，巴勒斯坦犹太社团的自治制度就建立起来了。

伊休夫的女基布兹成员在接受军事训练

1929年的第16届犹太复国主义大会通过了魏兹曼等人的提议，成立了巴勒斯坦犹太办事处，犹太复国主义者和非犹太复国主义者在其中各占一半，世界犹太复国主义组织主席是犹太办事处的当然主席。由于犹太办事处吸收了非犹太复国主义者参加，所以能广泛地联合各界犹太人，调动各方的积极性。从1929年到1948年，犹太办事处在对外联系、筹集资金、购买土地、安置移民、组织军事防卫、促进犹太社团的社会经济发展等方面发挥了巨大作用，实际上起到了巴勒斯坦"犹太政府"的作用。

大战一结束，犹太人向巴勒斯坦的移民运动便又开始了，并很快出了一个小高潮。一批又一批犹太人从东欧等地出发，到东南欧后再乘船来到巴勒斯坦。仅在1919年一年里，到达巴勒斯坦的移民就达7000多人。从1919年到1923年，平均每年的移民都有8000多人，三年共有大约3.5万犹太人移入巴勒斯坦。这一次移民小高潮被称为"第三次阿里亚"。这批移民的特点是普遍比较年轻，受社会主义思想的影响较深。他们大多数人都先在基布兹中定居，然而才逐渐进入城市。他们的到来，使巴勒斯坦犹太复国主义运动带上了较浓厚的社会主义色彩，这批人中后来有不少人成了犹太工会和工人党的骨干和领导人。

前来巴勒斯坦的犹太移民人数在1923年平稳了一段时间后，到1924年又迅速上升。1924年移入巴勒斯坦的犹太人达1.3万人，1925年更是高达3.4人，1926年下降到1.3万，1927年进一步减少到3000人。所以1924—1927年的移民运动被称为"第四次阿里亚"，这一期间前来巴勒斯坦的犹太移民多达6.5万人。这批犹太人主要来自波兰，受波兰国内政治经济形势的影响，他们原来希望移居美国，但美国却在此时开始限制犹太人移入，他们别无选择只得转而前来巴勒斯坦。第四次阿里亚结束后，巴勒斯坦的犹太人超过了15万人，占总人口的比例从原来不足10%上升到了17%。

受世界经济危机的影响，1927年第四次阿里亚之后，犹太移民运动进入一个低潮时期。1928年移入的人数只有2178人，还没有当年移出的人多。但从1932年开始，进入巴勒斯坦的犹太移民人数突然开始猛增，突破了1万人，是上一年的一倍多，这种增长势头一直持续到1939年。后来人们便把1932—1939年这一时期称为"第五次阿里亚"。

这次移民高潮的出现，主要是因德国和欧洲各地出现了新的反犹浪潮。1933年希特勒在德国上台后，立即采取了一系列歧视和迫害犹太人的政策。德国不但通过法令剥夺了犹太人的公民权，将他们从许多行业中排挤出来，向他们征收罚款，后来又进一步没收他们的财产，将他们关押到隔离区和集中营。犹太人不堪忍受纳粹当局的迫害，纷纷逃离德国和中欧，涌向巴勒斯坦。1933年、1934年来到巴勒斯坦的中欧犹太人分别有3万多和4万多。1935年的移入人数竟高达

66400人。1936年以后，由于巴勒斯坦阿拉伯人发动了反对犹太人移入的起义，英国当局开始对犹太人移入实行限制，移民人数开始下降。但在1936至1939年的三年中，每年通过合法和非法渠道进入巴勒斯坦的犹太人仍多达2万人左右。第五次阿里亚期间，来到巴勒斯坦的犹太移民有23万～25万人，超过了以前几次阿里亚移民人数的总和。这样，到第二次世界大战爆发的1939年时，巴勒斯坦的犹太人口就达到了45万，占巴勒斯坦人口的近三分之一。一个具有相当规模的"犹太民族家园"已初步形成。

第五次阿里亚前期来到巴勒斯坦的移民大多数是德国和波兰犹太人，另外也有一部分奥地利和捷克斯洛伐克等中欧国家的犹太人。他们中除了有一批富裕的银行家、企业家、商人外，还有许多教授、工程师、律师、医生、记者、艺术家等专业人才。他们不仅带来了一大笔资金，而且还带来了宝贵的专业知识和技术，在科学、教育、文化、贸易、工业等方面加快了伊休夫的发展。

犹太人在巴勒斯坦购买土地主要是通过"犹太民族基金会"和"巴勒斯坦犹太拓殖基金会"两个机构进行，基金的来源主要靠世界各地犹太人的捐款。1921年到1939年，犹太社团从阿拉伯人手中购得的土地共为84.4万杜纳姆。加上在此之前已获得的土地，犹太社团占有的土地已达150万杜纳姆，占巴勒斯坦的土地总面积的5％。尽管在这一期间犹太人占有的土地增加了一倍，但其人口却增加了近八倍。因此他们认为，还应该获得更多的土地，才能满足生存和发展的需要。

犹太社团还发展起了自己的工业体系，有了火柴、水泥、烟草、石油、纺织、金属加工、电力等企业。约旦河水被用来发电，死海的矿藏也得到了开发。到30年代后期，巴勒斯坦五分之四的工业都掌握在犹太人手中。从20年代后期起，犹太移民呈现出一种城市化的趋势，四分之三的人口都居住在城市里。到30年代末，特拉维夫的人口增长到了近15万人，被称为"世界上唯一的纯犹太人城市"。

犹太民族历来很重视教育。伊休夫从一开始就建立起了自己的初、中级教育体系，后来又发展起了农业、师范等职业教育结构。1918年7月，当第一次世界大战的战火仍在继续时，巴勒斯坦的第一所高等学校——希伯来大学就在耶路撒冷城东的斯科普斯山上举行了隆重的奠基仪式。7年之后，也就是1925年，希伯来大学正式建成开学。第一届董事会成员中包括了当时世界上著名的犹太学者：物理学家阿尔伯特·爱因斯坦、心理学家西格蒙德·弗洛伊德、哲学和神学家马丁·布伯和犹太复国主义领导人、化学家哈伊姆·魏兹曼。他们给希伯来大学确定了三个目标：一是要成为一所具有国际声誉的高等学府，二是要为犹太民族国家的创建与发展发挥重要作用，三是要将其建成一所犹太人的大学。因希伯来大学建立在以色列国家之前，所以许多人说，犹太人还没有自己的国家时，就有了自己的大学。

1925年4月1日，希伯来大学在耶路撒冷斯科普斯山奠基

此后，在海法的工程技术学院、在雷霍沃特的西埃弗研究中心也相继建成。希伯来语作为犹太社团的正式语言，已为人们普遍接受。特拉维夫出版了几种希伯来语报纸，时常上演希伯来语戏剧，并产生了一批希伯来语作家。到第二次世界大战爆发时，巴勒斯坦犹太社团已有了完善的教育、医疗、文化、福利等公共服务体系，成为中东地区最富有活力的社区，其社会经济发展水平远高于中东其他地区。

20世纪初巴勒斯坦犹太社团一形成，就带有较强的劳工运动的色彩。1930年劳工联盟同青年工人党合并，组成了巴勒斯坦工人党（简称马帕伊，Mapai）。该党成立初期约有5600名成员，主要的领导人是原青年工人党领袖阿尔洛索罗夫。当他在1933年被人暗杀后，原劳工联盟的领袖本-古里安便成了巴勒斯坦工人党主要领导人。犹太复国主义运动中除了劳工政党外，还有许多不带有意识形态色彩的人个和组织，这些人被称为"一般犹太复国主义者"。由于人多势众，巴勒斯坦工人党在伊休夫中一直保持主导地位。1933年，在犹太民族委员会的71个席位中，巴勒斯坦工人党就占了31席。

随着同当地阿拉伯人的矛盾日益尖锐，犹太社团的防卫问题也变得越来越重要。第一次世界大战结束后，伊休夫以早期定居者们的民兵组织为基础，吸收了一些战时参加英军作战的犹太军团退役军官，组成了一支有几百志愿兵的防务队。1920年6月，劳工联盟建立了自己的地下准军事组织——哈加纳（希伯来语意为"自卫"）。最初哈加纳只是一支松散的地下武装，由志愿人员组成，其成员零星散布在各基布兹中，在遭到阿拉伯人攻击时才拿枪自卫。1935年犹太复国主义组织中的修正派独立出来后，也建立了自己的武装"伊尔贡－茨瓦伊－柳米"（意为"民族军事组织"，简称"伊尔贡"）。伊尔贡成员多数是来自波兰的犹太人。这支右翼部队在作战时比哈加纳更主动，在遭到阿拉伯人进攻时，不是像哈加纳那样仅限于自卫，而是凶狠无情地到敌人的村庄中发动反击。

至此，英国委任统治下的巴勒斯坦犹太社团已成了一个十足的"国中之国"：它有自己的"政府"——犹太办事处，有自己的经济体系——犹太总工会下属的经济实体，有自己的学校、医院等众多社会组织，有自己的"军队"——哈加纳和伊尔贡。

七、犹太人、阿拉伯人和英国人

犹太复国主义思想产生时，它的倡导者们对巴勒斯坦几乎完全一无所知。不少人认为犹太人回巴勒斯坦是"一个没有土地的民族回到一片没有民族的土地"。据说，当第一批移民1882年在"热爱锡安山运动"的支持下来到巴勒斯坦时，他们竟吃惊地发现这里已经有人居住了。这些人就是当地的阿拉伯人。

7世纪伊斯兰教兴起后,随着周边民族的迁入和本地居民的阿拉伯化,巴勒斯坦逐渐成了阿拉伯世界的一部分,阿拉伯人也成了巴勒斯坦的主体民族。大部分巴勒斯坦阿拉伯人信仰伊斯兰教,也有少数信仰基督教。英国建立委任统治后,1922年按宗教信仰进行了一次人口统计:巴勒斯坦人口总数约为75.7万人,其中包括59.1万穆斯林,7.9万基督教徒,0.7万德鲁兹派教徒,8.4万犹太人。由于自然增长率较高,加上不断有来自周边的移民,阿拉伯人口增长较快,1931年时已达到85万,到1939年底便超过了100万。在南部沙漠地区,还生活着约10万游牧的贝都因人。

英国在发表《贝尔福宣言》时,也没有将巴勒斯坦的阿拉伯人作为一个重要因素来加以考虑,只在宣言中以"非犹太社团"一笔带过。宣言正式发表之前,英国曾将起草的文本送交犹太人代表和美国政府征求意见,而当地阿拉伯人却被蒙在鼓里。英国政府这种无视阿拉伯人权利的做法,是造成后来犹-阿长期冲突的重要原因之一。

英国曾向阿拉伯人解释说,《贝尔福宣言》与英国早先对阿拉伯人的承诺并不矛盾,犹太"民族家园"不会损害当地阿拉伯人的经济和政治利益。魏兹曼等犹太复国主义领导人也曾前往埃及和巴勒斯坦,会晤了包括后来成为叙利亚国王的费萨尔等阿拉伯领袖和精英,争取到了他们的同情和支持。费萨尔甚至还与魏兹曼签署了一项协议,支持犹太人移居巴勒斯坦,犹太人则承诺帮助阿拉伯人发展经济。但《贝尔福宣言》却遭到了巴勒斯坦阿拉伯人的反对,因为一批又一批犹太人移入巴勒斯坦,使他们

1919年1月,魏兹曼(左)与阿拉伯领袖费萨尔签署协议,对对方的政治活动予以支持。魏兹曼身穿阿拉伯长袍以示友好

的生活受到了严重影响。巴勒斯坦阿拉伯人认为,费萨尔等阿拉伯上层并不能代表巴勒斯坦阿拉伯人。真正受到犹太移民影响的,是巴勒斯坦当地的普通阿拉伯民众。

1919年1月,巴勒斯坦阿拉伯人大会发表声明,宣布拒绝《贝尔福宣言》和"魏兹曼－费萨尔协议"。1920年春,耶路撒冷阿拉伯人举行了反对犹太复国主义的游行,进而发生了阿拉伯人袭击该城犹太居住区的暴力事件。1921年5月,在雅法又爆发了阿拉伯人反对犹太移民的暴力活动,双方再次发生冲突,造成了95人死亡,220人受伤的惨案。最激烈的流血冲突发生在1929年8月。这次暴乱的起因是阿－犹双方为争夺耶路撒冷的"哭墙",狂热的宗教情绪发展为暴力冲突。骚乱很快就波及全国,双方在各地互相袭击,伤亡甚众。英国当局从埃及和外约旦调来军警进行镇压后,才逐渐控制了局势。在此次骚乱中,犹太人有133人死亡,339人受伤;阿拉伯人方面有116人死亡,300余人受伤。

1930年,一个英国派出的调查委员会提出,如果犹太移民影响了阿拉伯人的就业,就应当"减少乃至停止犹太移民进入巴勒斯坦"。但立即遭到了犹太复国主义运动的反对,英国国内也有许多人对其进行批评,最后只能不了了之。而当英国重申支持犹太人移居巴勒斯坦时,又遭到了阿拉伯人的强烈反对。英国的巴勒斯坦政策就这样在阿－犹双方的反对声中左右摇摆,进一步刺激了暴力活动的蔓延,使英国的委任统治日益陷入困境之中。

由于纳粹德国在欧洲的反犹活动升级,1932年起移居巴勒斯坦的犹太人数量开始急剧上升,1935年多达6.6万多人。潮水般涌入巴勒斯坦的犹太难民,使本来就很紧张的英－犹－阿三方矛盾更趋尖锐。

1931－1939年进入巴勒斯坦的犹太移民人数									
年份	1931	1932	1933	1934	1935	1936	1937	1938	1939
人数	4,075	12,553	37,337	45,267	66,472	29,595	10,629	14,675	31,195

1936年4月,巴勒斯坦多地发生了阿拉伯人有组织的针对犹太人的暴力行动,犹太人方面也采取了针锋相对的报复措施,流血事件不断

发生。当月，巴勒斯坦阿拉伯各派政治力量成立了"阿拉伯最高委员会"，表明巴勒斯坦阿拉伯人已开始联合起来，开展有组织的反英和反犹斗争。这个委员会一成立，便宣布在巴勒斯坦全境实行总罢工。委员会还正式向英国当局提出，要求立即禁止犹太人向巴勒斯坦移民，禁止向犹太人出卖阿拉伯人的土地，结束委任统治，建立一个独立的民族立宪政府。

当英国方面拒绝了阿拉伯人的要求后，罢工发展成了大规模武装暴动。阿拉伯武装人员不仅袭击犹太人，而且也将英国统治当局作为打击目标。他们袭击犹太定居点及英国驻军和警察，破坏公路、铁路和输油管道。哈加纳和伊尔贡等犹太武装也不断进行反击和报复。由于大罢工和武装冲突，整个巴勒斯坦陷入了瘫痪状态。

1938年，犹太武装对阿拉伯人的攻击进行报复

英国当局则实行宵禁，进行突击性大搜捕，将大批"暴乱分子"关押进拘留营，并从英国、埃及等地调来更多英军，加强对阿拉伯暴力活动的镇压。哈加纳、伊尔贡等犹太武装在英国的默许下，也不断扩充人员和武器，针锋相对地同阿拉伯人进行交战，并趁机抢占地盘。小股的

阿拉伯武装活跃在巴勒斯坦各地农村，袭击犹太人和英国军警，破坏交通和通讯设施。流血恐怖事件和暴力活动充斥于整个巴勒斯坦。在英军和犹太武装的联合打击下，到1939年初，阿拉伯暴动逐渐平息了下来。在1936－1939年的动乱中，死伤的英国人有700多名，犹太人1200名，而被打死的阿拉伯人却多达4000～5000人。

1939年5月，英国发表了《关于巴勒斯坦问题的白皮书》，其主要内容是：（一）英国政府声明"把巴勒斯坦变成一个犹太国家并不是它政策的一部分"。（二）英国的目标是在十年内建立一个独立的、与英国有条约关系的巴勒斯坦国。阿拉伯人和犹太人将按人口比例参加政府。（三）五年内只允许犹太移民75,000人入境，五年后如果没有阿拉伯人同意，不再允许犹太人入境。（四）英当局将限制并禁止土地转让。

这个白皮书是对《贝尔福宣言》的全面修正，也是英国巴勒斯坦政策的重大改变，实际上已放弃了对犹太复国主义运动的支持。尤其对犹太移民和犹太人获得土地的限制，是一种釜底抽薪的做法，将使犹太人在巴勒斯坦永远处于一种少数民族的地位，最终将葬送犹太复国主义运动。英国当时之所以下决心调整政策，主要原因是在即将爆发的第二次世界大战中，英国必须保持对中东地区的控制，因此需要中东各阿拉伯国家的合作和支持。为了争取阿拉伯人在大战中同英国合作，英国就不得不以牺牲犹太人利益的做法来达到此目的了。

自然，犹太人坚决反对英国的这个白皮书。这样，巴勒斯坦原先的犹—阿冲突、阿—英冲突就让位给了犹—英之间的激烈冲突。

第四章 民族新生——以色列建国

在20世纪前半期，犹太民族经历了两个重大事件：1939—1945年的纳粹大屠杀和1948年以色列国的建立。这两个重大事件是彼此联系、互不可分的。有人分析说，从一方面来看，假如以色列国建立在纳粹大屠杀之前，或许就不会有那么多的犹太人惨遭毒手，但从另一方面来看，假如没有大屠杀，人们就不会理解为什么犹太人那样迫切地需要一个他们自己的国家，以色列也就不一定能够建立，或者至少不会那样快就能出现。

英国为了在第二次世界大战中保持中东地区的稳定并得到阿拉伯人的支持，1939年发表了《关于巴勒斯坦问题的白皮书》，英－犹关系发生了根本性变化，从朋友变成敌人，由合作走向冲突。尽管在大战初期，犹太人仍站在英国一边同纳粹德国进行战争，但从战争后期起，巴勒斯坦犹太社团就开始了反对英国委任统治的斗争。大战结束后，犹－英、犹－阿矛盾进一步激化，流血与冲突在巴勒斯坦全境蔓延。由于犹太人的反抗，美国的掣肘，英国内外交困、进退维谷，只得将巴勒斯坦合盘交给联合国来处理。随着联合国巴勒斯坦分治决议的通过，犹太民族终于在1948年5月14日建立了自己的国家——以色列。以色列国的建立，不能不说是一个历史奇迹。大屠杀的巨大灾难，使犹太民族就如同在炼狱中经受了一次折磨，在烈火中经过了一次焚化。以色列的诞生，就是这个民族的新生，是凤凰浴火后的再生。

第四章 民族新生——以色列建国

一、浩劫——纳粹大屠杀

进入20世纪后，古老的犹太民族似乎也焕发出了勃勃生机，随着现代世界一起走向繁荣、发达。到1939年第二次世界大战爆发前夕，全世界的犹太人口已达到1600余万，分布在欧、美、亚、非、澳各大洲。欧洲是犹太人最集中的地方，人口多达900多万，其中苏联和波兰各约有300万，而在大洋彼岸的美国，犹太人已接近500万。然而，人们却没有料到，一场历史上最残酷、最可怕、最黑暗的浩劫却开始降临到这个多灾多难的民族头上。

这场历史大悲剧启幕于欧洲中部的德国。

早在19世纪后期，德国社会中就出现了不少反犹的奇谈怪论，出现了大量的反犹出版物，出现了一些反犹政治党派。这种反犹思想把古老的宗教偏见、社会经济矛盾和心理隔阂，与现代的、披着科学外衣的种族主义结合在一起。德国在第一次世界大战中的失败，战后的经济困难，为反犹主义的大爆发提供了土壤和机会。

1933年1月，阿道夫·希特勒上台成为德国总理。这个大独裁者是一个疯狂的反犹主义者，他的政治纲领中一个很重要的组成部分就是反对犹太人。希特勒的反犹理论完全建立在种族主义观点之上，他认为世界上所有的文明都起源于白种人，而雅利安人又是白种人中最高贵的人种，其他人种都是低劣的。而在各种非雅利安人中，犹太人是一个最劣等的种族，是一个没有生存价值的种族，他们的存在只会破坏德国（日耳曼）人的种族纯洁性，使德国人在体质、精神和道德上发生致命的蜕变。在这种理论的支持下，希特勒的纳粹党统治德国和一些欧洲国家的12年，是犹太历史，也是整个人类历史上最黑暗的一个时期。

希特勒在1925年写成的《我的奋斗》一书中，列举了犹太人的许多

· 105 ·

纳粹反犹宣传画

罪状，并说："犹太人始终只是其他民族身上的寄生虫。……他们像一种有害的芽孢杆菌那样扩散着……他们在哪儿出现，被寄居的民族或迟或早都会死去。"因此，他认为犹太人"必须从地球上消失"。希特勒平生最仇恨两样东西：一是犹太人，二是马克思主义。而在他看来，这两样东西几乎就是同一回事：马克思本人就是犹太人，德国的社会革命党人拉萨尔、伯恩斯坦、卢森堡等人都是犹太人，苏联的托洛茨基、斯维尔德洛夫、季诺维也夫、加米涅夫等布尔什维克领导人也是犹太人，一战后德国巴伐利亚和匈牙利成立的苏维埃政权领袖也都是犹太人。希特勒将这种现象称之为"犹太－布尔什维克主义"，要铲除马克思主义，就必须消灭犹太人。

1935年9月，纳粹当局颁布了一个臭名昭著的"纽伦堡法令"，不仅剥夺了犹太人作为德国公民的权利，而且还规定犹太人不得与德国人结婚或发生非婚姻的性关系，禁止犹太人雇佣德国女仆。在该法的补充法令中，还特别明确了犹太人的认定，规定凡是其祖父母中有一人为犹太人者即为犹太人，并规定犹太人的护照上必须加盖"J"（犹太）字样，而且犹太人必须在姓名中反映出他们的犹太身份。这样，犹太人就完全被从德国社会中分离了出来。

随着纳粹反犹活动的升级，犹太人纷纷向国外逃亡。从1933年到1939年，约有40万人离开了纳粹统治下的德国和奥地利。还有许多人被关进了布痕瓦尔德、达豪、萨赫森等地的集中营。1938年11月9日至10日，一连两夜，纳粹党徒在全德各地对犹太人的会堂、商店、住宅进行袭击和焚烧，进行恐怖威胁。当时遍街都是被砸碎的玻璃，在火光下闪烁耀眼，因而这一事件就被称为"水晶之夜"，它标志着德国的反犹

第四章　民族新生——以色列建国

运动进入了高潮。此后，更多的犹太人向外逃亡。但当时美国、英国、法国、荷兰等国均采取限制犹太人移入的政策，这些逃亡者要么走投无路，束手待毙，要么铤而走险，走非法移民的道路，有不少非法移民又被强行遣返回到德国。

1939年9月1日，德国入侵波兰，第二次世界大战爆发。德国闪电般地占领了波兰、丹麦、挪威、荷兰、比利时、法国以及南斯拉夫、希腊等国后，这些国家的数百万犹太人全都处在了纳粹的黑暗统治之下。

纳粹分子先是洗劫犹太人的财物，捣毁他们的建筑和会堂。然后又把大批犹太人驱赶到犹太隔离区中，限制他们的自由，或者把他们关押进集中营里，强迫他们从事筑路、修工事等繁重的劳动。许多人遭到杀害，更多的人因恐惧、劳役、饥饿、疾病而死去。一些地方的犹太人被长途押送，集中到遥远的劳动营中去，往往有很多人经受不了路上的长途跋涉、饥饿、折磨和疾病，还没有到达目的地就在途中死去了。

纳粹的目的是要在欧洲完全清除犹太人。从1939年9月大战爆发到1941年6月，一共约有3万多犹太人在纳粹的迫害和屠杀中死去，这一数字离希特勒要彻底消灭欧洲犹太人的目标差得实在太远。而德国企图以恐怖手段将犹太人驱赶到其他国家去的打算，又因多数国家不愿接纳犹太人而不成功。因此，在纳

纳粹将波兰华沙犹太人押往集中营，一个小男孩惊恐地举着手

· 107 ·

粹头目之一戈林的领导下，德国制定了一项所谓的"最后解决"计划，打算有组织地把整个欧洲的犹太人全部斩尽杀绝。对犹太人进行灭绝种族的屠杀正式成了纳粹德国的一项国策。

1942年1月，纳粹高层人物在柏林附近的万湖召开了一个会议，制定了"最后解决"犹太人的计划。德国党卫军在其占领的地区把犹太人集中起来，或公开或秘密地对他们进行集体枪杀，然后将尸体抛入万人坑。一地又一地的犹太人不分男女老幼地遭到这种集体枪决，他们的鲜血染红了大地，许多地方都成了这种巨大的死尸坑。但毫无人性的纳粹恶魔觉得这种消灭犹太人的方法效率太低，太费力费事。自1942年起，纳粹对犹太人的屠杀就以两种方式同时进行：在苏联境内由德军的特别行动队和党卫军用枪屠杀，在欧洲各地则把犹太人运送到波兰境内的灭绝营，用毒气进行大规模屠杀。

纳粹先后在波兰境内建起了六座巨大的死亡集中营，其中以奥斯威辛、特雷布林卡最为人所知。在万湖会议之后的5个月里，大批的犹太人被从欧洲各地用汽车、火车运送到奥斯威辛、特雷布林卡等集中营。这些集中营安装着大型的毒气室、焚尸炉等设施，以流水作业的方式大规模处死犹太人，因此这些集中营也被称为杀人工厂、绝灭营或死亡营。

奥斯威辛集中营是纳粹建立的一所最大的灭绝营，占地15平方公里，位于铁路枢纽上，运送囚犯十分方便。它有5个大型毒气室，一次可以"处理"12000人，一天可以处死6万人。它配备的焚尸炉一天可以焚烧8000具尸体。纳粹把从欧洲各地运来的犹太人先集中进行挑选，将有劳动能力的青壮年男女送到

布痕瓦尔德集中营，车厢里堆满要焚烧的犹太人尸体

劳役营去做苦工。而"落选的"老弱妇孺则被骗之要洗淋浴，让他们脱光衣服进入"浴室"。然后将毒气从室顶放入，数分钟后室内的人便全部死去，最后由做杂役的犹太人把尸体送去焚化。奥斯威辛灭绝营从1942年3月开始投入"运行"，到1945年1月关闭，在三年多的时间里，至少有250万人在这里被屠杀，其中犹太人约为150万，其他的受害者有被俘的苏联军人和平民、反对纳粹政权的欧洲人、吉普赛人等少数民族，另外还有50万人在这座死亡营中死于饥饿和疾病。

其他几座灭绝营与奥斯威辛的情况大同小异，只不过规模较小一点罢了。它们都是不折不扣的"人间魔窟"。

据二战后的统计，在整个欧洲，共有约600万犹太人死于纳粹的屠杀，其中包括大约100万儿童。波兰原有330万犹太人，战后只剩下了7.4万，捷克斯洛伐克的35.6万人只剩下了1.4万，15.6万荷兰犹太人只剩下了不到两万，在乌克兰，在白俄罗斯，在俄罗斯，在欧洲的每个国家都有数十万犹太人被杀害……战前中欧东欧是犹太人最集中的地方，到战后，这些地方的大部分地区都成了犹太人的荒漠。600万这样一个巨大的数字，对于犹太人这样一个小民族来说，实在是一场难以承受的浩劫。大屠杀对犹太人的影响是巨大的，它不仅使世界犹太人口骤然减少了三分之一，更重要的是，它给犹太人心理上造成了难以弥合的创伤。在如此短的时间里，有如此多的人惨遭屠杀，在人类几千年的历史上是绝无仅有的，是难以用任何语言来描述的人间惨剧。

纳粹大屠杀从肉体上消灭了成千上万的犹太人，但却从精神上促进了犹太民族意识的觉醒，在客观上促进了犹太复国主义运动的发展。各国的犹太人不再觉得自己是德国人、法国人、波兰人、匈牙利人、罗马尼亚人，而是犹太人。无论政治信仰是什么，600万死难的同胞使他们都接受了这样一个认识，没有祖国的犹太人只能任人宰割，要避免这种灾难的重演，唯一的办法就是到巴勒斯坦去，建立犹太人自己的民族国家。二战前，全世界犹太人中真正赞成犹太复国主义运动的只是少数人；而到了战后，多数犹太人都成了犹太复国主义的支持者。

纳粹大屠杀产生的另一个重要影响是激起了世界各国对犹太人和犹太复国主义运动的同情和支持。世界各国公众先是对纳粹屠犹感到震惊，进而对犹太民族的悲惨遭遇都会产生深切的同情，并对本国政府在大战中对犹太难民持冷漠态度，未能采取一定的救助措施而感到内疚。许多人都认为，幸存下来的犹太人应该有一个其安全能够得到保障的民族家园（国家）。公众的这种思想和感情很容易转变成对犹太复国主义运动和巴勒斯坦社团的同情和支持，进而影响本国政府战后的巴勒斯坦政策。

二、戴维·本-古里安

要了解现代以色列国家的历史，尤其是以色列建国前后的这一段历史，就不能不了解被称为"现代以色列国父"的戴维·本-古里安。

身着英军犹太军团军服的本-古里安，1918年

戴维·本-古里安，1886年10月出生在波兰普朗斯克一个富裕的犹太人家庭，其原名为戴维·格鲁恩（David Grün）。他早在17岁时就加入了锡安工人党，成为了一名坚定的犹太复国主义者。1906年，20岁的本-古里安随着第二次"阿里亚"移民潮来到巴勒斯坦，决心用定居的方式来实现自己的复国主义理想。他一生酷爱读书，能讲多种语言。一次，他赶着牛边走边阅读，渐渐沉浸在书本之中，等到读了一阵抬起头，才发现赶的牛不见了，原来牛早就到别处吃草去了。1910年，他担任了锡安工人党《团结》杂志的编辑，并给自己取了

第四章 民族新生——以色列建国

一个希伯来语名字——本-古里安（Ben-Gurion）。1915年，他因从事犹太复国主义活动被奥斯曼帝国驱逐出境，他与他的好友、后来成为以色列第二任总统的本-兹维一起去了美国，在那里从事犹太复国主义运动的宣传和动员工作。1916年，他在纽约与来自俄罗斯的护士保拉结了婚，后来他们有三个孩子。1918年，本-古里安参加了属于英军的犹太军团，重新回到已成为英国托管地的巴勒斯坦。

1921年，他当选为犹太工人总工会的书记，并在这个岗位上工作了14年。正是在此期间，他表现出了卓越的组织天赋和领导才能。1923年夏，本-古里安曾作为巴勒斯坦工人代表到苏联莫斯科参加国际农业博览会，并在苏联停留了三个月。在此期间，他参观了苏联很多地方。尽管他对苏联的革命模式并不完全赞同，但他却非常敬佩苏联领导人列宁，认为列宁是一个了不起的伟人。在本-古里安的不懈努力下，原先巴勒斯坦的两个犹太劳工党派在1930年统一成了巴勒斯坦工人党（Mapai，即后来的以色列工人党），他也成为了该党的领袖。1935年8月，在犹太复国主义代表大会上，魏兹曼再次当选为世界犹太复国主义组织主席，本-古里安当选为该组织执委会主席和犹太办事处主席，两人开始共同执掌犹太复国主义运动大权。

本-古里安的思路是一个典型的犹太复国主义者的逻辑，其出发点是：对于犹太民族来说，世界是个不安全不友善的地方，世界不会把犹太民族的安全和享受和平的理想一起送给犹太人。犹太人只有两种选择：要么放弃享受和平而保证自己的生存和安全，要么追求享受和平而自寻绝路。按照这一逻辑，犹太复国主义有一个明确的方向，那就是为全世界犹太人打造一个安全的家园；犹太复国主义者有一个明确的精神追求，那就是为了这个民族家园的安全而放弃享受和平的奢望，成为一群特殊的人。

本-古里安一生讲究实干，当时犹太复国主义者中存在着各种各样的观点和想法。在他的左边，是一些带有浓厚理想主义和社会主义色彩的复国主义者，他们往往陷入抽象的空谈之中；在他的右边，则是一些行动主义和极端主义的复国主义者，他们表现出极大的胆量，但却缺乏政治远见。本-古里安相信，犹太人要想建国只有一种办法：那就是实干，而不是空谈，但在采取每一个行动之前必须看清未来的目标。针对当时巴勒斯坦的情况，他一针见血地指出：巴勒斯坦"存在着真正的冲突，我们和阿拉伯人之间的政治冲突。我们都想成为人口多数"。因此，他把工作重点放在犹太人向巴勒斯坦的移民上，目标就是要使犹太人在当地成为人口多数。

1937年，针对巴勒斯坦出现的骚乱，英国第一次提出了分治的想法，即在巴勒斯坦建立一个阿拉伯国家和一个犹太国家。本-古里安凭着自己敏锐的政治嗅觉，捕捉到"国家"这个词所包含的重大意义，意识到这是千载难逢的机遇。他立刻对分治的想法表示支持。本-古里安是这样说的："犹太复国主义不是走在一根结实的绳子上，而是在一根头发丝上。"意思就是，只要出现了一丝建国的希望，就要立即抓住，否则机会将稍纵即逝。

但在两年后的1939年5月，英国为了安抚阿拉伯人，却颁布了限制犹太人移居巴勒斯坦、禁止犹太人购买巴勒斯坦土地的《关于巴勒斯坦问题的白皮书》。面对英国立场的转变，包括本-古里安在内的一些人开始时都主张采取行动，甚至用武力来迫使英国改变立场。但经过辩论和冷静下来之后的思考和利弊权衡，犹太领导人们认识到，当前压倒一切的任务是同纳粹德国进行战斗，对英国应保持克制的态度。如果希特勒取得了最后的胜利，那不仅意味着欧洲犹太民族的彻底毁灭，而且也将导致巴勒斯坦犹太民族家园的终结。所以，1939年9月第二次世界大战一爆发，巴勒斯坦犹太办事处发表了一个声明，仍表示要在战争中全力支持英国：

在这个命运攸关的时刻，全体犹太人特别关心以下三件事：保卫犹太人的家园，犹太民族的幸福以及大英帝国的胜利。

1939年发表的《白皮书》对我们是一个沉重的打击。我们将利用一切可以利用的手段，为实现犹太民族建立民族家园的权利而继续奋斗。我们反对《白皮书》，可是我们从来没有把矛头对准英国或者大英帝国。

我们认为，纳粹德国强加给大不列颠帝国的战争也是强加给我们的一场战争。我们将在可能的和允许的范围内，给英国军队和英国人民以毫无保留的支持。

第四章 民族新生——以色列建国

　　这一态度是犹太复国主义运动内部经过斗争后才取得的一致立场。1940年初，本-古里安以犹太办事处主席的身份提出了一个著名的口号，称巴勒斯坦犹太人将要"像没有战争一样地反对英国人的《白皮书》，也要像没有《白皮书》一样地参加对德国人的战争"。

　　1940年夏天，本-古里安是在英国伦敦度过的，他的目的是说服英国当局同意建立一支犹太军队。英国人在纳粹德国的狂轰滥炸之下所表现出来的毅力和勇气使他深受感动，也给他以震撼。但同时，他也清醒地认识到，大战将摧毁旧的秩序，建立新的秩序。战争结束后，西方世界的领导权将从英国转到美国，而犹太复国主义运动也需要把美国变成自己新的支持者。

　　由于魏兹曼坚持通过政治外交努力来调和犹、英矛盾，加上他本人一直未到巴勒斯坦定居，犹太复国主义运动内部对他温和的亲英态度日益不满。以本-古里安为首的新一代犹太复国主义领导人认为，由于英国已从《贝尔福宣言》的立场严重倒退，所以犹太复国主义运动不能再依靠英国来实现自己的政治目标，他们希望巴勒斯坦能从英国的委任统治转为由美国来进行托管。这样，犹太复国主义运动内部形成了一个以魏兹曼为代表的温和的亲英派，和以本-古里安为代表的激进的亲美派。

　　大战期间，随着德意轴心国对巴勒斯坦威胁的逐渐消除，犹太复国主义者便开始考虑同英国摊牌了。1942年5月，犹太复国主义者在美国纽约的比尔特莫尔饭店召开了一次会议，约有600人出席会议。与会者多数是美国犹太人，也有部分来自其他国家的犹太复国主义者。会上以魏兹曼为代表的温和派虽然也提出要求废除《白皮书》，但仍然主张对英国采取"慎重"和"稳步"的政策，同英国协商建立一支犹太军队，每年让数千犹太

本-古里安

人移居巴勒斯坦。但以本-古里安和美国犹太复国主义领袖为代表的激进派则提出要尽快结束英国对巴勒斯坦的委任统治,将巴勒斯坦建成一个犹太人国家。

双方经过激烈的争论,最后激进派占了上风。会议通过了一个《比尔特莫尔纲领》,正式提出:"强烈要求打开巴勒斯坦大门,赋予犹太办事处向巴勒斯坦移民和建立国家的必要权力,包括开发无人占用和未耕种土地的权力;巴勒斯坦将作为一个犹太共和国并入民主的新世界。"当年11月,世界犹太复国主义组织执委会经过表决接受了这一纲领。《比尔特莫尔纲领》首次正式公开宣布了复国运动建立犹太人国家的目标,同时,它也标志着犹太复国主义运动的领导权已从亲英派转到了亲美派手中。随后,犹太复国主义者在美国开展了一系列游说宣传活动。美国多个城市举行了支持犹太复国主义运动的示威游行,成千上万的人签名抗议英国的白皮书政策。美国总统罗斯福也于1944年3月发表声明,表示美国不赞同英国的白皮书政策,希望巴勒斯坦向犹太难民敞开大门。自此,美国取代英国成了犹太复国主义运动最主要的支持者。

本-古里安在战争后期是这样说的:"英国虽然胜利了,但它在冲突中受到削弱……我不再怀疑我们在国际政治工作中的重心将从英国转移到美国。美国已处于世界领导者的地位,在那里有最大、最有影响的犹太人聚居中心。"

作为一位政治家,本-古里安最大的特点是有远见,对各种事件的发展趋势具有比其他人更为准确的判断力。此外,他性格坚强,处事果断,思维清晰明确,对要达到的目标抱有坚定的信心。这些素质对于当时在错综复杂的局势中把握方向、果断决策都是十分重要的。正因为如此,后来人们把本-古里安称为"现代以色列之父"。

第四章 民族新生——以色列建国

三、与英国决裂

大战初期，巴勒斯坦犹太人虽然强烈反对英国的白皮书政策，但实际上所有反英活动都停止了。犹太青壮年还纷纷报名参加英国军队，奔赴反德意法西斯战争的前线。到1939年底已有13万多人登记参军，占当时巴勒斯坦犹太成年男子的三分之二。犹太办事处从一开始就向英国提议组建一支犹太部队，但英国当局却不同意，坚持只能建立由犹太人和阿拉伯人组成的混合部队。一直到1944年盟国开始反攻急需兵员时，英国人才同意组建一个隶属英军的犹太旅，开始时只有5000多人，后来参加过英军的犹太人有3.5万人。

哈加纳承担的主是任务是保卫巴勒斯坦犹太社团的安全，其属下最具有战斗力是一支独立的、不受英军控制的突击队——帕尔马赫。这支部队成立于1941年，前身是"夜间别动队"。帕尔马赫有两个最基本的目标：一是保卫犹太人定居点免受阿拉伯人侵扰；二是保卫巴勒斯坦免遭德意军队入侵，到后来它还承担从海上将欧洲犹太难民偷渡到巴勒斯坦的任务。一开始帕尔马赫有6个连，后来扩展到9个连。它由年轻的男女战士组成，没有军衔和制服，无报酬，非职业化，但却是一支充满活力、有理想、有战斗力的部队。帕尔马赫的

帕尔马赫士兵在训练

· 115 ·

信条是，最小的作战单位就是持枪的单个战士；指挥官应当在战士前面喊"跟我来"，而不是站在士兵后面喊"给我冲"，这后来也是以色列国防军的信条。

随着时间推移和战局变化，犹太社团伊休夫中主张对英国采取强硬手段的派别又开始活跃起来。到1942年时，针对英国当局的暴力活动又重新恢复了。早在1939年，就从伊尔贡中分裂出一个更加极端的派别，其首领是亚伯拉罕·斯特恩。这一派反对哈加纳和伊尔贡停止同英国当局斗争的做法，因而与之分道扬镳，单独开展暴力反英活动。该派成员自称"以色列自由战士组织"（简称"莱希"），人们一般称其为"斯特恩帮"。这个组织主张毫不留情地对英国进行打击，甚至提出要协助德国人征服巴勒斯坦，交换条件是德国同意将欧洲犹太人转移到巴勒斯坦来。

1942年，来自波兰的梅纳赫姆·贝京成为了犹太复国主义修正派领导人，同时还担任伊尔贡武装的司令。他也主张对英国采取更加强硬和不妥协的态度，并于1943年底公开同犹太办事处和哈加纳决裂，单独走上了同英国当局进行军事对抗的道路。伊尔贡开始时只有五六百名成员，采取的活动方式主要是破坏英国的各种军事、警察和行政设施，并进行反英的宣传动员。大战后期，越来越多的犹太青年因不满犹太办事处的温和政策而加入了伊尔贡，伊尔贡的反英活动也扩大到对英国军警的袭击。1944年1月，贝京宣布伊尔贡组织重新对英国人展开武装斗争。伊尔贡小分队到处破坏英国情报站，攻击警察局，暗杀英国军官。他们或化装成阿拉伯人，或装扮成英军士兵，到英国兵营偷窃武器、劫持人质。

英国委任统治当局对莱希和伊尔贡的地下活动十分恼火，采取了强硬的打击措施。莱希和伊尔贡的反英行动都是独立进行的，有时甚至还会与犹太办事处的哈加纳发生冲突。但英国当局却认为，犹太办事处并没有真正采取措施来制止它们的恐怖活动，甚至还认为犹太办事处是莱希和伊尔贡的幕后操纵者。犹太办事处同英国当局之间的这种微妙而冷淡关系一直保持到大战结束。

纳粹德国在欧洲的反犹政策，使大批犹太人外逃。因种种原因，许

第四章　民族新生——以色列建国

多国家都拒绝接纳这些犹太难民。因此难民们随纷纷涌向巴勒斯坦的"犹太民族家园"。而英国《白皮书》规定每年的移民限额只有1万

伊尔贡组织的"帕特里亚"号偷渡船

人，另有2.5万个难民特别名额。这样，为数众多的犹太难民就被拒之门外。一些人便采取非法偷渡的方式进入巴勒斯坦。犹太办事处认为，救助犹太同胞是自己义不容辞的责任，同时也有助于建国目标的实现，因此采取了一切可能的手段，帮助犹太难民进入巴勒斯坦。犹太总工会、哈加纳和伊尔贡等组织都投入了救援活动，租用了几十艘船只来偷渡难民。由于英国海军的拦截，这种偷渡十分困难，也很危险，还造成了多起灾难。1940年11月，英军在海法附近海面上拦截到两艘破旧的难民船，船上有大约两千名难民。当局拒绝让这些难民登陆，用另一艘大船"帕特里亚"号把他们运到毛里求斯的拘留营去。但这艘船后来却沉没了，造成250人死亡。1941年底，一艘名为"斯特罗姆"号的旧船从黑海驶往巴勒斯坦，也因无法获得移民签证而滞留海上时沉没，只有一人生还。这些事件更激起了犹太人对英国委任统治当局强烈的愤恨。

1944年11月，两名莱希组织成员在开罗开枪打死了英国中东事务大臣莫因勋爵，他在担任殖民大臣时曾对犹太复国主义表示出敌意，并拒绝让"帕特里亚"号上的犹太人进入巴勒斯坦。莫因勋爵是丘吉尔亲密的私人朋友，这次暗杀使犹太复国主义运动付出了很大代价。丘吉尔宣布他将重新考虑他对犹太复国主义的态度，许多犹太人也对此感到气愤。虽然暗杀莫因勋爵的是莱希，但人们普遍认为是伊尔贡干的。哈加纳开始对伊尔贡成员展开围剿，并协助英国人破获了伊尔贡的高级指挥系统。哈加纳和伊尔贡的对立一直持续到大战结束。

大战结束后,英国为了保持自己的在中东的传统地位,比战前更需要保持和加强同各阿拉伯国家的关系,因此在巴勒斯坦问题上仍继续维持1939年的《白皮书》政策。在此情况下,犹太办事处领导人决定采取行动,一方面加大非法移民的规模和速度,从事实上冲破《白皮书》政策,使之成为一纸空文;另一方面加强外交活动,依靠战后崛起的美国来实现建立犹太国家的目标。1945年8月,本-古里安访问美国时,再次向英国政府提出包括实现《比尔特莫尔纲领》和为欧洲犹太难民签发十万张移民许可证等一系列要求。他声称,如果英国坚持《白皮书》政策,犹太复国主义者将在巴勒斯坦实行"血腥的恐怖"和"持续的野蛮暴力",来摧毁英国的委任统治。

1945年10月,哈加纳、伊尔贡和莱希三个犹太地下武装组织经过谈判,联合组成了"希伯来抵抗运动",随即对英国发动了一系列"警告性打击":哈加纳的突击队帕尔马赫在组织非法移民时,弄沉了三艘英军海岸巡逻艇,并在全国150个地点破坏铁路线;伊尔贡袭击了洛德火车站和一些军用设施;斯特恩帮则试图破坏海法炼油厂。英国在采取镇压措施的同时,也向犹太办事处施加压力,要求它立即出面制止暴力活动。犹太办事处则虚与周旋,表示无力制止此类行动。到1946年初,犹太地下武装的反英活动进一步升级,流血冲突频繁发生。犹太复国主义运动已走上了同英国彻底决裂的道路。

针对犹太人的暴力活动,英国当局也采取了严厉的镇压行动。1946年6月底,17000多名英军开展大搜捕,收缴了大量武器,逮捕了一大批犹太地下武装分子,以及包括摩西·夏里特在内的许多犹太办事处高级领导人。当时本-古里安正在国外,所以侥幸逃脱,犹太办事处和哈加纳的其他领导人都转入了地下。在此次大搜捕中,约有2700人被关进了集中营。英国当局同时还颁布了戒严令,派出军警四处巡逻。

1946年7月22日,伊尔贡对英国行政机构及英军司令部所在地耶路撒冷的大卫王饭店实施了一次恐怖性爆炸。伊尔贡成员化装成阿拉伯服务人员,将装有500磅炸药的牛奶桶,从厨房入口混进了大卫王饭店。炸药安放好后,伊尔贡成员向饭店经理部、英军司令部以及大楼旁边的法国领事馆打去电话:"这里是希伯来抵抗运动。我们已经在饭店内安放了

炸弹。这座大楼马上就要爆炸。你们接到警报后必须立刻撤离。"但傲慢的英国人对这个警告置之不理,英军司令部没有人撤出大卫王饭店。中午12点30分,轰隆一声巨响,巨大的烟尘笼罩了整个大楼。待硝烟散尽,人们吃惊地发现大卫王饭店昔日装修豪华的五层东侧楼已经不见了,取而代之的是一堆冒着黑烟的残垣断

被炸毁的大卫王饭店侧楼

壁,共有91人被炸死,45人受伤,死伤者中多数是英国人,也有阿拉伯和犹太雇员。

这次爆炸使世界为之震惊,也在公众中引起了愤怒和恐慌。英国当局再次进行报复性镇压,投入搜捕、宵禁和堵截非法移民的英军兵力多达2.7万,逮捕了许多犹太嫌疑分子。1946年下半年,犹、英之间的冲突在巴勒斯坦全境蔓延。伊尔贡由于脱离了犹太办事处的控制,行动变得更加自由和大胆,它实施的暗杀、绑架、爆炸等恐怖和破坏活动达到了高潮。英国的镇压往往只会导致更激烈的报复,犹太地下武装与英国当局的报复和反报复在不断进行。据统计,仅1946年一年中,被杀死的英国军事和文职人员就多达73人,另有93人受伤,犹太人方面的伤亡也有数百人。

1946年12月,第22届犹太复国主义大会在瑞士巴塞尔召开,这是二战以来的第一次大会,距上届大会已相隔七年,此时犹太复国主义组织在全世界已有200万名成员,而且美国已经成了犹太复国主义者人数最多的国家(原先是波兰)。这次大会一方面谴责恐怖主义,另一方面也重申了建立犹太国家的决心。亲英的魏兹曼被迫辞去犹太复国主义组织主席的职务,执委会主席本-古里安成了事实上的领导人。犹太复国运动史

上历时35年的魏兹曼时代结束,进入了实际行动派为主导的本-古里安时代。

到1947年初,整个巴勒斯坦呈现出一派混乱的无政府状态。尽管英国当局采取从重惩处恐怖分子的措施,用绞刑处死了几个人,但伊尔贡和莱希也以牙还牙,绑架了英国人质进行报复。5月,伊尔贡采取了一次大胆的行动,攻入了北部的阿克监狱,释放了200多名犯人,其中包括约30名被捕的伊尔贡和莱希成员。

战后英国国力的虚弱、严重的经济危机和1946年冬天的燃料危机,令英国政府焦头烂额。巴勒斯坦的不安定局面更是雪上加霜,早已财力枯竭的英国政府每年要耗费3000万英镑来维持这里的"治安"。英国国内公众对巴勒斯坦无休止的暴力活动也深感厌倦,认为英国既没有能力也没有必要再继续维持对巴勒斯坦的统治了。

四、联合国来了

尽管困难重重,英国仍希望找到一种让犹、阿双方都能接受的方案,以保持巴勒斯坦稳定,以便继续维护英国的统治。1946年9月,英国邀请阿拉伯人和犹太人在伦敦举行圆桌会议,希望作最后的努力。英国提出一项建议,在五年内实行犹、阿自治,以后过渡为一个独立国家,过渡期内继续由英国管理。这项建议再次遭到犹、阿双方的反对,伦敦圆桌会议以失败告终。

一方面整个巴勒斯坦的秩序处于混乱之中,英国的统治已极为困难;另一方面美国处处掣肘,外交途径解决无望。在束手无策的情况下,英国内阁经过辩论,认为阿犹之间的冲突已不可能调和,为了使"英国人不再为压制巴勒斯坦的一个社团以有利于另一个社团而丧生,英国的资财也不再为此耗费",决定放弃巴勒斯坦。

第四章 民族新生——以色列建国

25年前，当时的国际联盟以委任统治的名义将巴勒斯坦交给了英国。25年后，时过境迁，当年的国际联盟已不复存在，但从法律上说，二战后新成立的国际组织——联合国就是国际联盟的继承者。因此，英国决定放弃巴勒斯坦，就只能将其"交还"给联合国。1946年2月18日，英国外交大臣贝文在下院宣布："英王陛下政府本身没有权力把这个国家交给阿拉伯人和犹太人，直至把这块土地分给他们"；"目前唯一可行的途径是把这个问题交给联合国来处理"。4月2日，英国驻联合国代表正式致函联合国秘书长赖伊，要求联合国召开一次特别会议讨论巴勒斯坦问题，英国自己将不提出任何建议。这样，英国就把巴勒斯坦这个"包袱"甩给了刚成立不久的联合国，而自己仅充当一个临时"看守人"的角色。

1947年4月28日至5月15日，联合国在纽约召开了关于巴勒斯坦问题的特别会议。会议专门通过了一个给予犹太代表发言权的提案，因为当时已有一些阿拉伯国家是联合国成员，而犹太人在联合国里却没有代表。巴勒斯坦犹太办事处很快组成了以本-古里安为首的犹太代表团前往纽约赴会。联合国就如何解决巴勒斯坦问题展开了讨论。会上主要出现了两种意见，一种是主张将巴勒斯坦建成一个阿、犹两个民族享有平等权利的阿拉伯-犹太联邦制国家，另一种是主张将巴勒斯坦一分为二，分别建立一个阿拉伯国家和一个犹太国家。

最后，此次会议通过了《关于设立巴勒斯坦特别委员会的决议》，决定成立一个由澳大利亚、加拿大、捷克斯洛伐克、危地马拉、印度、伊朗、荷兰、秘鲁、瑞典、乌拉圭和南斯拉夫11个国家组成的"巴勒斯坦特别委员会"（UNSCOP），授权这个委员会组成调查团前往巴勒斯坦进行调查并提出建议。特别会议还规定，阿拉伯和犹太方面有权各自任命两名联络官，配合委员会工作。然而，阿拉伯代表在发言中强调，阿拉伯方面将不接受任何违背巴勒斯坦阿拉伯主权的解决方案，如果强行实施这种方案，将可能引起战争。英国代表也表示，英国将不协助实施任何没有被阿犹双方接受的解决方案。从5月到8月，特别委员会先后在纽约、耶路撒冷、贝鲁特等地召开了会议，听取阿拉伯人和犹太人的意见，并到巴勒斯坦、叙利亚、约旦等地进行调查和访问，并举行了几次听证会。

对于联合国的介入，巴勒斯坦的阿拉伯人和犹太人做出的反应是截然不同的。

由阿明·侯赛尼领导的阿拉伯最高委员会决定采取抵制态度，不许阿拉伯人跟调查委员会合作，也不派遣联络官，甚至拒绝出席有关的会议。尽管也有的阿拉伯人认为不与联合国合作，可能并不是一种明智的选择，但他们却不敢公开违背阿明·侯赛尼的命令。而与此相反，特委会受到了犹太办事处的热情接待和积极配合，他们不仅表示欢迎联合国调查团前来巴勒斯坦实地考察，还任命了办事处经济部主任大卫·霍洛维茨（后成为以色列银行行长）和办事处驻纽约代表团顾问阿巴·埃班（后成为以色列驻美国和联合国大使、外交部长）为联络官。

巴勒斯坦阿拉伯最高委员会领导人阿明·侯赛尼

联合国调查委员会的计划是实地考察犹太人和阿拉伯人的工厂、农场和村镇，和当地政治领导人及普通民众交谈，了解情况，尽可能地保持不偏不倚。然而，他们一到巴勒斯坦就遭到阿拉伯人的抵制，所到之处都碰了钉子。在海法，一家卷烟厂的阿拉伯老板把调查团撵了出去，称"他们是来抢地盘的"。而犹太人方面却十分配合，两名联络官和调查委员们同吃同住，带他们去各地参观：海法的工厂、卡尔迈勒山的果园、特拉维夫的港口、萨费德的研究所、内格夫的基布兹、约旦河的发电站……犹太人用心血和汗水在当地创造出来的奇迹在调查委员们心中留下了深刻的印象。调查团成员们越来越相信，要把已经在这里生根的犹太人强行赶走是不行的，他们已经是巴勒斯坦不可分割的一部分，这个事实谁也无法推翻。

联合国调查委员会在巴勒斯坦工作期间,还亲眼目睹了"1947出埃及"号难民船事件。

1947年7月,一艘叫作"1947出埃及"号的难民船从法国马赛港出发,经过许多艰难和坎坷之后来到了巴勒斯坦近海。这艘船上载有4515名来自德国集中营里幸存下来的犹太难民,该船一路受到英国军舰的跟踪和监视。7月18日,"出埃及"号难民船驶到离海法港20海里的时候,英国军舰在公海上拦截了这艘难民船。英国海军同船上的难民发生了冲突,英军使用步枪和催泪瓦斯进行镇压,难民们则用扫帚和罐头盒抵抗,冲突中有3名船员命丧英军枪下。随后英国驱逐舰把"出埃及"号拖到海法港口。

"1947出埃及"号难民船

当联合国调查委员们闻讯赶到海法港的时候,冲突已经结束,难民们正被英军士兵解押下船,赶到3艘英国监狱船中,并准备把他们遣送到塞浦路斯的集中营。联合国调查委员们看到这些好不容易逃离纳粹大屠杀苦海的犹太妇女、老人和婴儿被英国士兵凶狠地赶到甲板下面的小笼子中,而7月地中海的烈日把甲板下面变成了烤箱。调查委员们目睹了难民们遭受的不幸和痛苦,他们被英国人这种不人道的手段激怒了,他们向难民们表示了深切同情,并称英国人的这种做法不会长久了。

联合国特委会的调查委员们回到瑞士日内瓦后,一边开会讨论巴勒斯坦问题的解决办法,着手起草报告,同时一边继续关注着"1947年出埃及"号船上难民们的去向。当得知这些难民最终还是被英国人强行遣送回德国汉堡后,一部分以前动摇不定的调查委员也坚定了态度,认为英国对巴勒斯坦不人道的委任统治必须结束,犹太人应该尽快有一个自己的国家。

五、分治决议

9月初,特别委员会向联合国大会提交了调查报告。报告首先建议结束英国对巴勒斯坦的委任统治,经过一段时间的过渡期后让巴勒斯坦实现独立。但在独立后建立什么样的国家这一问题上,特别委员会内出现了两种方案,一种是由加拿大、乌拉圭等七个国家提出的多数派方案,另一种是由印度、伊朗、南斯拉夫三国提出的少数派方案。澳大利亚由于受英国影响,对两个方案都表示不赞成而没有投票。

多数派方案提出巴勒斯坦实行分治,即委任统治结束后经过两年过渡期,分别成立一个独立的犹太人国家和一个独立的阿拉伯人国家,犹太人国家的土地占巴勒斯坦的62%,阿拉伯人国家占38%,耶路撒冷实行国际托管,由联合国作为管理者;在两年的过渡期内,仍由联合国委托英国代为管理。少数派方案则主张建立一个以耶路撒冷为首都、包括一个阿拉伯实体和一个犹太实体的联邦国家,阿拉伯区的面积略大一些;中央政府内阿拉伯人占多数,并管理外交、国防、移民等事务。由于特委会内部无法取得一致,这两个方案同时提交给联合国大会。

有关各方对联合国特委会报告的反应是完全不同的。巴勒斯坦的阿拉伯人和各阿拉伯国家对两个方案都持反对态度,坚持要求在巴勒斯坦

第四章 民族新生——以色列建国

建立一个阿拉伯人国家，犹太人可以作为这个国家中的少数民族。而犹太人内部则存在着不同的意见：犹太办事处拒绝了少数派方案，原则上欢迎多数派方案，但认为划分给犹太国家的面积太小，没有包括一些重要的地区；一些左翼的社会主义党派则反对分治，认为巴勒斯坦应该成为一个犹—阿双民族国家；而犹太复国主义修正派也反对分治，但他们走到了另一个极端，声称整个巴勒斯坦都应该属于一个犹太国家。

按照章程，为使联大通过巴勒斯坦分治决议，需要超过三分之二的赞成票。总的来说，当时联合国内的多数欧美国家都同情和支持犹太人一方，而

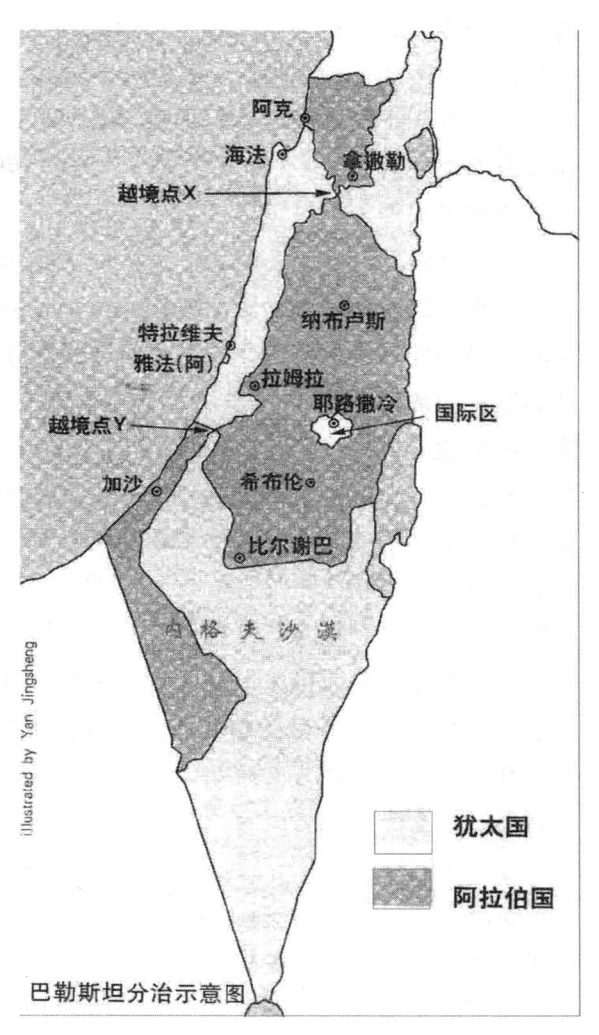

1947年联合国巴勒斯坦分治方案

大部分亚非国家则倾向于支持阿拉伯方面。英国在决定将巴勒斯坦问题提交联合国时，尚期望这一问题能有一项既能为阿拉伯人接受又符合英国利益的解决办法。但最后提出的分治方案显然只体现了美国的意图，而没有照顾到英国在中东的利益。所以，英国采取了不提出任何建议，不表示态度的立场。这样，战后崛起的美国和苏联两个大国的态度就起到了决定性的作用。

美国在战后成了世界头号强国，在其全球战略中，中东是它控制石

· 125 ·

油、遏制苏联、排挤英法、扩张势力极为重要的一个地区。为了达到这些目的，它需要在中东地区寻找一个盟友。如果巴勒斯坦出现一个犹太国家，就有利于美国战略目标的实现。另外，美国国内犹太人在政治、经济方面都很有势力，他们通过大选、院外集团、大财团等渠道，极大地影响着美国的外交决策。因此，这就决定了美国政府的亲犹态度以及在巴勒斯坦分治问题上采取支持犹太人方面的政策。

苏联长期以来一直对犹太复国主义运动持批判态度。但是，面对第二次世界大战后的新形势，它的态度也发生了变化。中东与苏联毗邻，是苏联一直希望发展自己势力的地区，但这里却一直是英国的势力范围，苏联很难挤进去。由于战后犹太复国主义运动与英国交恶，便给苏联提供了一个打击英国势力、插手中东事务的机会。另外，巴勒斯坦犹太复国主义运动一直带有比较浓厚的社会主义色彩，其领导人中有不少是来自东欧的社会主义者，这使苏联当局感到与之在意识形态方面比较接近。当时巴勒斯坦犹太社团是中东地区唯一共产党处于合法地位的地方，苏联甚至希望未来的犹太国家能走上社会主义发展道路，成为一个亲苏国家。而与之相反的是，当时所有阿拉伯国家都实行封建专制统治，都采取反共亲西方的政策。还有，苏联国内有数百万犹太人，如果苏联反对建立一个犹太国家，也不利于国内的稳定。由于这些因素的影响，苏联在巴勒斯坦分治的问题上，也采取了支持犹太人立场的政策。

联合国于1947年9月23日在纽约郊外长岛的小镇成功湖（Lake Success）召开大会，就巴勒斯坦的前途做出最后决定。

为了保证多数派方案能在大会表决时获得通过，犹太复国主义者展开了积极的活动，派出以摩西·夏里特为首的外交队伍，向有关国家进行宣传游说。当时由于多数中南美洲国家依赖美国，再加上调查委员会中亲眼目睹犹太人建设成就的危地马拉和乌拉圭两国代表的热情宣传，这些国家都倾向于支持犹太人。剩下的工作主要是说服亚洲、欧洲和大洋洲的代表。犹太游说团在夏里特带领下，分成几个小组。为了寻找同这些国家代表相遇的机会，他们在咖啡厅里长时间地等待，目标一出现就迎上前去做工作。

会议期间，美国代表团在阿拉伯人的压力下，一度曾向犹太人表示,如果不把巴勒斯坦南部的内格夫地区交给阿拉伯人,美国有可能反对分治。犹太代办处研究后认为,要争取内格夫就必须直接与美国总统打交道,而只有哈伊姆·魏兹曼才有足够的地位和声望说服美国总统杜鲁门(他与杜鲁门是老相识)。11月19日,生着病的魏兹曼从纽约赶到华盛顿,他从一个科学家的角度向杜鲁门描述了如果把内格夫交给犹太人,他们将会怎样来开发和建设这片荒凉的土地。杜鲁门本来就是犹太复国主义运动的支持者,他很快就被魏兹曼说服了,亲自打电话给美国驻联合国代表,要求他支持将内格夫划在分治方案中的犹太国家里。

而埃及、叙利亚等阿拉伯国家的代表在大会发言中一再声称联合国无权决定巴勒斯坦的未来,并表示如果强行通过分治决议,阿拉伯国家"将保留采取行动的权利"。阿拉伯国家对美国支持犹太人的态度并不感到意外,但使阿拉伯国家失望的是,苏联改变了以往的态度,也对分治方案表示支持。苏联代表在发言时说,这一方案符合阿、犹双方的利益,是"唯一可行的办法"。

在经过近两个月的讨论和辩论之后,11月29日上午10点,联合国大会在一片紧张和兴奋的气氛中开始。巴勒斯坦伊休夫的每一个犹太人,以及世界各地成千上万的犹太人,都打开收音机收听大会投票的实况转播。

巴勒斯坦分治会议表决现场,1947年11月29日,纽约成功湖

大会对"巴勒斯坦将来治理问题的决议"进行了表决。最终投票结果为：33票赞成，13票反对（阿富汗、古巴、埃及、希腊、印度、伊朗、伊拉克、黎巴嫩、巴基斯坦、沙特阿拉伯、叙利亚、土耳其、也门），10票弃权（阿根廷、智利、中国、哥伦比亚、萨尔瓦多、埃塞俄比亚、洪都拉斯、墨西哥、英国、南斯拉夫），1票缺席（泰国）。本届联大主席、巴西代表阿兰哈博士的木槌落下：扣除弃权和缺席票后，赞成数达72%，超过三分之二，具有历史意义的联合国第181（2）号决议通过！

分治决议的主要内容是：（一）结束英国在巴勒斯坦的委任统治，最迟不得超过1948年8月1日；（二）在委任统治结束后两个月内成立一个独立的犹太国家和一个独立的阿拉伯国家，犹太国面积为1.49万平方公里（占巴勒斯坦总面积的56.4%），阿拉伯国面积为1.12万平方公里（占42.8%）；（三）耶路撒冷及其附近郊区村镇（约158平方公里）作为一个独立主体由联合国管理。为了执行决议，还专门设立了一个联合国巴勒斯坦委员会。根据这个分治决议，犹太国家的总人口约为99万，其中犹太人50万，阿拉伯人49万；阿拉伯国家的总人口为73万，其中阿拉伯人72万，犹太人1万。

这一决议的通过，一方面反映了第二次世界大战后，人们对在战争中受到巨大伤害的犹太民族的普遍同情心理；另一方面也是世界犹太人、犹太复国主义运动以及巴勒斯坦犹太办事处长期不懈的努力奋斗，以及在联合国里积极、有效活动的结果。而与此形成对比的是，此时的巴勒斯坦阿拉伯人社团软弱涣散，四分五裂，各阿拉伯国家之间也缺乏有效的协调和灵活的策略，因此在联合国的外交斗争中的失败也就在所难免了。

六、梦想成真

联合国巴勒斯坦分治决议的通过，立即在巴勒斯坦和中东地区引起了强烈的反应。

当投票结果通过英国广播公司传到巴勒斯坦时，那里已是深夜。守候在收音机前的整个巴勒斯坦犹太社团立刻沸腾了！掌声和鞭炮此起彼伏，礼花和信号弹划破夜空，人们奔走相告、喜极而泣。他们为这一期盼已久的喜讯的到来激动不已，欢欣鼓舞。特拉维夫、耶路撒冷、海法以及美国纽约等地的犹太人都举行了庆祝活动，人们通宵达旦地载歌载舞，互相拥抱祝贺，庆祝胜利。自从古代犹太国家灭亡之后，犹太民族流散四方，到处受人欺凌、迫害、驱逐、杀戮，饱尝了人间的苦难和辛酸；尤其是在经历了纳粹对犹太人灭绝种族的大屠杀之后，他们更真切地体会到一个弱小民族没有祖国的痛苦。在流散两千年后，在赫茨尔发表《犹太国》50年后，犹太民族终于拿到了祖国的出生证！

在特拉维夫街头欢呼庆祝的犹太民众

然而，决议却遭到了阿拉伯国家和巴勒斯坦阿拉伯人的强烈反对。巴勒斯坦阿拉伯最高委员会宣布举行总罢工，以抗议联合国的分治决议，宗教领袖还号召对犹太人、基督教徒和共产主义者进行"圣战"。耶路撒冷、雅法等地都发生了示威和暴力活动，人们高呼反对联合国、反对美国和苏联的口号，并对犹太人目标进行袭击。正在开罗举行会议的阿拉伯联盟七个成员国的总理和外长发表声明，认为联合国分治决议"违背了公理和正义原则以及民族自决原则"，表示阿拉伯国家"决心为反对为这个分裂巴勒斯坦的决议而战"。美国和苏联驻贝鲁特、大马士革和巴格达的外交机构也遭到当地民众的袭击。

12月18日，英国政府正式宣布了陆续撤离巴勒斯坦的决定，撤离的最后日期是1948年5月14日。一场犹太人与阿拉伯人抢占地盘的争夺战随之在巴勒斯坦拉开了帷幕。

当许多犹太人还沉浸在喜悦之中时，本-古里安却异常冷静。他回忆说："那一晚，人们在街上跳舞，但我不能跳。我知道，我们面临着战争。在战争中，我们将失去最优秀的青年。"犹太复国主义领袖们都明白，不经过流血冲突他们是不可能真正实现建国目标的，他们为此进行了积极和充分的准备。

当时犹太人方面最主要的军事组织哈加纳共有约4.5万名成员，但真正成军队建制的只有1万人左右，其余都是分散在各定居点和城镇的民兵。哈加纳中战斗力最强的是它的突击队帕尔马赫，大约有3000名成员，其中多数是参加过二战的老兵。除哈加纳外，伊尔贡也有约3000名成员，其中包括数百名莱希成员。犹太办事处进行了军事总动员，对所有男女青壮年都进行了登记，并进行军事训练；同时，还派出人员到国外募捐和采购武器。1948年初，犹太办事处政治部主任果尔达·梅厄夫人（后曾出任以色列总理）前往美国，寻求美国犹太人的支持，最后募集到5000万美元，为巴勒斯坦犹太社团购买、生产军火和装备做出了巨大的贡献。

阿拉伯人方面的军事力量主要是由来自各阿拉伯国家的志愿人员（其中主要来自叙利亚和黎巴嫩）组成的"阿拉伯解放军"，以及巴勒斯坦阿拉伯人自己的一些小股武装，加在一起共有5000至7000人。比较起来，巴勒斯坦阿拉伯人的组织和动员工作远不如犹太人有成效，战斗士气和决心也不及犹太人，因此双方军事实力的差异是很明显的。

从12月开始，犹、阿双方就互相袭击对方的居民区，切断交通线，整个巴勒斯坦陷入一片混乱之中。针对犹太定居点比较分散的特点，阿拉伯武装采取的主要措施是袭击重要的交通线，切断犹太人的粮食、武器供应。耶路撒冷的犹太人一度与其他地区完全失去了联系，处于阿拉伯人的包围之中。犹太武装为打通特拉维夫到耶路撒冷的补给线付出了很大的代价。从1947年底到1948年春的几个月里，阿拉伯人和犹太人双方都有一千多人在冲突中死亡。但总的来说，犹太人在争夺战中占据了明显的优势。到1948年4月，犹太人方面已夺取了犹、阿混居的太巴列、海法、萨费德、雅法等城市，控制了沿海平原地区和一条连接耶路撒冷的走廊，并向分治方案中划给阿拉伯人的地区推进。

1948年2月，各地的英国人被集中到一定的警卫圈内，3月开始撤离巴勒斯坦。在犹阿双方日趋激烈的争夺战中，普通的犹太居民与阿拉伯居民都成了袭击的目标，但双方无论是在现实中还是在心理上却处于完全不同的状况。巴勒斯坦三面都是阿拉伯国家，西面是茫茫大海，犹太人深知他们没有任何退路。况且他们当中本身就有不少人是刚刚逃离欧洲的纳粹大屠杀幸存者，巴勒斯坦是他们唯一的安身立命之地，因此他们唯一的出路就是拿起武器，投入战斗。

而阿拉伯人的情况却不同，他们中大部分人根本没作好战斗的准备，一旦情况危急，他们首先想到的是逃到周围地区以及约旦、叙利亚、黎巴嫩、埃及等阿拉伯邻国去暂时躲避一下，等情况好转再返回来。而且，当时埃及、叙利亚、约旦等阿拉伯国家政府反对分治、出兵进行干预的呼声很高，这也使巴勒斯坦阿拉伯居民相信，他们的"阿拉伯兄弟国家"一定能阻止分治方案的实施，帮助他们重返家园，建立国家。

在这种情况下，犹、阿双方居民的表现就大不一样。越来越多的犹太人投入了保卫家园，扩大地盘的战斗，而阿拉伯人则开始大批向外逃亡。在抢夺地盘的战斗中，伊尔贡等犹太右翼武装有意识地采取了恐吓性的暴力行动，以驱赶更多的阿拉伯平民逃离巴勒斯坦。其中最典型的例子是1948年4月10日伊尔贡武装对耶路撒冷附近戴尔亚辛村的袭击,杀死了250多名阿拉伯村民,其中有很多是老人、妇女和儿童。两天后,阿拉伯武装也进行了报复,伏击了犹太人前往耶路撒冷斯的科普斯山上希伯来大学和哈达萨医院的车队,打死了77名医生、护士和大学生。在这类袭击和暴力活动的威胁下,再加上双方渲染性的宣传报道,恐慌的情绪在阿拉伯人中迅速蔓延,外逃的浪潮加剧了。据估计,在1948年的头四个月里,大约有30万阿拉伯人逃离了家园。到5月初,犹太人实际控制的领土已超过了分治方案所规定的面积。

随着结束委任统治时间的临近,犹太办事处决定英国一撤离立即接管权力,宣告成立新的犹太国家。经过各个党派讨论和协商,于4月初在特拉维夫组成了一个有37名成员的民族委员会,作为最高的临时权力机构,又从中推选出13人组成了一个相当于临时政府的执行机构——民族执行委员会。

4月中旬,民族委员会举行了第一次会议,讨论了建立国家的各种细节,如国家的名称、临时政府、宪法、国旗、国徽等问题。开始时,委员们想以"犹太国"为国名,但后来采用了宗教人士的提议,将新国家定名为"以色列国",因为《圣经·以西结书》中曾说过,犹太与以色列要合一,之后就用"以色列"的称谓。会议还指定了一个5人委员会起草独立宣言。在起草过程中,宣言的一些措辞引起了激烈的争论,世俗主义者不同意在宣言中出现"祈求万能上帝的庇护"等词语,而宗教代表则坚持要写上这类词句。在本-古里安出面干预下,双方都作了让步,并最终达成了一致。

1948年5月14日,英国最后一任驻巴勒斯坦高级专员坎宁安和一批官员登上英国军舰,离开巴勒斯坦启程回国。在巴勒斯坦飘扬了30年的英国国旗降了下来,委任统治正式宣告结束。当天下午,犹太民族委员会在特拉维夫博物馆展览大厅举行了宣布建立国家的仪式。在大厅正面,悬挂着西奥多·赫茨尔的巨幅半身肖像,这位被视为犹太复国主义之父的伟人俯视着会场,旁边是蓝白两色的旗帜,中央绣着大卫王之星。下午4点30分,意大利指挥家莫利格里指挥以色列爱乐乐团,演奏起了国歌《哈蒂克瓦》(《希望》)。

在庄严隆重的气氛中,执委会主席本-古里安宣读了《独立宣言》,

第四章 民族新生——以色列建国

宣告犹太国家——以色列的诞生。随后，到场的25位民族委员会委员依次在《独立宣言》上签名（另有12名成员因在外地无法出席），并跟随拉比作了传统的祈祷。民族委员会被指定为国家的临时议会，执行委员会则成为临时政府，由本-古里安担任临时政府总理兼国防部长。5月16日，国家临时议会选举魏兹曼为议长，后来又推举他担任以色列国首任总统。

以色列建国的消息通过电波传遍了全世界，大部分国家都做出了积极的反应。当消息传到白宫时，杜鲁门总统正在审阅承认以色列的文告，但是拟稿的国务院官员还不知道这个新犹太人国家叫什么名字。当得知这个国家取名"以色列"时，杜鲁门亲自用笔将文告上的"犹太

本-古里安宣读独立宣言

有25位委员签名的
《以色列独立宣言》

国"划去，改为"以色列国"。在本—古里安宣布建国16分钟后，美国白宫新闻秘书查理·罗斯就宣布：美国政府"在事实上承认以色列临时政府"。华盛顿、纽约的一些高楼上很快挂起了以色列国旗。

危地马拉是第二个承认以色列的国家。5月17日，苏联也宣布承认以色列。在随后的一个月里，波兰、乌拉圭、尼加拉瓜、捷克斯洛伐克、南斯拉夫、南非、匈牙利、芬兰、罗马尼亚等国也先后承认了以色列。而英、法等西欧国家则采取了观望态度，直到1949年巴勒斯坦的局势明朗之后才对以色列予以承认。到1949年下半年，全世界共有53个国家承认了以色列国。一年之后，即1949年5月11日，联合国接纳以色列为其第59个会员国。

两千年来，犹太民族因亡国而流散世界各地，不断受到歧视、迫害、驱逐乃至屠杀，但是它并没因此而沉沦、消亡，而是顽强地保持着民族凝聚力，不断为人类文明作出贡献。自1897年第一次犹太复国主义代表大会召开之后，犹太民族经过50年的努力奋斗，终于又在巴勒斯坦建立了自己的国家，初步实现了犹太民族的复兴。犹太复国主义从梦想变成了事实，翻开了犹太民族历史新的一页。

《以色列独立宣言》对此进行了很好的表述：

犹太民族是在以色列的国土上诞生的。它的精神、宗教和政治特征是在这里形成的。它曾在这里自由而独立地生活过，在这里创造了一种具有民族和世界意义的文化，并把一部《圣经》奉献给了世界。

自从被驱逐出以色列的国土之后，流散到各国的犹太人对故国忠心耿耿，始终不渝地希望返回故土和获得自由，他们从未为此停止过祈祷。

……

1947年11月29日，联合国大会通过了一项要求在以色列土地上建立犹太国的决议。大会号召这个地方的居民主动采取一切必要的措施来贯彻这项决议。联合国明确地承认了犹太民族建立自己国家的合法权利，这一点是不容改变的。

正如其他一切民族一样，在自己的主权国家里决定自己的命运，是犹太民族的天然权利。

因此，我们，民族委员会的委员们，代表犹太居民和犹太复国主义组织，今天，即英国结束委任统治的日子，在这里举行会议，并根据我们天然和历史的权利以及联合国大会决议，宣布在以色列土地上建立一个犹太国家——以色列国。

……

以色列国将准予散居各国的犹太人移居入境；将尽全力促进国家的发展以造福于所有的居民；将以以色列先知所梦想的自由、正义与和平的原则为基础；将保证全体公民不分宗教信仰、种族和性别充分享受社会的和政治的平等；将保证宗教信仰、语言、教育和文化的自由；将保护所有的宗教圣地；并将忠实地遵守联合国宪章的各项原则。

……

我们向一切所有的邻邦和它们的人民伸出和平与善邻之手，并请求他们与在自己故乡的、独立的犹太民族合作和互相帮助。以色列国准备对争取整个近东的进步事业做出自己的贡献。

我们号召流散在各国的犹太人帮助我们移民和建设以色列，并同我们一道为实现世代以来的梦想——复兴以色列——而奋斗。

以色列国的建立，对现代犹太人来说，有着双重的重要意义。一方面，它使犹太人有了一个自己的国家，有了一个在危难时可以回归的地方。以色列法律规定，全世界的犹太人都有移居以色列的权利，无论他们生活在何处，只要他们提出要求，以色列总是向他们敞开着大门。另一方面，以色列可以永久地保持犹太民族的特性。当代生活在各国的犹太人面临的最大危险是同化。许多犹太人放弃了犹太宗教，或者与非犹太人通婚，这样，他们的犹太特征便逐渐消失了。一些犹太人对此十分担忧。有了以色列这样一个犹太人国家，即使其他国家的犹太人全都同化了，犹太民族仍将继续存在。

第五章

为生存奋斗

如果说从犹太复国主义运动兴起,到50年后以色列国的诞生是一个奇迹的话,那么,这个新生的犹太人国家能够生存下来,并取得迅速的发展,不能不说是又一个奇迹。确实,建国初期的以色列所面临的形势是极其严峻的:周围阿拉伯邻国的敌视和发动的战争,委任统治结束后留下的一片混乱,巨大的财政经济困难,百废待兴的国家生产建设,初创的政治法律体系,亟待安置的相当于国内人口的新犹太移民,等等。面临如此巨大的困难和挑战,以色列国家和人民在本-古里安等人的领导下,为生存进行了艰苦的努力,也付出了沉重的代价。他们依靠自己的意志和智慧,依靠世界各地犹太人的帮助,同时也较好地利用了当时的国际环境,打赢了大大小小的一场又一场战争,渡过了看起来无法逾越的一个又一个难关,终于为自己赢得了一片生存和发展的空间。

一、独立战争

以色列国宣布成立后的第二天，即1948年5月15日，埃及、外约旦、伊拉克、叙利亚和黎巴嫩五个阿拉伯国家就宣布对以色列发起"圣战"，相继派兵进入巴勒斯坦，第一次中东战争爆发。这次战争也被称为第一次阿一以战争或者巴勒斯坦战争，而以色列人则称其为独立战争，是二战后阿拉伯国家与以色列之间的第一次大规模战争。

其实，早在英国正式结束委任统治和以色列宣布成立之前，战争就已经开始。巴勒斯坦的阿拉伯武装和由叙利亚出面召集、由志愿人员组成的"阿拉伯解放军"，自1947年底以来就一直在同哈加纳等犹太武装进行战斗。但由于以色列建国和各阿拉伯国家正式宣布出兵巴勒斯坦，整个战争的性质便发生了变化，从巴勒斯坦内部犹太人与阿拉伯人的战争，变成了以色列与各阿拉伯国家之间的战争。阿拉伯联盟政治委员会称，这次出兵是临时性的，"无意于占领，在解放巴勒斯坦以后，入境的部队都将撤离，并将巴勒斯坦交给它的合法居民，让他们选择他们所要求的制度"。

战争爆发时，阿拉伯国家在人数、装备上都占有明显的优势。阿拉伯国家出动的总兵力近4万人（其中伊拉克近1万人，埃及8000人，外约旦7500人，叙利亚5000人，黎巴嫩2000人，巴勒斯坦2500人，其他国家志愿人员组成的阿拉伯解放军约5000人），有坦克40余辆，各类飞机约150架，装甲车近200辆；以色列方面共有各类军事人员虽然也将近4万人，但实际上战斗力较强的只有哈加纳的突击队——帕尔马赫，此时约有5000名成员，另外就是伊尔贡和莱希，加在一起约有3000多人，重武器则只有一辆坦克，20多架轻型飞机和两辆装甲车。

阿拉伯"联军"的总司令是外约旦国王阿卜杜拉。但是，除了他自己的阿拉伯军团外,他对"麾下"各国部队的情况一无所知,也指挥不动它们。阿拉伯军团有7500人,是由外约旦的英国警察部队发展起来的,从司令到下面的各级军官都是英国人,清一色的英式装备,是阿拉伯方面战斗力最强的部队。战前阿拉伯国家的参谋长曾在大马士革制订了一个协同作战的计划。根据这一计划,黎巴嫩和叙利亚的军队将在巴勒斯坦北部行动,占领太巴列、萨费德、拿撒勒和阿富拉等地;外约旦的阿拉伯军团和伊拉克军队从加利利南面渡过约旦河后便向西直取海法;埃及军队从巴勒斯坦南部向特拉维夫挺进,最大限度地把犹太人的力量从海法方向吸引过来。然而战争开始后,阿拉伯国家各有打算,缺乏协调,这一计划并未能得到有效的实施。

约旦国王阿卜杜拉在英国军事顾问陪同下检阅阿拉伯军团

战争初期阶段,阿拉伯国家宣称它们发动的是保卫宗教圣地、消灭犹太复国主义、帮助巴勒斯坦阿拉伯兄弟建立国家的"圣战"。由于有备而来和先发制人,再加上军事力量上的优势,阿拉伯方面在战争初期攻势凌厉,掌握着战场上的主动权。埃及军队从南向北,不断推进,很快就逼近了特拉维夫和耶路撒冷;伊拉克军队从中路越过约旦河,一度挺进至距地中海只有十英里的图勒卡姆;外约旦的阿拉伯军团则在英国指挥官的率领下占领了约旦河西岸和耶路撒冷城的大部分地区;叙利亚和黎巴嫩军队从北部进入巴勒斯坦后，也步步向南深入。新生的以色列国面临着巨大的危险。

以色列临时政府组织了顽强的抵抗，几乎所有能参加战斗的人都被动员起来了。战争开始时，犹太武装最突出的问题是军火不足，据说在三万多哈加纳成员中，有步枪的人还不到一半。但本-古里安等犹太领导人早在宣布建国前就已派出人员前往欧洲和美国搜集和采购军火，同时自己也加紧了武器弹药的生产。当时国外犹太同情者为以色列提供了大量的援助，问题并不在于外汇的缺乏，而在于如何采购到所需要的物资并及时地将其运到以色列来。以色列当时已从捷克斯洛伐克等欧洲国家购买到了一批轻重武器。

随着军火的不断补充，以及经过对新移民的军事训练，以色列方面参战的人数逐月增加。更重要的是，以色列人深知他们在这场战争中是没有退路的，一旦失败，他们的国家，甚至整个民族都将面临灭顶之灾，只有背水一战，才能保住新生的国家，维系犹太民族的生存。正是这种"置死地而后生"的处境，使以色列军民保持着极高的战斗士气。尽管许多士兵已连续战斗了五六个月（自1947年底即开始了同巴勒斯坦阿拉伯武装的军事争夺），身体已极度疲惫，但却仍然斗志高昂。

战争的第一阶段从5月16日到6月11日进行了四个星期。在以色列人的殊死抵抗下，南部埃及军队对特拉维夫和耶路撒冷的推进被遏制住了。但在中部地区，以色列军队同精锐的阿拉伯军团展开了激烈的战斗，后来以军被迫放弃了耶路撒冷旧城，在民兵的协助下集中力量据守新城；特拉维夫方面的以军也不惜牺牲，打通了一条增援耶路撒冷新城的山间公路，最后终于保证了在战争结束时耶路撒冷新城仍处于犹太人的控制下。由于北部的加利利是犹太人较早开发的地区，以色列在这一带有不少农业定居点和城镇，防守力量相对较强，伊拉克和叙利亚、黎巴嫩军队只占领了少量定居点和制高点后，攻势就被阻止了。在战争的头四个星期里，以色列死亡的人数将近1200人。由于有从国外运来的重武器和自己增加生产的枪支弹药，加上人员的及时补充，以色列军队的战斗力并没有受到多大削弱。但总的来说，以色列面临的情况仍很危急，本-古里安向以驻联合国代表埃班发出急电，希望美国出面安排停火，以便使以色列"有几个星期的喘息时间来重新组织和装备军队"。

战争爆发后，联合国很快便召开了特别会议，研究调停问题。但由于美、苏、英等大国在政治上的立场不同，直到5月30日各方才达成了一项决议，要求交战双方停火四周，并委派瑞典红十字会会长伯纳多特伯爵担任联合国巴勒斯坦调停人。经过伯纳多特的斡旋，阿以双方同意从6月11日起停火四个星期。

停火期间，阿以双方都抓紧时间进行休整，补充人员、装备和军火。但相比之下，以色列人在此期间的军火和人力补充工作要比阿拉伯人迅速和有效得多，他们利用从世界各地犹太人那里募集到的钱，从捷克斯洛伐克、法国等国购买了飞机、坦克和火炮等重武器；同时加紧了军事人员的征募和训练。由于英国根据联合国决议停止了向阿拉伯国家供应武器，埃及、外约旦等国只有自己到欧洲市场上去采购，获得的武器不仅质量低，而且来得慢。

阿拉伯各国军队士气普遍不高，他们原先没有料到

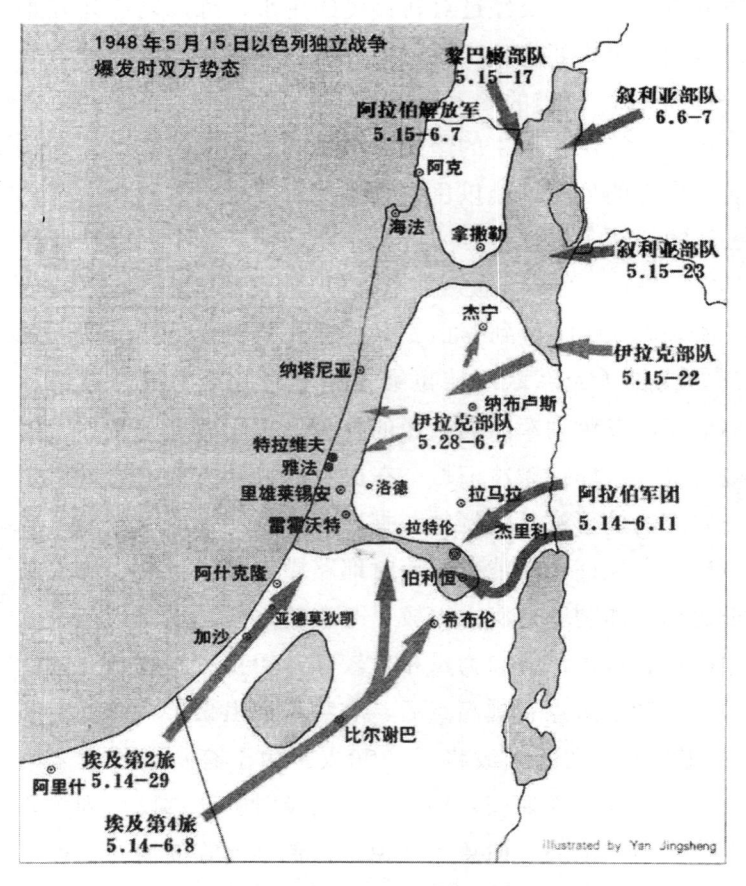

第一次中东战争

会遭到犹太人如此猛烈的抵抗。一些埃及士兵原来甚至没有想到要去打仗，他们以为只是去接管英国人撤走后留下的一片真空地带，可以在那里轻而易举地获得战利品，因此他们的士气根本无法与以色列军队相比。更重要的是，阿拉伯各国领导人在政治上各有自己的打算，在军事上缺乏协调行动。事实上，直到战争爆发的两天前，阿拉伯各国才决定出兵，并推举外约旦国王阿卜杜拉为阿拉伯联军的总司令。各支阿拉伯军队既没有经过训练，也没有联合作战的计划，一些人甚至不知道他们要去干什么。

埃及的法鲁克国王对发动这场战争的态度最为积极，因为此时他刚成为阿拉伯世界的领袖，急于发挥自己的领袖作用。巴勒斯坦阿拉伯领导人、耶路撒冷大穆夫提侯赛尼此时也在开罗，他的目的是依靠法鲁克国王的帮助，在巴勒斯坦建立一个他自己的政府。外约旦国王阿卜杜拉长期以来一直觊觎巴勒斯坦的阿拉伯地区，他想利用这次战争尽可能多地占领巴勒斯坦的土地，建立一个"大约旦王国"，然后再与犹太人妥协讲和。阿卜杜拉的目的显然同法鲁克和侯赛尼是相互冲突的。埃及军队进入巴勒斯坦后，一支部队沿海岸线向特拉维夫挺进，另一支部队则向耶路撒冷靠拢，其目的与其说是增援外约旦军队，还不如说是前来争夺地盘和监视阿卜杜拉的行动。叙利亚的目的也是想抢占地盘，参与对巴勒斯坦的瓜分。而黎巴嫩、伊拉克从一开始对参战就不很热心，它们出兵更多的是服从阿拉伯联盟采取的统一行动。

停火以后，各国之间的矛盾又有了新的发展。阿卜杜拉访问了埃及和沙特阿拉伯，提出让巴勒斯坦阿拉伯区同外约旦合并的计划，但却没有得到埃、沙等国的支持，他便单独采取行动，争取了纳沙希比家族等巴勒斯坦地方势力对合并计划的支持。随着四个星期的结束，各国在是否继续停火的问题上也存在着严重的分歧。

以色列建国后，在军事上仍暂时保持着原先的格局。除了哈加纳外，还有2000多名伊尔贡武装人员，以及极右翼民族主义军事组织莱希的400多名成员。这两支武装都有自己的组织系统和政治纲领，它们都力图保持自己的独立性，不愿受临时政府的控制。但本-古里安认为，为了保证对阿拉伯国家的胜利，必须尽快建立一支统一的国家军队；即使将来国家政权稳固之后，也不再允许有属于政治党派的武装力量。

在本-古里安的坚持下，临时政府于5月26日正式颁布命令组建以色列国防军，这个命令规定进行普遍征兵，禁止除国家军队之外的任何武装组织的存在。但是，由于战争以及伊尔贡和莱希的反对，这个命令并没有能够马上实施。帕尔马赫和伊尔贡都被允许保留一个隶属于总指挥部的临时分指挥部，以协助临时政府逐步收编各自的成员，但要求它们停止私自从国外获得武器和制造武器。然而，一场内部危机加快了以色列国防军组建的步伐。

6月20日，伊尔贡不顾临时政府的禁令，私自用一艘名为"阿尔塔列纳"号的轮船从国外运来了一批武器（5000支步枪和250挺机关枪）和800名志愿人员。本-古里安对伊尔贡公然违抗禁令十分恼火，要求对方投降的命令遭到拒绝后，下令向该船开了火，结果有16名伊尔贡分子被打死，数十人受伤，船只也被烧毁。另外有数十人被逮捕，以贝京为首的其余伊尔贡分子又重新转入地下活动。人们对这次"犹太人的内战"反应非常强烈，纷纷对本-古里安提出指责和抗议，但他不为所动，仍坚持自己的强硬态度。9月17日，几名莱希成员在耶路撒冷郊区暗杀了联合国调停人伯纳多特及其助手，引起了公愤。临时政府发出了最后通牒，要求所有伊尔贡成员在24小时内自行解散，交出武器，以个人身份加入国家军队。伊尔贡被迫接受了这一命令，从此结束了同政府对抗的历史。

10月初，本-古里安发布了取消帕尔马赫指挥部的命令，正式将其改编为国防军前线师。至此，所有的党派武装都被取消，最终完成了以色列国防军的组建。

停火期间，联合国调停人伯纳多特提出了一个解决冲突的新方案，提出将巴勒斯坦与约

被击毁的"阿尔塔列纳"号军火船以及围观群众

旦合并组成阿－犹联邦国家。这个新方案不过是英国和外约旦长期以来追求的目标，因此它立即遭到以、阿双方的反对。7月9日，战斗重新爆发。四个星期的停火使双方的力量对比发生了改变。以色列在补充了军火和兵力后，力量大增，军事人员已达到6万多人。而阿拉伯方面尽管也补充了一些人员和武器，但缺乏协调、各自为阵的情况却依然如故。重开战端后，以色列已开始转守为攻，在几天的时间里便从外约旦军队手中夺取了下加利利的腊姆拉、卢德等地，拓宽了特拉维夫与耶路撒冷之间的走廊，并迫使特拉维夫以南的埃及军队后撤到内格夫地区。到7月18日根据联合国决议第二次停火时，以色列已在10天的战斗中夺得了1000多平方公里的土地。

7月18日到10月15日第二次停火期间，以色列的战斗力得到了更进一步的加强，总兵力已达9万多人，并有了一些飞机和舰艇，还有不少来自美、英、法、加拿大等国的志愿人员，在人数和武器装备上都远远超过了阿拉伯军队。而阿拉伯方面的内讧却进一步加剧。9月20日，埃及宣布以侯赛尼为首的"全巴勒斯坦阿拉伯政府"在加沙成立，外约旦的阿卜杜拉国王立即予以反击，并于10月初在安曼召开了巴勒斯坦人和约旦人代表会议。出席会议的巴勒斯坦代表宣布不承加沙政府，表示要效忠阿卜杜拉国王。1950年4月，外约旦政府正式宣布与它控制下的约旦河西岸地区合并，改名为"约旦哈希姆王国"，阿卜杜拉自称"全巴勒斯坦国王"。此举受到了其他阿拉伯国家的谴责。阿拉伯阵营完全陷入了争吵和分裂之中。

此时尽管战争还在进行，但阿拉伯国家的失败已成定局。

本－古里安等以色列领导人明白，如果仅维持长期停火而不是正式停止战争，不仅在军事上对以色列非常不利，而且在财政上也会给以色列带来灾难性的后果。因此必须争取同有关阿拉伯国家签订正式的停战协议，同时要争取在停战前尽可能多地夺取土地。他们很快就制订了对阿拉伯军队实行各个击破的作战计划。10月15日，以军借口埃及人违反停火协议，在南部发动了针对埃军的"约夫"战役，很快就把埃军逐出了内格夫大部分地区。10月28日，以军又在北部发动了代号为"希拉姆"的军事行动，将受叙、黎支持的"阿拉伯解放军"彻底赶出了上加利利

以色列史话

以军在最南端的埃拉特升起国旗

地区。与此同时，以色列与外约旦已达成了一项默契，双方保证在耶路撒冷停火。12月22日，以军又在南部发动向埃军的进攻，迅速向南穿越内格夫沙漠，把埃军残部赶入狭窄的加沙地带，并越过边界进入西奈半岛。

以色列在战场上的胜利，迫使埃及同意停战并与以色列进行谈判。在联合国新调解人本奇博士的主持下，双方于1949年2月24日在罗得岛达成了停战协定，划定了停火线。随后，黎巴嫩（3月28日）、约旦（4月3日）、叙利亚（7月20日）也分别同以色列签订了停战协定。伊拉克虽然拒绝参加谈判，但表示接受约以协定。这样，持续了大约一年时间的第一次以—阿战争以阿拉伯国家的失败和以色列的胜利而告结束。

在此次战争中，以色列付出的代价是极为沉重的：共死亡6000人（其中包括近2000名平民），受伤15000人。当时以色列的人口为65万，也就是说差不多每100个人中就有一个人阵亡，每40个人中就有一人受伤。阿拉伯方面的伤亡人数更多，阵亡15000人，受伤25000人。战争结束时，以色列控制下的土地为20,850平方公里，比原来联合国分治决议规定的面积多出了6,000多平方

· 146 ·

公里，占整个巴勒斯坦面积的80%。巴勒斯坦的其余地区分别被约旦和埃及占领，其中约旦河西岸被约旦兼并，加沙则在埃及的控制下，而联合国分治决议中规定的巴勒斯坦阿拉伯国却没有建立起来。

据联合国统计的数字，大约有65万的巴勒斯坦阿拉伯人逃离了以色列占领地区，作为难民流落在约旦河西岸、加沙地带以及约旦、埃及、叙利亚、黎巴嫩和伊拉克等国家。具体分布情况是：在约旦控制下的巴勒斯坦阿拉伯部分（即约旦河西岸）有25万人，埃及控制下的加沙地带有14万人，黎巴嫩有10万人，叙利亚8万人，约旦6万人，埃及7000人，伊拉克5000人。

二、移民潮与《回归法》

以色列建国时，国内的犹太人口大约为65万，这些人中，60%是犹太复国主义运动兴起后50年来从国外来的移民，40%是他们出生在巴勒斯坦的后代。以色列《独立宣言》称，"这个犹太国家将对所有犹太人敞开大门"。建国后，临时政府颁布的第一项法令就是废除英国1939年《白皮书》对犹太人移居巴勒斯坦的限制。大门敞开后，以色列立即迎来了一个前所未有的移民高潮。

以色列在建国初期吸收的移民主要是两大类：一类是来自欧洲的纳粹大屠杀幸存者，另一类是来自阿拉伯国家的难民。

以色列独立后，立即采取措施将那些幸存的欧洲犹太人迁入以色列。这些人有不少是纳粹还未来得及杀害的集中营里的幸存者，有的是侥幸躲过纳粹搜捕，隐瞒自己犹太身份的藏匿者，他们对希特勒灭绝种族的大屠杀记忆犹新，现在都迫不及待地要离开噩梦般的欧洲。还有一些则是因为战争已毁掉了他们的一切，已很难再继续留在原来的国家生活下去了。除了难民营里的幸存者外，共有来自波兰的10万人和罗马尼

亚的2万人,捷克斯洛伐克和匈牙利的近万人,以及人数近4万人的整个保加利亚犹太社团。在战后的一段时间里,东欧各国都还没有关死犹太人外移的大门,这些犹太人趁机纷纷向以色列移居。到1951年底,大约有32万多来自欧洲的犹太移民来到以色列。

另外的一大批新来者是来自阿拉伯国家的犹太移民。到20世纪初,居住在中东各阿拉伯和伊斯兰国家的犹太人有100多万,他们大都生活在一些很古老的社团里,有的已有上千年历史。

一批纳粹集中营的幸存者到达以色列海法

由于1948年以—阿战争的爆发,一些阿拉伯国家政府便开始不同程度地对其国内的犹太人采取怀疑、敌视、迫害和驱赶的政策。如伊拉克便强迫犹太人出境,并没收他们的财产。有的国家虽然没有公开驱赶犹太人,但普遍的敌视和迫害,使得犹太人感到难以在他们祖祖辈辈生活了许多世纪的地方再继续生活下去,开始集体向以色列逃亡。

一方面出于"流亡者聚集"的复国主义理想,要使以色列成为全世界犹太人的民族家园,另一方面更重要的是维持新国家生存和发展的需要,因为无论是同阿拉伯人的战争,还是随之而来的经济建设,都需要大量的人力资源,因此,以色列政府竭尽全力协助阿拉伯国家犹太人集体移居以色列。这其中最著名的是代号分别为"神毯行动"和"以斯拉—尼希米行动"的大规模空运,把也门和伊拉克的犹太人全部接送到以色列。

也门当时大约有近5万犹太人。这是一个古老的犹太社团,在也门

第五章 为生存奋斗

至少已存在了一千多年。以色列建国后，也门政府虽然没有强行驱逐这些犹太人，但采取了一些促使他们离去的措施。而许多也门犹太人则相信，他们的祖先当初之所以离开了圣地巴勒斯坦，是上帝对他们罪过的一种惩罚。现在以色列国的成立，是上帝宽恕他们的迹象，因此他们应该返回圣地去。以色列政府也派出了一些特工人员前往也门帮助这些犹太人移居。1949年底，也门的几乎全部犹太人或徒步或骑骡马，扶老携幼，越过南阿拉伯半岛的山脉地带，在犹太人协会人员的指挥下，陆续集中到了沿海的英国亚丁殖民地。

然后，以色列政府组织了一个非常周密的、代号为"神毯"的空运行动，用飞机把这批近5万名犹太人全部运送到了以色列。整个"神毯"行动历时一年半，以色列空军出动了许多架次飞机前往也门接运犹太人。犹太人协会派出工作人员在亚丁建立了一个取名为"复兴"的临时营地，让这些等待空运的犹太人暂时居住。尽管这些生活在也门内地的犹太人从未听说过，更未见过飞机，但他们相信，这是上帝早已做好的安排。他们引用《圣经》中上帝对他们古代的祖先离开埃及时说的话来证明这一点："看我如鹰将你们背在翅膀上，带来归我。"（见《圣经·出埃及记》19:4）

到第二次世界大战后，伊拉克共有13万多犹太人。这个犹太社团的历史更古老，可以追溯到公元前586年的"巴比伦之囚"。以色列建国后，伊拉克政府先是禁止犹太人离境，但1950年又改变了政

也门犹太人长途跋涉集中到亚丁，再由以色列组织"神毯行动"空运到以色列

· 149 ·

策，允许犹太人离开，条件是不得带走他们的财产。于是，几乎所有的伊拉克犹太人都选择了移居以色列。以色列的犹太人协会出面来组织运送这些犹太人。在代号为"以斯拉－尼希米行动"的空运行动中，以色列海、陆、空军相互配合，把十多万伊拉克犹太人先运到塞浦路斯，然后再用轮船或飞机分批把他们运到以色列。以斯拉和尼希米是古代的两位犹太人先知，当巴比伦之囚结束后，是他们二人最早率领犹太人返回圣地巴勒斯坦。此次行动用这两位先知的名字命名，也含有犹太人再次结束巴比伦之囚，重返家园的意思。"以斯拉－尼希米行动"结束后，伊拉克剩下的犹太人已不到8000人。

除了伊拉克和也门的犹太社团外，北非的埃及、利比亚、摩洛哥、阿尔及利亚等国以及土耳其、伊朗等伊斯兰国家的大部分犹太人，都在这一时期作为难民来到以色列。在不到三年的时间里，大约有近33万来自阿拉伯和伊斯兰国家的犹太移民涌入了以色列，其规模与来自欧洲的移民差不多。而这一部分人口来源是以色列原先没有预料到的。

除了以上两大来源外，还有大约两万人来自世界其他地区，其中包括约4000名来自中国上海的犹太人。这次移民潮从1948年5月一直持续到1951年底，在三年半的时间里，以色列共接受了大约68万新移民，这一数字超过了建国时以色列本土的人口，使以色列的人口总数达到了130万。

当时以色列政府中不少人对不加限制的移民感到担心，他们认为一个只有60多万人口的新国家是没有能力吸收和安置每年数十万新移民的，这将会导致这个国家的崩溃。有人建议对移民实行某种年度限额。然而，本-古里安却力排众议，坚持敞开国门接纳移民。在他的推动下，以色列不但没有关上大门，而且还主动派人前往有关国家协助犹太人移居。如1949年底，在以色列特工人员的安排下，也门的近5万名犹太人扶老携幼，翻山越岭，集中到沿海的英国亚丁殖民地，然后由以色列组织代号为"神毯"空运行动，将他们全部运送到以色列。1950年，以色列海陆空军相互配合，将12万伊拉克犹太人经塞浦路斯用轮船接到以色列。土耳其3万多犹太人的移居也得到了犹太办事处的大力协助。

第五章 为生存奋斗

对于以色列这样一个初创的国家，在一无所有的情况下，一方面要为生存而坚持战争，一方面又要敞开大门，接纳并安置超过本国人口的外来移民，这种困难的艰巨程度是可想而知的。潮水般的新移民涌入后，以色列政府面临的最紧迫的问题就是要解决他们的住房和吃饭问题。在大规模移民的头一两年里，移民们被安置在阿拉伯人逃亡后留下的房屋或者英国军队遗弃的兵营里。到后来，以政府和犹太办事处在全国各地建立了一些移民安置中心，搭起了许多临时性的帐篷和铁皮小屋。有一个阶段，约20万人住在帐篷里，有时两家人共用一个帐篷，加上缺乏食物、衣物、药品，生活条件极为艰苦。以色列政府试图通过控制物价和实行物资配给制度来渡过这一段艰难时期，但仍然出现了物品奇缺、黑市猖獗的情况。新移民们在安置中心靠救济生活一段时间后，便开始找工作自食其力，解决永久性住房并融入以色列社会。

到1949年下半年，随着战争的结束，海外犹太人的资助逐渐减少，以色列经济处于严重的危机状态。政府采取了严厉的紧缩政策并将货币贬值，但由于移民不断涌入，经济情况继续恶化，不断的通货膨胀使许多人对以色列货币失去了信心。直到1950年英国同意以色列动用被冻结的资金和1951年从美国进出口银行获得一亿美元的贷款之后，情况才逐渐好转。到1952年初移民浪潮消退之后，政府才开始得以采取措施，实施一些稳定经济的新政策。

许多新移民来到后只能住在临时搭建的帐篷里

1950年7月5日，以色列议会通过了一项《回归法》，这是一种以法律形式来表达犹太复国主义精神和理想的措施。正如其名称所表示的那样，《回归法》将生活在以色列之外的犹太人定位为仍在"流散中"，把他们移居以色列表述为"回归自己的祖国"。按犹太复国主义理论，《回归法》表明了这样一个事实：它结束了犹太人"无家可归"的状态。

《回归法》规定，每个犹太人都有移居以色列的权利，只要他（或者她）表达了到以色列定居的愿望，就可获得移民签证。也就是说，一个犹太人，无论他是哪个国家的公民，无论他生活在什么地方，也无论他是否是犹太复国主义者，都有权利向以色列当局提出移居以色列的要求，而除了能证明他从事反对犹太人民的活动或者有可能危害公共卫生或者安全外，以色列方面无权拒绝他的要求。此后，以色列吸引和协助国外犹太人前来定居，其基本的法律根据就是《回归法》。但是，《回归法》却没有给出一个明确的关于"谁是犹太人"的界定，这就给此项法律的实施带来了一些麻烦，这一问题直到60年代才最终得以解决。

1952年4月1日，第二届议会通过了《国籍法》，不但扩大了《回归法》的影响，也使其实施更为方便。按照《国籍法》，每个回归的犹太移民都将自动获得以色列公民身份，除非他声明表示不愿接受以色列公民身份，但放弃这种公民身份并不损害他的回归移居权。这样，对于世界各国犹太人来说，他们可以有两个祖国，一是他们所居住的国家，另一个就是以色列。但实际上，除美国、荷兰等少数国家外，世界上多数国家都不允许犹太人拥有双重国籍。如果国外犹太人不愿放弃原国籍和加入以色列国籍，他们也可根据《回归法》在以色列长期居住。

《独立宣言》明确宣布，以色列是一个犹太人国家，但同时又称将"保证全体公民不分宗教信仰、种族和性别享受社会和政治平等"。战争结束时，在以色列控制的边界内约有15.6万阿拉伯人，主要集中在北部的加利利、海法、阿克和雅法、耶路撒冷，南部的内格夫等地也有一些阿拉伯村镇。这些阿拉伯人大部分是穆斯林，也有不少是基督教徒。由于出生率较高，在随后的十年里，他们的人口数量便翻了近一番。如何处理这些阿拉伯人的身份和地位，也是人们早期关注的问题。

建国后的头几年，由于忙于战争、移民安置和经济恢复等事务，以色列政府一直没有对境内阿拉伯人的法律地位作出明确规定，而是沿用过去英国委任统治当局的做法，设立了一个军事管制机构来对他们进行管理和统治。直到1952年4月以色列议会通过的《国籍法》，才明确了阿拉伯人作为少数民族的法律地位，并使他们获得了公民权。《国籍法》规定，只要在以色列建国前是巴勒斯坦居民，并于1952年7月14日事实上居住在以色列国内的阿拉伯人，就能取得以色列公民权。阿拉伯社团在宗教、婚姻、教育、文化等内部事务方面实行自治，同周围的犹太人社团基本上处于互不来往的状态。尽管法律规定阿拉伯公民享有与犹太人同样的权利，但事实却并非如此。由于受军事管制当局管理，当局往往以安全为由，对阿拉伯人的政治和社会的权利随意加以限制。例如，他们不能随意搬迁，集会、言论和出版自由受到限制。

三、苏伊士运河战争

以色列虽然在第一次中东战争中取得了胜利，但从此也处在了四周阿拉伯国家深刻的敌意之中。正如原帕尔马赫的司令伊加尔·阿隆说："以色列赢得了战争，失去了和平。"20世纪50年代是阿拉伯民族主义运动高涨的时期，不少阿拉伯国家都通过革命或政变建立了军人政权，而每一个上台的新政权为了争取民众的支持，都把消灭以色列、解放巴勒斯坦作为其首要的政治目标之一。随着时间的推移，各阿拉伯国家对以色列的仇恨情绪变得越来越强烈。

以色列面积狭长，没有天然的防御屏障，很容易被从中切为两段。从距离上看，除内格夫沙漠腹地外，以色列所有的城镇离阿拉伯边界都不超过30公里，从约旦河西岸到地中海最狭窄处还不到15公里，根本没有战略纵深可言。从人口数量来看，以色列同周围阿拉伯国家的人数之比是1:40，常备军人数的比例是1:8。这些情况自然使以色列对其安全问题格外关注。无论官方还是民众，都认为安全对于国家和民族来说，是意味着生存还是死亡的问题。也有不少犹太复国主义极端分子认为，对付阿拉伯人最有效的手段就是武力，主张用实力来说话。这种态度反过来又进一步刺激了阿拉伯国家的敌意。

50年代前期，以－阿之间在两个问题上的斗争尤为激烈，一个是耶路撒冷的地位问题，另一个是巴勒斯坦难民问题。

在本-古里安等人的推动下，以色列议会于1949年12月13日通过决议，宣布耶路撒冷为这个犹太国家的首都，并决定将政府迁到耶路撒冷。1950年初，除国防部和外交部以外的政府各部都迁到了耶路撒冷。而此时联合国大会刚好通过了关于重申耶路撒冷国际化的决议，以色列这一公然蔑视联合国的行动遭到了包括美、英在内的世界上许多国家的反对，在阿拉伯世界更是激起了广泛的愤怒。但是国际社会却没有采取任何实际行动。受此鼓励，外约旦国王阿卜杜拉也在1950年4月宣布正式将约旦河西岸和耶路撒冷旧城并入其版图，国名改为"约旦哈希姆王国"。阿卜杜拉也受到了阿拉伯各国的纷纷谴责，他本人也于1951年7月在耶路撒冷遭一名阿拉伯人刺杀身亡。

战争前和战争期间，大约有65万阿拉伯人逃离了巴勒斯坦，成为滞留在周围阿拉伯国家的难民。在美国的压力下，以色列政府曾一度表示愿意先让10万难民返回家园，作为全面

以色列建国后，大批阿拉伯居民逃离家园

解决冲突的步骤之一。但以色列公众却强烈反对这一让步，认为让阿拉伯难民返回将会危及他们的安全和国家的生存，于是以色列政府又撤回了这个提案。随着大批犹太难民涌入以色列，阿拉伯人原来的房屋和土地都被新犹太移民所占用，以色列也就放弃了让阿拉伯难民重返家园的计划，而提出将他们安置在阿拉伯国家，由以色列向他们作出经济赔偿的建议。当1950－1951年伊拉克等阿拉伯国家也针锋相对地驱逐了它们国内的犹太人之后，以色列就更有理由不让巴勒斯坦阿拉伯人返回了。难民问题成了以、阿斗争的焦点之一。

由于阿拉伯国家在战争中失败，一些国家的内部矛盾激化，政局动荡。在一个时期里，各国虽然在宣传上都表示最终将消灭以色列，但并没有制订出具体的行动计划。但是，阿拉伯联盟发起的经济封锁，却确实加剧了以色列的经济困难。阿拉伯各国不仅完全断绝了同巴勒斯坦的经济联系，而且尽量阻止第三方同以色列来往。埃及不允许任何船只通过苏伊士运河和亚喀巴湾前往以色列，这样进出以色列的船只能绕过非洲大陆、横穿地中海，需要高得多的运费。

周边阿拉伯各国同以色列敌对的另一种形式是持续不断的边境冲突。停战协定签订后，由双方代表和联合国观察员组成了四个混合停战委员会（MAC），分别对以色列同叙、黎、约、埃之间的停火进行监督。但不久后，由于破坏停火的事件防不胜防，边境冲突频繁发生，停战委员会除了记录冲突次数外完全失去了作用。最早发生冲突的是以－叙边境。由于以色列在靠近边界的胡拉沼泽实施排水造田工程，引起两国关系紧张，继而在1951年爆发了激烈的军事冲突，双方都越过边界袭击对方。

以－约边界曲折漫长，加上约旦境内有大量巴勒斯坦难民，因此是冲突发生最频繁的地段。不断有一些巴勒斯坦武装人员越过停火线进入以色列控制区域实施破坏或袭击行动，约旦政府对此既不想约束也无能为力，以色列则采取针锋相对的报复性还击。1953年10月，在遭到一系列越境袭击之后，以色列派出的一支部队在报复行动中杀死了约旦50多名平民，几乎摧毁了边境上的整个基比亚村，引起国际社会的一片谴责之声。从1949年6月到1954年10月，以色列指责约旦破坏停火协议1612

次，约旦也指责以色列破坏停火协议1348次。混合停战委员会证实，以色列方面有124人，约旦方面有256人在冲突中死亡。

从1954年起，边界冲突的焦点逐渐转到了埃及与以色列的停火前线加沙地带。在这里，除了一般的违反停火事件外，更多的是越界袭击—报复—反报复的恶性循环。与约旦河西岸一样，加沙地带也有大量的巴勒斯坦难民，他们的生活条件更加拥挤恶劣。纳赛尔政府在他们中组织了一些游击队（费达因），不时深入以色列内地开展袭击和破坏活动，尤其是对内格夫北部一些犹太人定居点的袭击，造成了许多平民的伤亡。据以色列驻联合国代表埃班称，1949—1956年间共有1300多以色列人在阿拉伯人的袭击中伤亡，其中三分之二是平民。伤亡人数的激增，使以色列公众的情绪变得非常激烈。也正是在这种情绪的支持下，一度下野的强硬派本-古里安1955年2月重新上台执政。以色列对阿拉伯人的袭击采取了多次猛烈的报复行动，其中包括一次深入加沙内地摧毁埃及陆军司令部的行动，打死打伤埃军60多人。

冷战开始后不久，以色列便选择了站在以美国为首的西方一边。以色列领导人不仅在意识形态上同西方有一种天然的亲近感，而且他们认识到以色列必须依靠盟友的支持才能维持生存，而强大的美国是以色列应该选择的主要盟友。同时，以色列也在积极修补它同英国的传统关系。1950年，美国发起组织旨在阻止苏联势力进入中东地区的"中东防卫司令部"，以色列表示愿意参加这一组织，这一态度立即招致了苏联的不满。1953年初，苏联国内发生了所谓"犹太医生谋害斯大林"案件，引起了以色列民众的愤怒，一些抗议者冲击了苏联使馆，导致两国一度断绝了外交关系。加上后来苏联公开支持阿拉伯民族主义运动，并向埃及提供武器，以—苏关系便彻底恶化了。

1952年埃及革命后，以纳赛尔为首的民族主义者加快了从英国人手中收回苏伊士运河的步伐。经过长期谈判，英国被迫于1956年6月完全从埃及撤出了其军队，但仍在经济上控制着运河。1956年7月26日，纳赛尔宣布将苏伊士运河收归国有，此举使英国和法国在政治和经济上受到了沉重打击。在经济制裁、政治和外交压力都未能使埃及屈服的情况下，英、法便决心采用战争手段来恢复它们对苏伊士运河的控制，力图挽回

第五章 为生存奋斗

它们在中东地区正在消失的影响。

英军撤离苏伊士运河在以色列也引起了恐慌,普遍的担心是英军撤走后就少了一道隔离埃及的屏障。使本-古里安更为不安的是,自1955年秋开始埃及与苏联迅速接近,并从苏联集团获得了包括飞机和坦克在内的大量武器,而以色列试图从美国获得武器的努力却未成功,因为此时美国正在拉埃及加入它策划的"巴格达条约"组织。于是本-古里安认为,以色列有必要对埃及发动一次有效的打击,目的有二:一是制止加沙地带愈演愈烈的越境骚扰;二是有效地削弱埃及的实力,以免它装备了新武器之后对以色列构成威胁。苏伊士运河危机使以色列与英、法走到了一起。

在策划打击埃及的战争中,法国首先提出与以色列联合作战的计划。英国因为希望保持同伊拉克、约旦等阿拉伯国家的友好关系,对同以色列合作开始还有些犹豫,但后来还是决定利用以色列的力量打击纳赛尔。1956年10月24日,以色列同英、法领导人就联合入侵埃及达成了最后协议。

10月29日,以色列向埃及发起了突然袭击,苏伊士运河战争(亦称第二次中东战争,以色列则称之为西奈战争)爆发。以军空降兵降落在苏伊士运河以东65公里的米特拉山口,同时出动4.5万兵力,分四路越过边界进入西奈半岛南部,经过激烈的交战后,占领了半岛大部分地区。10月30日,英、法发出了早已准备好的最后通牒,要求以、埃双方立即停火并从运河各后撤10公里。以色列按照事先策划好的方案,接受了通牒,而埃及则表示拒绝接受这个通牒。31日,英、法出动了200多架飞机和100多艘军舰,开始对亚历山大、开罗进行轰炸,埃及空军遭到严重打击。11月5日,英、法两万多海军陆战队在塞得港登陆,埃及军队进行了顽强抵抗,炸沉了运河中的船只,以封锁运河。以色列军队趁机占领了整个西奈半岛,埃军损失严重。

11月2日下午和晚上,联合国安理会连续举行紧急会议,讨论停火问题。参加会议的多数国家都同情和支持埃及,谴责英、法、以的军事行动。第二天,大会以64票赞成、5票反对、6票弃权通过了997号决议,要求各方立即停火,将军队撤回停战线后,并采取措施使苏伊士运河恢复通航。在美、苏的强大压力下，以色列和英、法于5日和6日先后宣布接受停火。联合国紧急部队从11月6日开始陆续分批进驻塞得港和运河区。

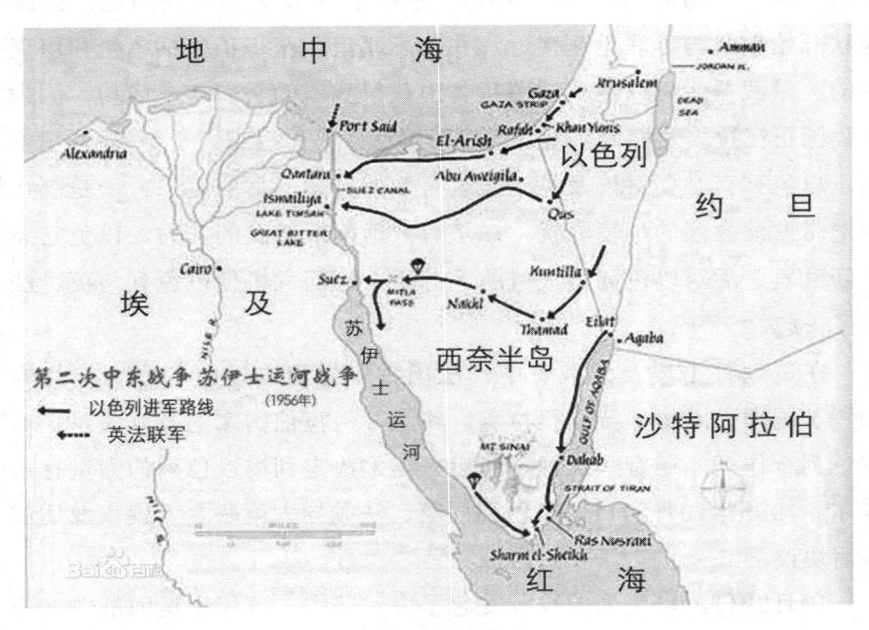

苏伊士运河战争

苏伊士运河战争从10月29日到11月6日，共持续了八天。以色列和英、法参战兵力共约6万人，出动了约600架飞机和400辆坦克。埃及的参战人数约为15万，动用了250架飞机和530辆坦克。结果埃及共阵亡1600人，受伤4500人，被俘和失踪6100人，以色列死亡189人，受伤899人，英、法一共只伤亡了150人。

埃及虽然在军事、经济上遭到巨大损失，但在政治上却算赢得了胜利，得到了世界上多数国家的同情和支持，政治影响大增，成功地收回苏伊士运河，成为了阿拉伯民族主义运动的中心。而英、法却在政治上遭到惨败，此次战争后便彻底退出了中东，由美、苏取而代之。以色列虽然也因发动战争而遭到国际社会的指责，并在战后退出了占领的西奈地区，但它基本上达到了参加战争的目的：从军事上打击了埃及，摧毁了大量埃及的苏制武器，并在以、埃之间建立起了一道由联合国部队隔离开来的缓冲地带，使以、埃边界保持了10年的相对平静，从而保证了国内政治和经济得以稳定的发展。

四、"六天战争"

苏伊士运河战争后，以色列和阿拉伯国家仍处于严重的敌对中，双方都在积极扩军备战。埃及等阿拉伯国家把消灭以色列、解放巴勒斯坦作为自己的责任。但总的来说，在1956—1966年的十年间，以色列和阿拉伯国家之间处于一种相对平静的状态。

以色列建国后的前10多年里，本-古里安和他领导的工党因成功地创建了国家的基本体制并领导了两次以阿战争，在人民中具有崇高的威望。1963年6月，在培养和提拔了达扬、埃班、佩雷斯等一批少壮派之后，本-古里安宣布正式退休，到内格夫北部的斯德·博克基布兹当了一名普通成员，直到1973年12月去世。进入60年代以后，由贝京领导的自由运动和其他中间势力联合组成了强大的反对派加哈尔集团，以色列政坛出现了工党联盟与加哈尔集团相互竞争的两极局面。

1964年5月，在阿拉伯国家联盟支持下，巴勒斯坦各界代表在耶路撒冷旧城召开了第一届巴勒斯坦全国委员会会议，宣布建立巴勒斯坦解放组织（PLO），总部设在约旦安曼。阿拉伯国家首脑会议决定，阿拉伯各国要向巴解组织提供财政援助。巴解组织在其宪章中明确宣布要用武装斗争"在巴勒斯坦的土地上消灭犹太复国主义"，其战斗口号是"消灭以色列，把犹太人赶入大海里"。此后的几年里，巴解力量迅速壮大，以阿拉伯前线国家为基地，不断进入以色列境内进行骚扰和袭击活动。巴解游击队的活动，对以色列的安全构成了极大威胁。另外，1964年夏完成的以色列全国引水工程，也在阿拉伯世界引起了一片抗议声，并导致了以—叙边界的直接军事冲突。从1965年起，阿以边境紧张局势不断加剧,冲突日渐升级。

针对不断升级的边境骚扰,以色列政府决定采取报复性和恫吓性打击。1966年11月,以色列军队以清剿巴勒斯坦武装基地为名,越境袭击了约旦河西岸的萨木村,并伏击了前来增援的约旦军队,共打死打伤约方150余人。1967年春,以色列同叙利亚之间的军事冲突也日趋频繁。4月7日,因以色列在以叙边界非军事区开垦有争议的土地,引起双方大规模空战,六架叙利亚米格飞机被击落。阿—以冲突的激化,加上美、苏各支持一方,中东紧张局势逐步升级。

以叙空战以后,全面战争爆发的迹象日益明显。埃及等阿拉伯国家利用各种宣传工具制造舆论,纳赛尔称"将发动一场消灭以色列的战争"。1967年5月12日,苏联向埃及、叙利亚提供了以色列正在向北部集结兵力,有可能向叙利亚发动进攻的情报。为了加强威慑力量,纳赛尔决定向西奈半岛增兵2个师,并宣布全国进入紧急状态。两天后,叙利亚也宣布其军队已作了总动员。

接下来,埃及政府要求撤走部分驻扎在埃—以停火线的联合国紧急部队。联合国秘书长吴丹回答说,如果埃及坚持要求联合国部队撤走的话,那么联合国部队将全面撤离加沙和西奈半岛,而不是部分撤离。于是,5月18日,纳赛尔通知联合国,要求联合国紧急部队完全撤走。同时,埃及军队三个师开进西奈,接管了包括加沙地带和扼守亚喀巴湾蒂朗海峡的沙姆沙伊赫在内的联合国部队防区。在一些阿拉伯国家的要求下,纳赛尔22日又宣布关闭蒂朗海峡,封锁亚喀巴湾,禁止以色列船只和为以色列运送战略物资的外国船只通行。伊拉克、科威特、沙特阿拉伯和黎巴嫩等国

埃及总统纳赛尔与埃空军飞行员在一起(1967年)

第五章 为生存奋斗

也纷纷进行军事动员。约旦与埃及签订了双边防御协定，将约旦军队归埃及指挥；伊拉克军队进入了约旦；叙利亚与伊拉克也签订了双边军事合作协定。一时间，中东上空战争乌云密布。

亚喀巴湾和蒂朗海峡是以色列南部唯一的出海通道和重要的贸易港口。5月23日，以色列总理艾希科尔发表声明，称埃及封锁亚喀巴湾是"对以色列的侵略"。随后，以色列也进行了全面战争动员。以色列称将采取一切必要行动，打通亚喀巴湾，并要求联合国和一些大国对埃及施加压力，保证亚喀巴湾自由通航。5月29日，联合国安理会就中东局势进行讨论。以、阿代表互相指责；美国要求苏联帮助解除对亚喀巴湾的封锁，而苏联则要求美国第6舰队首先撤出地中海。经过辩论，安理会31日通过一项决议，要求有关各方"特别克制"，继续进行外交努力。

在严峻的形势面前，以总理艾希科尔仍希望通过外交途径解决危机，他优柔寡断的表现，招致了公众的普遍不满。国内的主战派认为，各种迹象表明战争已不可避免，与其坐以待毙，不如先发制人。在舆论压力下，6月1日，工党决定邀请反对派加哈尔集团参加内阁，其领袖贝京出任不管部长，从而放弃了本-古里安长期以来坚持的"不要共产党，也不要自由运动"的原则；同时还迫使艾希科尔放弃了他兼任的国防部长一职，邀请西奈战争英雄、主战派人士达扬入阁任国防部长，组成民族团结政府，从而完成了战争准备。而纳赛尔等阿拉伯领导人只看到艾希科尔犹豫不决的一面，却低估了以色列潜在的实力和反应能力，因此尽管他们口头上的战争声音叫得很响，实际上却没有真正做好战争的准备。6月4日，以色列内阁批准了由达扬和总参谋长拉宾拟定的军事计划，并决定先发制人，主动开战。

此时，以色列总兵力为25万人（其中常备军5万，预备役20万），作战飞机286架，坦克和装甲车2500辆，火炮750门，导弹50枚；埃及、叙利亚和约旦三国的总兵力则为32.8万人，作战飞机576架，坦克和装甲车4183辆，火炮3246门，导弹160枚。从兵力和武器装备的数量来看，阿拉伯国家对以色列占有明显的优势。以色列国小人少，无法维持持久的消耗战，只能靠速战取胜。因此，以色列的战略思想是采取先发制人的突然袭击，首先集中优势兵力打击主要敌人——埃及，然后各个击破阿拉伯国家军队，避免多线作战。

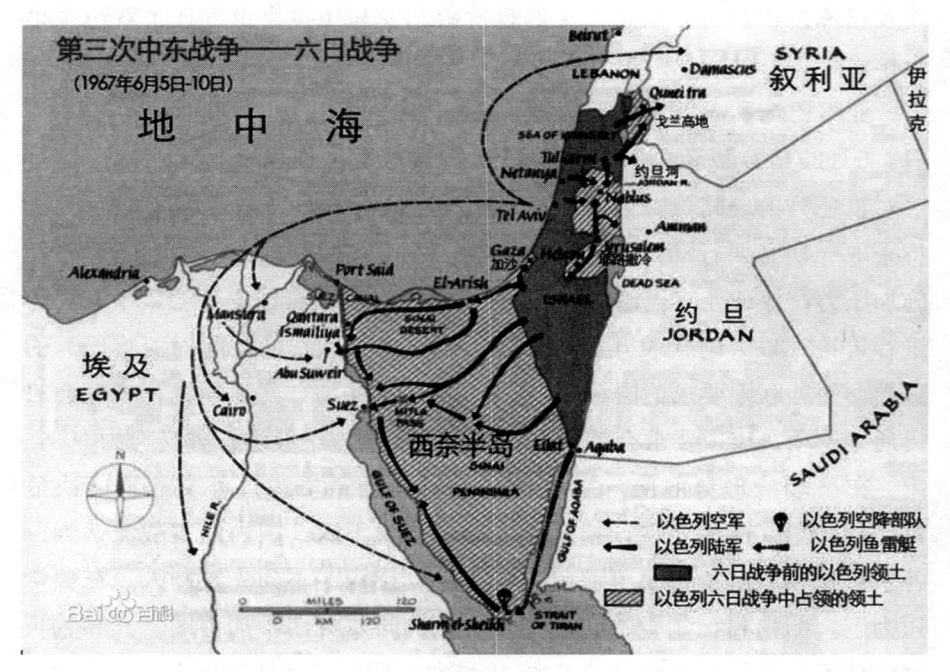

第三次中东战争

6月5日清晨，以色列空军以迅雷不及掩耳之势突然袭击埃及、叙利亚和约旦的空军基地以及导弹、雷达通讯等军事设施。在短短的3个小时内，埃及空军遭到毁灭性打击，300余架飞机还来不及起飞就被炸毁。以色列在完全取得了制空权后，出动地面部队分北、中、南三路进攻西奈半岛。经过两天的激战，以军突进了苏伊士运河东岸地区，并占领了西奈半岛西部海岸线；同时伞兵空降到沙姆沙伊赫，在海军配合下打通了亚喀巴湾。6月8日，整个西奈半岛落入以军控制。当晚，埃及和以色列接受了联合国安理会的停火决议。

战争的第二战场在约旦河西岸。以色列6月5日晨空袭埃及后，为了避免多条战线同时作战，决定先稳住约旦。以方通过联合国停火监督委员会向约旦国王侯赛因表示，只要约旦不首先发动进攻，以军就不会进攻西岸地区。然而，根据同埃及订立的防御协定，约旦在战前就已将军队指挥权交给了埃及。当天上午，约旦按埃及的要求向以色列发起了攻击。以色列先是空袭了约旦的空军基地，随后也向约旦河西岸发起了地面进攻。6月7日上午，以军坦克突破约军的防线，攻入耶路撒冷旧城。经过激烈的战斗，到7日傍晚，以军占领了东耶路撒冷和整个约旦河西岸。当晚8点，约旦和以色列双方宣布接受联合国停火决议。以军在约旦河西岸伤亡近3000人，是整个战争中损失最大的一条战线。

第一次阿—以战争结束时，耶路撒冷被分割成了东西两半，东边的旧城被约旦占领，西边的新城在以色列的控制下。以色列议会1949年曾宣布耶路撒冷为国家的首都，但并没有得到国际的普遍承认。而且由于这里处于军事对峙前沿，以色列国家的政治、经济、文化中心实际上是在特拉维夫。

耶路撒冷的分裂已持续了19年，以色列人决定结束这种状况。在夺取东耶路撒冷的战斗中，以军付出了很大的代价。耶路撒冷旧城在历史上与犹太教和犹太人有着密切关系，因此对于许多以色列人来说，夺取该城是一个具有特殊意义的胜利，也是一个令人激动的时刻。一个随军记者写道：

以色列士兵在哭墙前

> 士兵们聚集在哭墙下，这些疲惫、满身灰土、带着各种武器的士兵。有的头上身上还裹着带血的绷带，他们敬畏地注视着这堵高墙，许多人孩子般地泪流满面。他们紧贴着墙上的石头，抚摸它们，亲吻它们……。一位肩披祈祷巾的军营拉比吹起了羊角号。默默的流泪变成了抽泣和哽咽，这是悲哀、激动、喜悦和痛苦混合在一起的眼泪。

以色列史话

国防部长达扬、总参谋长拉宾等来到哭墙

当天中午，国防部长达扬、总参谋长拉宾等人就来到犹太圣地"哭墙"参加祈祷仪式，达扬发表了简短的演说，声称："我们回到了我们圣地中最神圣的地方，我们将决不再同它分开。"下午，总理艾希科尔等政府要员也前来耶路撒冷旧城视察。

在基本实现了对埃及和约旦的作战目标后，以军于9日上午又集中兵力向叙利亚的戈兰高地发起进攻。当天下午，叙军开始全线退却，以军则迅速推进。到10日下午联合国安理会通过的阿以停火决议生效时，以军已占领了戈兰高地的首府库奈特拉等一些重要战略目标，并控制了通往大马士革的公路。11日，叙利亚和以色列双方签署停火协议。至此，战争全部结束。为了表示对阿拉伯国家的支持，苏联和东欧国家在战争爆发后不久即宣布同以色列断绝外交关系。

此次战争历时6天，所以称"六天战争"，战争爆发于6月5日，也被称为"六五战争"或第三次中东战争。战争中，埃及、叙利亚和约旦三国损失惨重，阵亡4200多人，受伤6000余人，被俘和失踪7500多人，

· 164 ·

损失坦克965辆、飞机429架；以色列的损失只有阿拉伯方面的四分之一，共阵亡983人，伤4517人，被俘和失踪15人，损失坦克394辆、飞机40架。

五、"大以色列"？

以色列在六天战争中取得了极其辉煌的胜利，夺得了埃及的西奈半岛、叙利亚的戈兰高地以及巴勒斯坦的加沙地带、约旦河西岸和耶路撒冷旧城。这些地区加在一起总面积达81600平方公里，是以色列原有国土面积的4倍。在这些新占领的地区，共居住着100多万巴勒斯坦阿拉伯人，其中约旦河西岸的人口约60万，加沙地带人口36万，东耶路撒冷约有6.6万，西奈半岛人口约为4万，戈兰高地0.6万（多数为德鲁兹人）。此次战争中，又有大约40万巴勒斯坦人逃到其他阿拉伯国家，成为新的难民。

以色列在短短的几天中就夺取了如此大面积的土地，它从一个处于劣势的小国突然变成了占有优势的"大国"，这一切来得太快了。但对于如何处置这些土地，以色列人却没有多少思想准备。因此，在六天战争之后很长一个时期里，如何对待和处理占领地区，是全国上下激烈争论的主题。对于多数以色列人来说，新占领的阿拉伯土地只不过是给他们在谈判中增加了讨价还价的筹码，这些土地并不属于他们，以色列对这些土地的控制只能是暂时的。还有人主张，既然战争已经结束，以军就应该尽快撤离那些地区。而且，一个更为现实的问题是，以色列每年要耗费巨大的人力、物力、财力来管理这些占领的土地，来维持那里的治安和秩序。

但在另一方面，也有一些狂热的民族主义者（包括贝京领导的自由运动）从一开始就认为，约旦河西岸和加沙地带（甚至包括西奈半岛）在古代就是犹太国家的一部分，犹太人在这些地区有着"历史的权利"，既然他们现在已获得了这种权利，就不能再放弃它。甚至还有一些宗教极端分子认为，这正好应验了上帝将"应许之地"给予犹太人的诺言，放弃这些土地是"罪恶"。随着时间的推移和以色列对耶路撒冷旧城的成功吞并，支持这种"寸土不让"的狂热民族主义观点的人数逐渐增加，态度也变得越来越强硬。

与此同时，还有一种观点认为，以色列应该保持对其中一些具有战略意义的地区的占领，将它们作为维护安全的战争纵深，而可以考虑放弃那些战略价值不大的地区。持这种观点的代表人物为当时任副总理的伊格尔·阿隆，他提出了一个著名的"阿隆计划"，主张在那些不考虑放弃的、具有重要战略意义的地区建立一些犹太人定居点。这一观点实际上在相当长的时间里也是以色列政府的立场。在1967年底举行的一次记者招待会上，外交部长梅厄夫人阐述了以色列政府的观点，认为此次战争已使1949年以一阿之间的停火协议失效，因此1949－1967年间的边界已不复存在，现在只有通过面对面的直接谈判才能重新确定以色列与阿拉伯邻国之间的边界。

然而，多数阿拉伯国家却根本不愿意同以色列谈判。8月28日在喀土穆召开的阿拉伯国家首脑会议决定一致对以色列采取"三不政策"，即不承认以色列，不与它直接谈判，不同它缔结和约；埃及、约旦和叙利亚都表示将继续同以色列进行斗争，为收复失地而战，其他阿拉伯国家将从精神和物质上给予它们全力支持。沙特阿拉伯等富裕的产油国向埃、叙、约等"前线国家"又提供了慷慨的援助。这样一来，实际上也加强了以色列国内强硬派长期占领夺得的土地的立场，并使其成了以色列的国家政策。

战争结束后不到三个星期，即6月27日，以色列议会就针对耶路撒冷通过了三项法案：一、正式宣布东西耶路撒冷合并，将统一的耶路撒冷作为以色列的首都；二、扩大耶路撒冷市的管辖区域，将南到伯利恒，北抵腊马拉的地区（包括大约7万阿拉伯居民）从约旦河西岸划出来，并入"大耶路撒冷市"；三、保护圣地地位，保护各大宗教自由进入其圣地和进行宗教活动的权利。不久后，市政当局拨款对旧城进行修葺，将

"哭墙"附近的数十户阿拉伯居民迁走,在那里开辟了一片广场,以便犹太人前来礼拜和祈祷。另外,当局还在旧城内强行迁走了200多户阿拉伯居民,恢复了1949年以前的犹太居住区。

阿拉伯世界对以色列强行合并东耶路撒冷的做法反应十分强烈,纷纷发表声明进行抗议和谴责。联合国大会也于7月4日以99票对0票通过决议,宣布以色列对东耶路撒冷的吞并无效。其后,联合国大会和安理会又多次通过决议,反对以色列吞并东耶路撒冷和改变该城现状。在这种情况下,包括美国在内的西方国家在耶路撒冷问题上都较为谨慎,既没有正式承认该城是以色列的首都,也没有将它们的使馆从特拉维夫迁到耶路撒冷来。而以色列在耶路撒冷问题上也始终十分强硬,坚持统一的耶路撒冷是其不可分割的首都。

除耶路撒冷外,以色列没有改变其他占领地区的法律地位,而是采取军事占领的办法对它们进行管理。所有占领地区都统一由国防部和军方管理,在约旦河西岸北部和南部(一些以色列人将其称为"撒马利亚和犹地亚",以示这里曾是古代犹太人的家园)、加沙、西奈、戈兰都驻扎军队,分别设立了军事指挥中心,由当地驻军每天派出小分队到各阿拉伯居民区进行巡逻,并通过经常颁布一些军事法令来维持治安。

约旦河西岸和加沙地带在1947年联合国分治决议中是划给巴勒斯坦人建国的土地,只是后来分别被约旦和埃及占领,这两个地区人口稠密,而且紧邻以色列人口中心,因此以色列对这两个地区的管理不同于对西奈半岛和戈兰高地的管理。首先是实行严格的军事管制,军事指挥官就是当地的最高行政长官;其次是实行阿拉伯人的社区自治,阿拉伯人管理他们自己的宗教、司法、教育、卫生、邮政等内部事务。由于约旦河西岸与约旦的特殊关系,根据达扬的建议,以色列允许西岸地区继续与约旦保持一定的联系,继续实施约旦法律,允许约旦货币第纳尔与以色列货币谢克尔同时流通。同时,在约旦政府的默许下,实行"开放桥梁"政策,即允许约河东西两岸的居民通过艾伦比大桥保持人员和货物来往。

以色列本土与占领地区之间也保持开放,但由于阿、犹之间的互相戒备，双方的来往实际上并不多。但一方面由于以色列与占领地区经济存在着巨大差异，另一方面以色列也确实存在着劳动力不足，越来越多的阿拉伯人早出晚归到以色列来做工。到1968年，就有约1.5万来自西岸和加沙的阿拉伯人到以色列来做工，到1973年这一数字上升到13万－14万人。在占领地区的100万阿拉伯人中，至少有34万人是1948年战争中逃离原住地的难民。除了少数人外，以色列当局仍坚持不允许他们返回原籍的政策。在六天战争之后的六年里，以色列当局一共只批准了约4万阿拉伯人从约旦河西岸等地返回他们1948年前的家乡定居。

西奈半岛和戈兰高地人烟稀少，以色列的占领相对来说要简单一些。它更多地是从军事安全的角度来管理和控制这两个地区的。自1968年初开始，以色列人逐渐意识到对于占领地区必须有长期打算，于是出现了在占领地区修建犹太人定居点的主张。起初，修建定居点的目的是便于防御，但后来成了极端民族主义分子为建立"大以色列"而实行"有效占领"的手段。根据沿约旦河修建若干犹太人定居点、形成一条安全走廊的"阿隆计划"，从1968年到1973年间，以色列在约旦河西岸（包括东耶路撒冷）修建了17个犹太人定居点，在戈兰高地修建了19个定居点。每个定居点一般有数百名男女定居者生活，他们往往都是狂热的领土扩张主义者，都有自己的武装。他们一边在当地从事农业生产，一边进行军事训练，参与防御活动。

针对六天战争后的

以叙对峙的戈兰高地

形势，联合国安理会于1967年11月22日以英国提出的一项提案为基础，通过了安理会第242号决议。

242号决议的主要内容是：强调不容许以战争获取领土，必须致力于公正与持久的和平；要求以色列军队撤出战争中占领的全部领土；要求该地区各国终止一切好战言论或交战状态，尊重并承认该地区各国的主权、领土完整和政治独立，以及它们在不受武力或以武力相威胁的、安全和得到承认的边界内和平生存的权利；保证该地区国际水道的航行自由；公正解决难民问题。

242号决议是一个有关各方相互妥协的产物，它既照顾到了阿拉伯国家要求以色列撤军的愿望，又照顾到了以色列要求阿拉伯国家承认其生存的权利，它提出的原则成为后来解决阿以冲突的基础。该决议虽然要求以色列撤出战争中占领的阿拉伯领土，但同时也要求阿拉伯国家承认以色列的生存权利，实际上也默认了以色列1967年以前的边界。这是对1947年联合国巴勒斯坦分治决议的调整。然而，在当时阿以严重对立的情况下，阿以双方都没有接受和履行242号决议，叙利亚和巴勒斯坦解放组织还明确表示反对这个决议。

其实，以色列对被占领土的态度和政策，最主要的还是出于对安全问题的极度担心。从地理上看，1967年以前的以色列国土形状像一个烙铁，中部沿海平原就如同这个烙铁细细的"把手"。这一长约50公里，宽约20公里的"细腰"，极易被"拦腰斩断"从而使以色列的国土一分为二。同时，以色列的整个国土呈狭长状，缺乏战略安全纵深，无论是沿海的工业和人口中心，还是耶路撒冷的政治和文化中心，都在邻国的炮火射程之内。无怪以色列前国防部长摩西·达扬说："以色列整个国家就是一条边境线。以色列的安全有着罕见的地理上的脆弱性，这种脆弱性由于阿拉伯邻国的严重敌对性而大大加深了。"1967年战争后，以色列占领了约旦河西岸、东耶路撒冷、加沙地带和戈兰高地，使自己的"细腰"变"粗"了，加大了战略安全纵深，而且还控制了东面的战略制高点，安全形势有了极大的改观。后来，以色列还进一步提出了"安全边界"的概念，即以色列所要求的边界是要能够确保其安全的边界，因此，在安全得不到保障的情况下，它是不会退出那些对其安全具有重要战略意义的土地的。

· 169 ·

六、十月战争

六天战争结束后不久,以色列和埃及之间就又爆发了新的冲突。由于这种冲突没有升级为全面战争,但却持续不断地进行了几年,因此被称为"消耗战"。

以色列占领西奈半岛后,其防线延伸到了苏伊士运河东岸,消耗战便主要是沿苏伊士运河两岸展开。1967年10月,以色列的一艘驱逐舰被埃及用导弹击沉,死伤150人,随后以色列进行了报复,摧毁了苏伊士附近的两座炼油厂,也造成近百人伤亡。此后,埃以双方的枪击炮击事件不断发生,有时发展到空中打击;双方还时常派突击队潜入对方开展骚扰、袭击和破坏活动。消耗战是埃及发动的,目的有三:一是防止以色列把苏伊士运河作为其国境线;二是提高本国军民士气;三是增加以色列方面的人员伤亡,使其无法承受占领西奈付出的沉重代价。埃以之间的消耗战从1967年一直持续到1971年初。以色列确实遭受了很大损失,共死亡513人,伤700多人,相当于六天战争伤亡人数的60%。埃及的损失更惨重,仅死亡人数就高达5000人,伤者更是难以统计,经济损失也非常巨大。到后来,双方都不愿再将消耗战持续下去了。

六天战争后,以阿之间的仇恨和对抗进一步加剧。一方面,由于以色列不愿意无条件地放弃占领的土地,因此阿拉伯方面决心通过一场战争来洗雪耻辱,收复失地,恢复民族自信心。而另一方面,联合国中东特使雅林的调解使命毫无进展,美、苏、英、法四大国举行的中东和平会议也以失败告终,以阿双方处于一种"不战不和"的状态之中。因此,战争的阴云始终笼罩在中东地区的上空。

1967年的六天战争也证明,以色列与美国在中东有许多共同的战略利益。一个强大的以色列,有助于美国在中东遏制苏联的扩张和打击激进的阿拉伯民族主义势力。于是，战后美国加强了对以色列的支持。从1969年到1972年，尼克松政府在上台后的头三年中所给予以色列的军事和经济援助，就超过了以色列建国以来历届美国政府对以提供援助的总和。而另一方面，阿拉伯国家也加大了对苏联的依赖。从1968年初开始，苏联在6个月内不仅迅速补充了埃及和叙利亚在六天战争中损失的军事装备，而且数量和质量都超过了原来的水平。同时，大批苏联军事人员进入埃及、叙利亚。到1970年初，苏联向埃及一国提供的各种装备和物资就达45亿美元，驻埃及的军事人员达2万多人，几乎控制了整个埃及军队。

在六天战争后的六年里，以色列采取了静态防御的战略，由总参谋长巴列夫中将指挥在西奈半岛沿苏伊士运河修建了一条长约160公里、耗资2.38亿美元的"巴列夫防线"，在戈兰高地构筑了三道防线构成的坚固的反坦克系统，目的是防止和阻滞埃、叙的进攻。在取得1967年的辉煌胜利后，不但"大以色列"思想在社会中蔓延上升，主张永久吞并占领地区，而且骄傲麻痹、自我陶醉的情绪也在滋生发展，认为以色列现在拥有广阔的战略纵深，其安全形势非常有利，甚至认为阿拉伯人不堪一击，永远不是以色列的对手。基于这种思想，以色列1972年作出了裁减军备，优先发展经济的决定，并且减少了预备役的军事训练时间。以色列军队由于要实施对广大地区的占领也变得力不从心、斗志疲惫。随着1973年大选的来临，全国上下都处于一种松懈的状态。

在阿拉伯国家方面，纳赛尔1970年去世后，萨达特继任埃及总统，他经过缜密考虑，认为只有通过一次成功的战争，才能打破"不战不和"的局面，以战争或谈判手段收复六天战争中丢失的土地。阿拉伯国家不但依靠苏联获得了大量武器，同时也加强了内部的团结和

埃及总统萨达特

协作，沙特阿拉伯、利比亚等石油生产国向同以色列对峙的前线国家提供了大量的财政援助。1973年初，所有阿拉伯国家军事首脑在开罗举行会议，会后，埃及与叙利亚组成了联合司令部，制定了发动一场以"有限战争"为目标的计划。到1973年中期，埃、叙最后审定了从北面和西南面两线同时向以色列发起进攻的联合作战计划。

1973年5月，有迹象表明埃及可能发动战争，以色列国防军总参谋长埃利泽尔立即发布了局部动员令。然而，埃及并没有发动进攻，以色列因此大约蒙受了1100万美元的经济损失，埃利泽尔也遭到国内许多人的责难。到9月底，尽管情报部门已发现埃、叙军队在调动集结，但仍没有引起梅厄政府的高度警觉。虽然到10月初军队已处于戒备状态，但多数以色列人并不认为战争已经迫在眉睫。

为达到出其不意攻其不备的效果，埃、叙还制定了多种迷惑以色列的措施。1972年底，埃及耗费400万美元在运河西岸修建一道巨大的河堤，表面上是防御以色列的进攻，实际上是用来隐蔽炮兵和坦克的集结。从1973年初开始，埃及多次征召后备役人员服役，然后又分批复员，给以色列造成错觉。埃叙两国还以开展频繁外交和"例行演习"的方式迷惑以色列。在备战过程中，埃叙都制定了严格的保密规定。对于作战意图、作战计划，埃及只让总统、国防部长等几个人知道，叙利亚也只有总统等十几个高级军政人员知道。作战命令在开战前6小时才传到师级指挥员，开战前3小时传到营级指挥员。临战前2小时，前线指挥官还让一些士兵下河游泳，在沙滩上晾衣服，使前线保持一派"和平"景象。

10月6日是犹太教的赎罪日，以色列全国都沉浸在宗教节日的气氛中。按照犹太教的教规，这一天人们不得进食、喝水和抽烟，必须到会堂做祈祷，即使是驻扎在前沿阵地的军人也不例外。因此，以色列全国停止了一切正常的活动，军队和人民都戒备松懈。下午2时，随着苏伊士运河东岸两声剧烈的爆炸声，埃及和叙利亚军队同时从南北两线突然向以色列发起了进攻，十月战争爆发了。这是以阿之间的第四次战争，以色列人称其为赎罪日战争，当时正值伊斯兰教斋月，阿拉伯国家则称之为斋月战争。

第五章 为生存奋斗

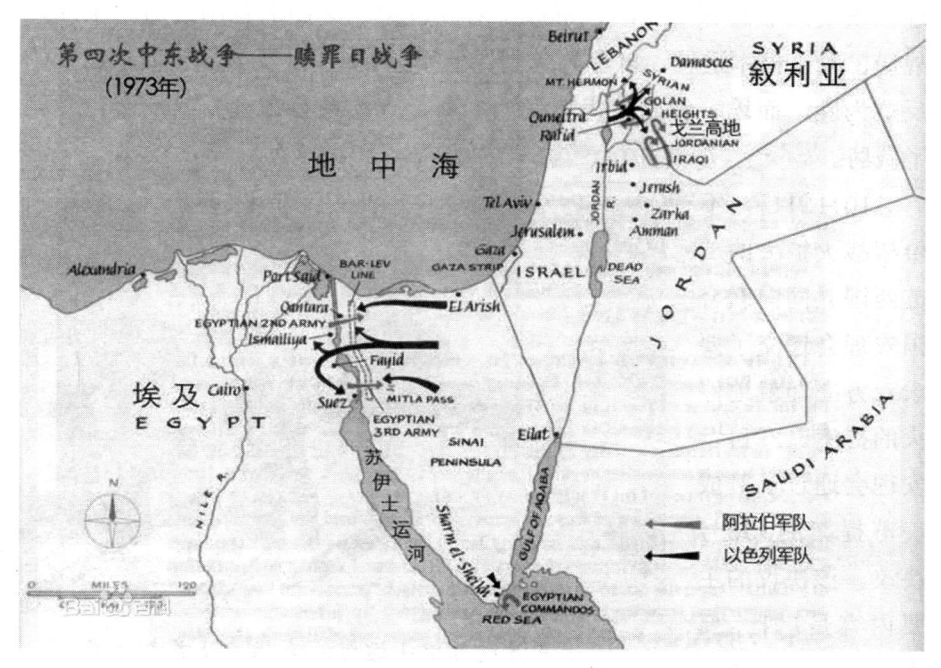

第四次中东战争——十月战争

在250余架飞机和2000多门大炮的掩护下，8万多埃军渡过苏伊士运河，突破了"巴列夫防线"，在170公里长的战线上向西奈半岛纵深挺进，以军全线溃退。经过一个星期的激战，埃军控制了运河东岸纵深10至15公里的地区。与此同时，叙军的3个步兵师、1000多辆坦克在500多门火炮和140架飞机的配合下，也向戈兰高地的以军阵地发起了攻击，直逼以色列北部的胡拉平原。到9日，叙军也夺取了戈兰高地东部大片土地。

在经过最初的混乱后，以军从10月10日起开始组织起有效的反击。以军先不顾西奈半岛的埃及军队，调整部署，集中优势兵力于北线阻击叙军。12日，以军在北线重新占领整个戈兰高地，并越过1967年叙以停火线，深入至叙利亚境内距离大马士革只有32公里处。然后，以军迅速将主力部队向南线集中。14日，埃以双方在苏伊士运河东岸展开了一场空前规模的坦克大战。结果埃军受到重创，被迫转攻为守。16日，以军在阿里尔·沙龙率领下从埃及第二、三军团之间的空隙偷渡苏伊士运河，

· 173 ·

进入埃及的非洲领土作战,形成了对埃及第三军团的包围之势。至此,战局已发生根本逆转,以色列包围了埃军3万多人以及苏伊士城,已开始反败为胜,而埃、叙则由优势变为劣势,连埃及首都开罗的安全也受到了威胁。

10月21日,不希望战火扩大的美苏两国共同向联合国安理会递交了要求双方立即就地停火的提案。22日,安理会通过了赞成美苏提案的338号决议。该决议的主要内容是:1．要求战斗各方在12小时内,立即停止一切军事活动;2．有关各方停火后立即执行安理会242号决议的所有部分;3．有关各方停火后即进行谈判,在中东建立公正和持久的和平。埃、叙、以分别于22日和24日宣布接受停火。

以军渡过苏伊士运河,直指埃及首都开罗

停火后,以色列与埃及、叙利亚的军队仍处于犬牙交错的对峙状态;在西奈半岛的埃及第三军团的3万多人处于以军的包围之中。在美国国务卿基辛格的斡旋下,埃及和以色列11月14日达成了关于停战安排的"六点协议",双方同意在联合国主持下就脱离接触进行谈判。年底,以梅厄为首的工党联盟在以色列大选中获胜,新政府决定继续与埃及就脱离军事接触进行谈判,萨达特也表示了同样的愿望。从1974年1月开始,基辛格再赴中东,开始了他著名的"穿梭外交"。经过他在以、埃之间多次往返穿梭寻找折衷方案,历时近两年,终于使以埃双方达成了分为两个阶段的脱离军事接触协议。埃及收回了西奈半岛5.5%的领土,但代价是恶化了同叙利亚等阿拉伯国家的关系。以色列虽然在土地上作出了让步,但却得到美国给予更多支持的保证。同样也是经过基辛格来回13次的穿梭活动,叙以也于1974年5月达成了脱离军事接触的协议。以色列撤出十月战争和六天战争中占领的部分土地,包括戈兰首府库奈特拉城;以叙之间设立缓冲区,由联合国军驻扎。

十月战争历时18天,是以阿之间规模最大的一次战争。双方一共投入了近百万的兵力,在苏伊士运河两岸和戈兰高地展开了空前惨烈的激战。战争给双方造成了巨大的损失:以色列在战争中阵亡2838人,负伤8800人,损失坦克840辆、飞机103架,伤亡人数是1967年六天战争的三倍多。阿拉伯方面的阵亡人数为8446人,受伤18949人,损失坦克2554辆、飞机392架。

十月战争中的沙龙(前中)和达扬(前右)

阿拉伯方面虽然没有在军事上取得决定性胜利,但却成功地通过战争改变了中东地区的军事平衡,并产生了巨大的政治影响。这种政治影响表现在两方面:一方面,阿拉伯国家在战争期间显示了空前的团结,海湾阿拉伯产油国运用"石油武器",对埃及和叙利亚给予了强有力的支持,初期的军事胜利,也打破了以色列"不可战胜"的神话,在一定程度上恢复了民族自尊心和自信心;另一方面,阿拉伯国家通过战争打破了"不战不和"的局面,促使美、苏及有关国家调整其中东政策,特别是使美国认识到只有促进阿以和平才符合其根本利益,从而为推动阿以冲突的解决创造了条件。

虽然以色列依靠自己的人民和军队力挽狂澜,扭转危局,还算体面地结束了战争,但它付出的代价却十分巨大。对于这个人口不过300万的小国家来说,一万多人的伤亡是一个难以承受的打击,数十亿美元的巨额战争开支也使其经济不堪承受。更重要的是,自1967年战争后六年来,公众受政府和舆论的影响,在安全问题上一直处于一种自我陶醉的状态中，而十月战争极大地动摇了人民对国家领导层的信心。因此有人说，十月战争的炮火不但摧毁了苏伊士运河边的巴列夫防线，同时也彻底摧毁了以色列心中的巴列夫防线。越来越多的以色列人认识到，强硬政策和军事占领并不能保证国家的安全，只会使以色列越来越深地陷入危险的境地，想要获得和平，就必须正视阿拉伯国家的要求。

第六章 犹太民族国家

以色列在其《独立宣言》中明确地向世人宣布：一、以色列是一个犹太人的民族国家；二、以色列也是古代犹太国家的重建。在数千年的历史中，犹太人是一个没有自己的国家、散居于世界各地的民族，以色列国的建立，使犹太民族在他们的古代国家被灭亡了两千年之后，又重新有了一个自己的民族国家。

一般说来，一个民族国家的人民都来自同一族群，说同一种语言，拥有共同的历史和文化，甚至有共同的宗教信仰。但实际上，世界上完全单一的民族国家是很少的，甚至是不存在的，今天绝大多数所谓的"民族国家"都不是单一的民族国家。但是，与世界上大多数民族国家相比，以色列这个民族国家却又有很大的不同：一是对于一般的民族国家来说，本民族的大多数成员都生活在国内，而世界上的多数犹太人却不生活在以色列；二是以色列国内还有占人口约20%的阿拉伯人，由于以色列长期与周边的阿拉伯国家处于敌对状态，这些国内的阿拉伯少数民族的地位就非常尴尬。以色列称自己也是一个民主国家，但它的阿拉伯公民却在许多方面无法享受与犹太人同样的权利。

以色列独立后提出了两大目标：一是要把以色列建成返回巴勒斯坦的犹太人的天堂和乐土；二是要使以色列成为全

世界犹太人的精神源泉和感情凝聚的中心。以色列鼓励犹太人"回归"祖国，而对于那些继续生活在国外的犹太人，以色列既是他们的靠山和精神中心，也是他们的保护者和代言人。只要有哪个国家发生了歧视和迫害当地犹太人的活动，或限制犹太人出境，以色列便会出面与该国交涉，保护这些"流散中"的犹太人。总之，当代以色列的一切国家政策和行为，都是围绕着巩固、建设和繁荣"犹太民族国家"这一目标来制定和实施的。

一、犹太人与以色列

世界上许多民族都有一些居住在国外的侨民和同胞，就像许多国家都有在当地定居的中国人，在美洲大陆还生活着许多意大利人、爱尔兰人、西班牙人、希腊人。有些人虽然已在海外生活了许多年，甚至许多代，但他们与母国之间仍有一种割不断的联系。这种以血缘、宗教、文化为纽带的联系，使他们对母国始终怀着一种特殊的感情。然而，世界犹太人与以色列之间的关系，却不同于一般的国家与本国在海外的侨民或族裔之间的关系。

第一，对于其他国家和民族来说，其民族主体，即本民族的大多数人，都生活在国内，在海外的侨民或族裔只是少数人。而对以色列来说，生活在国外的犹太人却比在国内的犹太人多。尽管几十年来，这一差距已逐渐缩小，但以色列犹太人的数量要赶上和超过国外犹太人还需要数十年。

第二，世界上绝大多数国家和民族的人口流动方向一般是从国内向国外流动，而只有犹太人的流动方向相反，近百年来都是从世界各地向以色列流动，从四面八方源源不断地"返回"两千年前的"祖国"。

第三，最重要的是，世界上没有哪个国家会允许生活在国外的人，即使是本国的侨民或族裔，拥有任意返回国内定居，并获得公民权的权利。而以色列却明确给予海外犹太人此权利。1948年以色列建国的《独立宣言》宣称："以色列国将向散居世界各地的犹太人敞开移居的大门……"随后颁布的《回归法》和《国籍法》，从法律上赋予每一个犹太人自由移居以色列并永久居住的权利。

当然，这些与众不同的特点，都是由犹太人和以色列特殊的历史所决定的。

除了一般的民族与国家间的关系之外，世界犹太人与以色列之间还有一种强烈的精神联系。虽然犹太人在古代就离开了巴勒斯坦，散居在世界各地，但他们对那里始终保持着一种特殊的感情和精神上的联系，把它视为故国和宗教圣地。犹太人与圣地之间的精神联系，反映在他们的宗教信仰、经典以及生活习俗中。流散各地的犹太人千百年来有一句著名的祈祷词："明年在耶路撒冷。"这便表达了他们对圣地的向往，表达了他们希望有朝一日能重返圣地的信念。这种精神联系历千年而不衰，已成了犹太教信仰的一个组成部分，也是使犹太人流而不灭、散而不亡的一种凝聚力。

　　以色列的建立，使犹太人对巴勒斯坦土地的这种感情有了具体的表达方式。许多犹太人（尤其是犹太复国主义者）都认为，只有生活在以色列，犹太人才算是回到了自己的家园，否则，无论他们居住在什么地方，

源源不断的新移民来到以色列

也无论他们的处境如何优越，他们都仍然处于"流散"（the Diaspora，原为希腊语，意为"分散"）之中。他们相信，犹太人返回故土是一种神圣的责任。本-古里安也说过，以色列是为全世界的犹太人而建立的。一旦以色列在世界犹太人心目中失去了"祖国"的地位，那么这个国家也就失去了它存在的理由。

　　以色列建国伊始，就提出了"流亡者聚集"的口号，把它作为一项最基本的国策。所谓"流亡者聚集"，其核心就是要鼓励和帮助"流散"在全世界的犹太人"回归"以色列。《以色列独立宣言》称："以色列将向散居各国的犹太人敞开大门，准许他们移居入境。"1950年颁布的《回归法》和1952年颁布的《国籍法》进一步明确规定：凡建国时生活在这个国家的所有犹太人和建国后在国内出生的所有犹太人都无条件地取得以色列的国籍和公民权；世界上的任何一个犹太人一踏上以色

第六章 犹太民族国家

列的国土，就可以自动获得以色列的国籍和公民权，除非他（她）是外国的外交官或者主动声明放弃这一权利。

正是在"流亡者聚集"思想的指导下，以色列靠不断地吸收来自世界各地的犹太移民，使这个国家从无到有，人口从少到多，力量由弱变强。可以说，以色列的一切，都是靠移民实现的，它是一个彻头彻尾的移民国家。没有来自世界各地的犹太移民，就没有今天的以色列国家。尽管以色列建国后经常遇到经济和财政困难，但它吸收国外犹太移民的努力却始终没有放松过。

犹太人从国外移居以色列被称为"阿里亚"，意为"上升"，即从流散的地方上升到以色列这个犹太人的天堂，而犹太人从其流亡地回到圣地后，他们也在精神上升华了。新来的移民被称为"欧里姆"，意为"上升者"。对于多数继续生活在世界各地的犹太人来说，以色列是他们的祖国和精神中心，同时也是他们的保护者和代言人。在20世纪50年代和60年代，一些穆斯林国家和苏联发生了歧视犹太人和限制犹太人出境的事件，以色列政府便出面与这些国家或联合国交涉，保护这些国外的犹太人。

从法律上说，只有生活在以色列的犹太人才具有以色列国籍，世界上多数犹太人并不具有以色列国籍。但是，也有些国家，如美国、阿根廷等与以色列签署过双重国籍条约，这些国家的犹太人可以在取得以色列的国籍后，仍保留原来的国籍。这样，就有些犹太人到以色列取得国籍后，又返回原来的国家居住，如美国犹太人中就有近50万人拥有以色列国籍。所以，虽然说以色列国内只有500多万犹太人，实际上它还有相当数量生活在外国的"以色列公民"。

由于以色列与世界犹太人有着这样一种与众不同的特殊联系，有时，散居世界各地的犹太人同以色列之间的关系也很微妙。

一方面，世界上大多数犹太人欢迎以色列建国，并且把以色列看作自己的祖国。这是因为：第一，以色列是全球唯一的犹太人国家，而且是古犹太国家灭亡两千年后才第一次出现的犹太民族国家，他们自然将其视为自己的祖国；第二，尽管许多海外犹太人并不打算移居以色列，但是有了祖国靠山，一旦遇到迫害或灾难，他们就有一个可以躲避的安全地方；第三，有了以色列这样一个犹太文化中心和精神中心，就不用再担心犹太民族和犹太文化（宗教）会因同化而消亡。而对于一些犹太教徒而言，以色列的建立实现了古老的先知预言"犹太人将再次成为自己土地的主人"。

但另一方面，也并非所有犹太人都赞成以色列建国。许多犹太人在他们居住的国家中已经安居乐业、繁衍生息，成为当地社会的一部分。以色列国的成立，给他们在政治上和心理上都带来一种困难的处境。他们在政治上是应该忠于以色列还是忠于居住国？以色列颁布的《回归法》对他们的政治和社会地位会产生什么影响？这是否会导致所在国出现反犹排犹活动？而一些犹太教徒甚至认为，以色列是人为建立的国家，而非神之旨意，因此这个国家是不合法的。他们相信，犹太人的苦难是上帝对他们的惩罚，只要坚信上帝、遵守律法，救世主弥赛亚最终将拯救犹太人。20世纪50年代，一些美国犹太社团领袖就曾公开发表声明，反对他们是仍处于流散中的说法。他们强调，现在美国就是他们的祖国，他们的忠诚只属于美国。

针对这种情况，以色列当时的总理本-古里安解释说："尽管以色列向所有的犹太人开放，但以色列只代表它自己的公民，而不代表其他国家的犹太人。世界犹太人与以色列的联系只是基于共同的精神和文化遗产，基于对产生了犹太人和《圣经》的土地的历史感情……但这种联系，无论以何种形式表现出来，都不具有任何政治意义。"他还说，"国外的犹太人不必是以色列事业的参加者，作为'帮助者'就行了。"

但是，作为大多数世界犹太人来说，由于他们独特的历史，以及犹太民族与巴勒斯坦这块土地的渊源关系，他们确实是把以色列作为他们精神上的祖国来看待的，觉得他们有义务来帮助和支持以色列。据统计，从1950年到1980年的三十年里，以色列得到国外犹太人的赠款、贷款多达120亿美元，占这一时期得到的全部外援的三分之一以上。

在以色列，有一种景观在其他国家是不多见的。那就是，在全国各地，大到一所学校、医院、图书馆或犹太会堂，小到一个街头雕塑、一辆救护车、公园里的几张桌凳，都会有一块碑记或是铭牌，上面写着此物是某个国家某个地方的某某人捐赠的。这类捐赠中最有影响的是1966年设立的"耶路撒冷基金",用筹到的捐款来改造和修缮耶路撒冷城的古迹和市政设施,如街道、绿化、排污等。由于耶路撒冷城在世界犹太人心中的崇高地位,这项基金设立后源源不断地得到捐款,到80年代末已超过两亿美元。

另外,各国犹太人利用他们的社会地位、经济实力以及他们手中的选票,对所在国的外交政策施加影响,使之在国际事务中偏向以色列。这一点在犹太人较多的美国尤为明显。尽管犹太人只占美国人口2%,但由于美国犹太人财力雄厚,尤其在经济、法律、学术、娱乐界有重要影响,且犹太人在大选中投票率高,选票集中,因此对美国政府和社会的影响很大。美国在阿以冲突中一直采取亲以政策,并同以色列保持着"特殊关系",犹太院外集团对美国国会和政府的影响在其中发挥了极大的作用,以至于有人把美国犹太院外集团称为"在另一条战线作战的以色列军队"。确实,要是没有世界各国犹太人在政治、经济上的帮助,以色列要取得后来的成就是不可能的。

在耶路撒冷的乔治国王大街中段,有一座宏伟壮观的浅灰色庞大建筑,这就是犹太人协会和世界犹太复国主义组织的总部。人们都知道,在以色列,除了政府外,恐怕没有什么机构的权力或重要性能够超过这座建筑中的这两个组织了。

以色列与世界犹太人之间通过几个国际性犹太人组织保持着密切的联系,它们是:世界犹太复国主义组织(1897年成立)、

位于耶路撒冷的世界犹太复国主义组织和犹太人协会总部

犹太民族基金会（1901年成立）、以色列犹太人协会（1929年成立）、青年阿里亚（1932年成立）。这些组织都在以色列建国之前就已存在，现在它们的总部都在以色列。它们都是不受以色列政府管辖的国际性组织，从政策制定、管理运作到经费筹措、人员聘用等方面都完全是独立的。其中最重要的当然就是犹太人协会和世界犹太复国主义组织了，前者代表的是全世界所有的犹太人，后者代表全世界的犹太复国主义者，实际上这两个组织在许多方面是重合的。

这些犹太组织在犹太人集中的国家，如美国、法国、南非等，都有分支机构，并深入到各个较小的犹太社团中。它们最主要的功能就是在各国为以色列募集资金、动员和组织犹太人移居以色列，另外它们也通过举办展览、举行学术研讨会、教授希伯来语等活动，在世界各国保持和弘扬犹太文化。

人们形象地把这些国际性犹太人组织比作一条条大血管，一端连着以色列，另一端连着世界各地的犹太社团。通过它们，源源不断的移民、金钱和各种物资从世界各地输往以色列；同时，以色列的政治、经济、文化影响，也通过它们深入传播到散居在世界各地的犹太人中。

二、不愿当以色列总统的爱因斯坦

以色列总统一职在希伯来语叫作"纳西"（Nasi），原指古代犹太国家元老院的领袖，现在以色列使用这一称号，表示现代犹太国家与古代犹太国家一脉相承。总统一职没有什么实际权力，只是一个荣誉性和礼仪性的职位。这一点也是当年本-古里安努力的结果，其目的是防止让首任总统魏兹曼获得较大的实际权力。魏兹曼数十年来一直在为犹太复国主义事业奋斗，在犹太人中具有巨大影响；但他与本-古里安在许多政治问题上存在着根本性的分歧，本-古里安自然不希望他来分享国家的最

第六章 犹太民族国家

高权力。

1952年11月9日，78岁的首任总统魏兹曼因病去世。次日，以色列总理本-古里安致函给著名科学家阿尔伯特·爱因斯坦，正式提请他作为以色列国第二任总统候选人。尽管以色列总统在很大程度上只是一个荣誉性的职位，但它毕竟代表着一个国家和她的人民，只有深孚众望的人才有担任这一职务的资格。而爱因斯坦是20世纪最伟大的科学家，同时也是一名犹太人，而且还是一位热心的犹太复国主义者，请他出任以色列总统，应该说是众望所归，当之无愧。

然而，爱因斯坦经过考虑之后，还是婉言谢绝了这一邀请。他说他在普林斯顿高级研究所和其他地方有许多科学工作要做，并且说他这个人不适合做一位民族领袖。他声称自己"深为这项提议所感动，但却不是适合担任这一职务的人"。然而，他又称："自从我意识到我们这个民族在世界诸民族中的不安全地位之后，我与犹太人民之间的关系就变成我生活中最强烈的联系了。"

爱因斯坦1879年出生在德国多瑙河边的小城乌尔姆，他父母都是赞成同化的世俗犹太人，因此他幼年时基本没有受过什么犹太教育，对犹太宗教、文化、礼仪知之甚少。尽管长大后他也不信仰犹太教，也不遵守犹太教规和习俗，但

本-古里安与爱因斯坦

他却始终意识到自己是一名犹太人，并为自己是犹太民族的一员而自豪。爱因斯坦并不是一个只懂得科学的人，他也对犹太人问题进行过思考，还发表过《关于犹太复国主义》（1930）和《阿拉伯和巴勒斯

坦》（1941）等文章。他认为犹太传统的价值并不在于它的那些经典、习俗、节日，而在于它所提倡的道义性和伦理性。在一篇文章中，他写道："为知识本身而追求知识，对正义近乎发狂的热爱，对独立个性的渴望——这些都是犹太传统的特征。我为自己属于这一传统而深感庆幸。"

最能表明爱因斯坦对犹太民族的感情，表明他对自己犹太身份的肯定态度的，是他对犹太复国主义运动的支持和参与。1919年，一个德国犹太复国主义组织的一些代表时常来拜访他，并同他对一些问题进行深入的讨论。这样，爱因斯坦开始对犹太复国主义运动有了较多的了解，也逐渐开始参加一些活动。

爱因斯坦自己称他于1921年正式"信奉"了犹太复国主义思想，这一年他已42岁。而且也就是在这一年，爱因斯坦获得了诺贝尔物理学奖。获奖后不久，他应犹太复国主义领袖魏兹曼之邀，与魏兹曼一起到美国作了一次为支持巴勒斯坦犹太社团的募捐旅行，并为在耶路撒冷建立一所犹太人的大学而进行宣传和活动。由于他的成就和名望，他对犹太复国主义运动的支持在欧洲和美国引起了巨大的反响。因为当时在许多人眼中，犹太复国主义运动只是一种"奇怪"的、不可能获得成功的民族主义运动。即使在欧、美的犹太人中，它也只是一种少数人参加的"边缘性"政治运动。但是，当人们看到连爱因斯坦和布兰代斯（美国最高法院的著名大法官）这样一些著名人物都成了犹太复国主义运动的支持者之后，就对这一运动采取了刮目相看的态度，从而使犹太复国主义运动的声势大增。

爱因斯坦一直不把自己的种族、国籍看得很重要。他认为自己是一个世界主义者，而不是一个民族主义者，觉得自己并不属于哪一个国家。尽管他出生在德国，当他早年随全家迁到意大利米兰居住时，他就宣布放弃了自己的德国国籍。后来他曾在捷克首都布拉格和瑞士的伯尔尼等地生活了11年，曾加入过瑞士国籍，然后又回到德国柏林。最后又于1933年移居到了美国，并于1940年加入了美国国籍。

有一次，爱因斯坦在巴黎为他举行的一个欢迎会上，说了一段既幽默又伤感，却使举座皆惊的话：

第六章　犹太民族国家

如果我的相对论被证明是成功的，德国会称我是一名德国人，法国就会宣布我是一名世界公民。如果我的这一理论被证明是错误的，法国就会说我是一名德国人，而德国则会宣称我是一名犹太人。

那么，他为什么在40多岁时又会成了一名犹太复国主义者呢？这主要是因为当时在德国社会中出现了日益严重的反犹主义倾向。尽管他不认为自己是一个民族主义者，但是，当看到反犹主义的种种恶行，而且当反犹主义触动了他自己的生活时，他就再也不能对此漠然置之了。

1920年，当爱因斯坦的相对论被证明并得到学术界接受之后，只因为他出身于犹太人家庭，一些反犹主义者便对他的理论进行恶毒攻击，开始时说相对论是一种"犹太人的密谋"，后来又说它是"犹太共产主义的阴谋"。1920年8月，德国的一些"物理学家"在他们的"学术会议"上，对所谓的"犹太人的物理学"进行了激烈的攻击，这实际上也就是对爱因斯坦的"相对论"的攻击。

爱因斯坦1925年在一封信中写道：

当我十五年前来到德国时，我才第一次发现我是一个犹太人，而使我得到这一发现的更多的是由于非犹太人而不是犹太人……我看到那些丑化犹太人的讽刺漫画，我的心在流血。我看到那些非犹太人的学校、漫画报和其他数不清的力量是如何地动摇了我们最好的犹太同胞的信心。这种情况不能被允许再继续下去了。

……假如我们可以不生活在那些偏执、狭隘和粗暴的人中间，那么我将第一个抛弃一切民族主义，接受普遍的人类博爱。

然而，现实是残酷的，也是回避不了的。正是在当时这种反犹主义的邪恶力量逐渐上升的背景下，爱因斯坦成为了一个犹太复国主义者——一种特殊形式的民族主义者。

在20世纪二三十年代中，爱因斯坦首先是作为一名追求和平的人道主义者，其次也是作为一名犹太复国主义者，一直在公开为德国犹太人反抗他们所遭受的歧视和压迫而奋斗，在为争取犹太人的平等地位而呼喊。由于纳粹的上台，德国对犹太人的迫害逐步升级，看到无法再继续在德国生活下去后，爱因斯坦本人也于1933年离开了德国，应邀到美国普林斯顿大学任教。在美国，他也一直积极投身犹太复国主义活动。

但是，爱因斯坦的犹太复国主义观点与当时其他的许多犹太复国主义者又是有所不同的。他深受俄国的文化犹太复国主义者、哲学家阿哈德·哈阿姆的影响，认为犹太人之所以需要在巴勒斯坦建立一个犹太民族家园，是因为全世界的犹太人需要有一个精神和文化中心，以保持和维护犹太文化传统，或者是需要有一个能为遭受迫害的犹太人提供保护的庇护所。他并不赞成把这个民族家园建成一个"正常"的国家，也就是说，他不赞成许多犹太复国主义者所追求的政治目标。

然而，当德国和整个欧洲对犹太人的歧视和迫害日渐升级，犹太人的生存条件每况愈下时，他又说："如果外部的情况迫使我们不得不承担起这一重任时，那就让我们用我们的智慧和耐心来把它承担起来吧。"所以，当1948年以色列国宣布成立时，他仍感到十分高兴，并对这个犹太人的国家表示了热烈的祝贺。

爱因斯坦对因犹太人在巴勒斯坦建立"民族家园"而引起的"阿拉伯人问题"极为关注。1929年，巴勒斯坦爆发了当地阿拉伯人与犹太定居者的冲突，133名犹太人在冲突中丧生，数百人受伤。几个星期后，爱因斯坦在一封信中写道："没有阿拉伯人的同意和合作，我们是不能够成功的。要把阿拉伯人从他们的土地上赶走是做不到的。"1931年，他又在一家报纸上发表文章说："我们应当解决如何以一种坦诚、大度和高尚的态度，与我们的阿拉伯兄弟

爱因斯坦和妻子（右二）与犹太复国主义领导人魏兹曼（左二）、乌辛斯基（左一）等在一起（1921年）

肩并肩地生活在一起的问题。"由于他在犹一阿冲突中一直保持着这种和平、宽容的立场，以平等、友善的态度对待阿拉伯人，爱因斯坦甚至受到了一些右翼和宗教的犹太复国主义分子的激烈攻击。

爱因斯坦对犹太复国主义运动的支持并不仅只停留在口头上，而是积极地投入了各种实际活动之中。他在美国多次参加了为支援巴勒斯坦犹太人的募捐活动。20世纪四五十年代，他一再在广播电台中发表讲话，为美国犹太联合呼吁会、犹太民族基金会等组织筹款。作为一名科学家和教育家，他最热心的犹太复国主义活动之一是帮助巴勒斯坦的犹太人发展文化教育事业。他参加了在耶路撒冷创办一所犹太大学的活动。1923年，当希伯来大学在耶路撒冷城东的斯科普斯山上落成开学时，爱因斯坦第一次访问了巴勒斯坦并在落成典礼上作了讲话。后来，他一直是这所大学董事会的成员。他个人多次向耶路撒冷希伯来大学捐款，并在欧洲和美国为这所大学争取到不少经费。

从他1921年成为犹太复国主义者开始，一直到1955年去世，爱因斯坦与犹太复国主义运动保持了整整35年的密切联系。直到他逝世前几天，他还在为庆祝以色列建国七周年草拟一份讲话稿。

正是由于他的这些活动，以及他在国际上的地位和名望，本-古里安和以色列政府才会在1952年邀请他出任以色列第二任总统。在爱因斯坦正式谢绝担任这一职务后，以色列国会才提名由老资格的工会领袖、工党创始人之一伊扎克·本·兹维担任该国的第二任总统。

三、审判艾希曼

当代犹太国家以色列的出现，与两个重大的历史事件是分不开的：一是犹太复国主义运动的兴起，二是纳粹德国对犹太人灭绝种族的大屠杀。关于犹太复国主义运动的成功，在以色列，无论是官方还是民间，人们都津津乐道、反复宣扬，因为那是他们努力奋斗的结果，是他们的自豪与光荣。然而，对于纳粹大屠杀，许多以色列人却不大愿意提起，因为那是他们心灵中最深刻的一道伤痕。人们不愿再去触动它，以免引起他们心中的楚痛，再让那道伤口流血。然而，一些事情却又使他们不得不正视历史，去回顾那些黑暗可怕的年代。

1952年，联邦德国政府提出希望与以色列政府谈判，讨论对在二战中对犹太人遭受的苦难和财产损失作出赔偿的问题。本-古里安政府经过讨论，表示愿意同联邦德国政府进行谈判。这在以色列犹太人中引起了强烈的反应。不少人认为，与德国人谈判接受赔偿，就意味着同德国的和解，意味着对纳粹罪行的宽恕和对受害者的淡忘。因此，他们激烈地反对与德国谈判和接受赔偿。当时，在反对派领袖贝京的带领下，成千上万的人，包括许多大屠杀的幸存者，举行了声势浩大的示威游行，感情激动的人们冲击了国会，指责本-古里安政府接受德国赔款是"一千年来犹太历史上最可耻的行为"。国会中也对此进行了激烈的辩论，在随后的表决中，赞成与德国和解的工党政府以微弱的多数取胜，主要理由是安置移民需要大量的资金。经过谈判，以色列同德国1952年9月达成赔款协议，德国同意在12年内向以色列政府提供8.2亿美元作为国家赔偿金，同时向近100万纳粹受害者及家属提供12亿美元的个人赔偿，以抚恤金的方式直接付给个人。

然而，真正撕裂犹太人心灵创伤的事件，是1961—1962年对艾希曼的审判。

阿道夫·艾希曼从1939年到1945年一直担任纳粹德国保安总局犹太处的处长，是纳粹德国对欧洲犹太人进行大屠杀的主要组织者和指挥者之一。他不仅筹备和组织了决定对犹太人进行"最后解决"的万湖会议，而且还直接指挥德军把欧洲各地的犹太人用火车运送到死亡营进行集体屠杀。

阿道夫·艾希曼

第六章 犹太民族国家

1944年他到奥斯威辛集中营视察后，要求采用各种方法，加快对犹太人的屠杀，把每天处死10000人的速度提高到12000人。

这个双手沾满了犹太人鲜血的刽子手，在战后却逃脱了他应得的惩罚。大战结束时，他曾被美军俘获，但却没有暴露他的真实身份。1950年，艾希曼在其他纳粹分子的帮助下逃到了阿根廷，用里卡多·克莱蒙特的假名隐居在布宜诺斯艾利斯，与他的妻子和三个儿子生活在一起。

几年之后，一个一直在搜寻漏网纳粹战犯的犹太人组织发现了艾希曼的下落，并把这一情况报告了以色列政府。1960年5月11日，以色列情报机构、大名鼎鼎的"摩萨德"派出了几名特工人员，成功地将这个杀人恶魔从阿根廷秘密绑架回以色列。12天之后，以色列总理本-古里安向国会宣布，以色列现已捕获了这个重要的纳粹战犯，并将根据《纳粹和纳粹合作者惩处法》对他进行审判。这一消息引起了世界各国新闻界的关注，大批记者云集耶路撒冷，采访和报道这次具有国际意义的公开审判。但阿根廷却对以色列派特工到阿秘密抓人的做法不满，认为侵犯了其主权，向以表示了外交抗议。

对于本-古里安等以色列领导人来说，审判艾希曼的意义不仅仅是复仇和伸张正义，它还有着更重要的政治和教育意义。他们希望通过这次审判，使世界各国进一步理解以色列存在的必要性，从而使它们对这个国家采取更加同情和支持的态度。他们还希望通过此次审判来团结和教育以色列人民，尤其是教育年轻一代和未受过纳粹迫害的东方犹太人，使他们明白只有当犹太人有了自己的国家，他们的生存和安全才能有保障。这样就能激发他们的民族精神和爱国热情。

对艾希曼的审判从1961年4月开始，到8月结束，持续了整整四个月，是当时世界上最轰动的事件之一。为了达到教育和宣传目的，审判不仅全面调查了艾希曼指挥和参与杀害犹太人的罪行，而且把整个纳粹大屠杀的详细情况也公之于众。关于艾希曼罪行的调查材料多达3000多页，法庭还安排了100多位大屠杀的幸存者出庭作证。为了防止人们在情绪激动的情况下可能发生过激行动，法庭把受审判的艾希曼安排在一个大防弹玻璃罩里，旁边有几名警察守护。

艾希曼的供词和幸存者们的控诉,再一次把人们带回到那血腥、恐怖的黑暗年代里。许多旁听者都因激愤而不停地颤抖,难以自制,有人甚至因为情绪过度激动而昏厥了过去。以色列国内外的犹太青年们也被这些可怕的细节惊呆了。他们中大部分人是在大屠杀之后出生和成长起来的,虽然他们也听说过大屠杀,但由于他们的父母不愿意触动这一敏感的伤口,他们所了解的情况往往是不全面的和支离破碎的。还有不少年轻人对当时犹太人逆来顺受、任人屠杀感到不可理解,他们甚至对老一辈人表示出明显的轻蔑,认为他们过于怯懦和软弱。对艾希曼长达数月的审判中披露出来的大量细节,不仅使他们第一次详细地知道了纳粹大屠杀那些可怕的罪行,而且使他们真正了解和体会到犹太人当时那种孤立无助的状态。同时,年青一代也对诸如华沙隔离区中犹太人的起义等反抗活动有了进一步的认识。总之,艾希曼审判在以色列人的精神上产生的震动是非常巨大的,整个审判过程被称为是对犹太民族的一种"心理治疗"。

1961年12月,耶路撒冷地区法庭对艾希曼作出了判决,以反人类罪、反犹太人罪及战争罪等多项指控,判处他死刑。艾希曼对此不服,他认为自己只是"整个纳粹机器上的一个齿轮",而且还说他已供认了全部罪行,不应再被处死。他向以色列最高法院提出了上诉,被驳回后,他又向以色列总统请求赦免,也遭到了拒绝。1962年5月31日,艾希曼被用绞刑处死,他也是以色列历史上唯一一个

接受审判的艾希曼

根据法律被处死的人。次日，艾希曼的尸体被火化，骨灰被抛到以色列领海以外的地中海里。

由于许多记者进行了大量的跟踪报道，艾希曼审判在世界各国也引起了巨大的反响。不少国家和人民对犹太人的遭遇再次表示了深深的同情，同时也表示了对以色列国家的理解和支持。艾希曼审判也在世界上引起了对纳粹大屠杀研究的又一次高潮，同时，它还激发了一些团体和个人在全球范围对漏网纳粹战犯的追捕。在此之后，又有不少前纳粹分子落网，在西德、意大利等国家受到审判。

然而，也有人对以色列利用大屠杀和艾希曼审判来为政治目的服务颇有微词，他们认为法律就是法律，政治就是政治，二者不应混在一起。还有的犹太人觉得以色列将自己与纳粹大屠杀过分紧密地联系在一起产生的影响并不好，它会加强犹太人的孤立主义倾向。确实，在20世纪70年代的一次民意测验中，有87％的以色列人同意这样的说法："我们从大屠杀中认识到，犹太人不能依靠非犹太人。"

但以色列政府和一些民间组织仍从现实的需要出发，不断地利用纳粹大屠杀和犹太人历史上的遭遇来提醒人们，不要忘记过去，不要忘记犹太人的苦难。以色列国防军士兵入伍后，往往都会被带到马萨达、哭墙、阵亡将士墓、大屠杀纪念馆等地接受"苦难教育"，要求他们居安思危，不忘历史。这种教育的口号是："当犹太民族没有自己的国家时，它是弱小的，它就会受到屠杀。"

以色列有一个著名的"亚德·瓦辛"大屠杀纪念馆，位于耶路撒冷城西。这个纪念馆用大量的图片和实物，以及用各种现代科技手段，再现了纳粹对犹太人疯狂的迫害和屠杀。展厅的入口处有一堵刻满了被害者名单的大墙，大厅地板上刻有关押犹太人的所有纳粹集中营的名称。为了纪念在大屠杀中被害的150万儿童，纪念馆专门有一个死难儿童纪念厅，里面一片黑暗，只有用镜子反射出的千万点烛光。参观者进去后，耳边就会听到一个个孩子的姓名、年龄、出生地、被害的时间地点，整个设计具有强烈的震撼力和感染力。纪念馆外有一条纪念犹太人救助者的"正义大道"，两旁种着一棵棵常青树。每棵树上都挂着一个牌子，上书某个国家的某某人，在二战期间通过何种方式救助了多少犹太人。

在这种苦难教育和危机教育的刺激下,以色列人对民族和国家的安全确实特别敏感,有时甚至到了一种病态的程度。当然,以色列人极其关心安全问题,也与他们的国土面积小、地形狭长、不易防守有关。以色列建国后一直与周围的阿拉伯国家处于战争状态中。以色列人认为,他们的敌人(指阿拉伯人)即使失败许多次,他们的民族和国家也不会灭亡,但以色列的犹太人却经不起一次失败。只要有一次失败,以色列就会亡国,犹太人就又会成为没有祖国的民族,又将遭受苦难。

正是在这种思想的指导下,以色列总是先发制人地去消灭每一种潜在的危险。也正是在这种精神的支持下,在历次战争中,以色列士兵总是能顽强勇敢地战斗。

四、基布兹

基布兹(Kibbutz)是希伯来语"集体定居点"的音译,在中国也有人译为"集体农场"或"集体农庄",它是犹太人在巴勒斯坦这块土地上一个发明创造。基布兹以其独特的生活方式、工作制度以及在以色列社会中的影响,引起了世人广泛的注意和兴趣。

20世纪初,一些犹太复国主义者认为:犹太人长期以来脱离土地,脱离劳动,被禁锢在隔都里,已经变成了一个不正常的民族。要建立一个犹太民族国家,首先就要使犹太人恢复成为一个自食其力的正常民族,其途径就是回到土地上去劳动,重新获得劳动的技能。他们的理想是:"重振犹太民族,以一个强壮、勇敢、皮肤黝黑、用双手开垦大地的民族,来代替那些脆弱、畏缩、苍白的欧洲城市居住者。"当时,一些犹太复国主义者已开始向巴勒斯坦移居,他们提出了这样的口号:"让我们来建设这块土地,也让这块土地来建设我们。"

另外，当时在俄国和东欧犹太人中，社会主义思想很有影响。他们相信，犹太复国主义运动必须与社会主义运动相结合，才具有生命力，才能建立一种代表人类未来的"新社会"。在这种背景下，一群年轻的东欧犹太移民在犹太国民基金会的帮助下，于1909年在巴勒斯坦北部的太巴列湖旁建立了第一个基布兹——德加尼亚基布兹。

在将近一个世纪的时间里，基布兹运动经受了各种考验。它们不仅存在了下来，还获得了极大的发展。现在，以色列全国共有260多个基布兹，分布在全国各地。大的基布兹可多达2000人，小的不过100至200人，一般的规模在500至600人左右。生活在基布兹的居民大约占以色列全国人口的3%。

早年的基布兹成员都配有武器（1936年）

早期的基布兹完全以农业生产为主要活动。成员们开垦土地，种植粮食、棉花、蔬菜和水果，饲养牲畜。而且，早期的基布兹还相当于一种准军事组织，基布兹成员都配有武器，他们平时从事农业生产，同时还进行军事训练，一有战事便随时投入战斗。例如，第一次中东战争中，加沙北面莫德凯基布兹的70多名成员，用简陋的武器抵抗了埃及军队一个旅的进攻。战斗持续了6天，为以方哈加纳的调动赢得了时间。

到后来，尽管农业仍然是基布兹经济的主要支柱，但却不是唯一收入来源了。现在，绝大多数基布兹都发展起了自己的工业，有的基布兹还拥有好几家工厂。产品从时装、食品、家具、农机到计算机、电子设备、机器人等高科技产品，种类繁多。不少基布兹还发展了自己的旅游业，开办了旅馆、游乐设施，以招徕到以色列旅游的外国游客。基布兹逐渐从早期的集体农庄变成了后来的农工商联合体。基布兹在整个以色列经济中占的比例远远超过其人口所占的比例，其农业产值占全国农业总产值的40%，工业产值占全国工业的7%。

基布兹的基本原则是"各尽所能，各得所需"。它极其强调一个"公"字，一切财产和生产资料都为全体成员所共有。成员之间完全平等，大家一起劳动，共同生活。基布兹内部没有金钱来往，成员们不领取工资，生活的一切基本需要，衣、食、住、行、教育、医疗、娱乐，甚至到国外度假旅游，全部都由基布兹提供。

基布兹的各种问题都由全体成员开会讨论，投票作出决定。领导机构也由全体成员选举产生，每届任期两年，负责处理日常事务。基布兹的各种工作实行轮换制，譬如，某人今年在田地里从事农业劳动，明年可能在畜牧场照管牲畜，后年又有可能到基布兹食堂当炊事员。虽然妇女们也和男人们一样轮换各种工作，但诸如管教孩子、负责衣食等事情传统上仍由她们来做。

20世纪60年代的基布兹食堂

外界对基布兹最感兴趣的还是它的集体生活，这种具有浓厚理想色彩的生活，在世界上其他地方是没有的。人们很难弄明白，为什么没有任何私有财产和工资收入的基布兹人能愉快地在一起共同生活，并能够长时间地维持他们很高的工作热情？

早期基布兹特别强调平等的集体生活。成员们过完全一样的生活，穿一样的衣服，吃一样的"大锅饭"，每个家庭里的生活用品也完全一样。后来随着基布兹的繁荣，物质条件的改善，人们在生活中有了越来越多的选择，但基本的集体生活方式仍一直保持着。

成员们都在公共食堂吃饭，家庭里一般都没有厨房，因为在自己在家里做饭会被看作是一种不合群的行为而受到嘲笑。基布兹生活区里最大最漂亮的建筑物往往是公共食堂，因为这里除了吃饭外，实际上还是基布兹的活动中心，既是开成员大会的会议厅，又是举行各种娱乐活动的地方。早先，基布兹的服装也完全实行"公有制"，一个人这个星期穿的衣服，下个星期换洗后可能就轮到别人穿。到后来人们都有了自己的服装，但购、洗、熨、补仍由服装中心统一负责。

成员们的住房也由基布兹提供。过去的住房较简单，每户只有一间屋子。现在一般每个家庭都可以得到一套舒适的住房，房里的一切，从电灯泡到电视机，从牙膏、肥皂到所有家具，全都由基布兹提供。各个家庭之间的生活水平都差不多，没有贫富差别。基布兹内部不使用钱，也不记账，一切都是免费的。基布兹的收入主要用来提高整个基布兹的生活水平和进一步发展生产。成员们没有任何工资报酬，但每月可领取少量的零用钱，供外出时使用。现在，很多基布兹都有能力安排自己的成员们轮流出国度假。

基布兹的儿童们从小就不与父母在一起生活，而是过集体生活。每个基布兹都有托儿所、幼儿园和青少年之家。孩子们从婴儿时起就与同龄的小朋友们在一起吃、住、玩、学习，每个星期才回到家里与父母生活一天。所以，在基布兹里长大的孩子，家庭观念都比较淡薄，而较富于集体精神。

基布兹的成员不一定必须在基布兹里工作，有些人可以在城市里从事如教师、艺术家、律师等其他职业，有的甚至可以是政府官员。他们一方面在外面工作，一方面仍可继续作为成员生活在基布兹内，参加基布兹的一切活动，享受成员的一切待遇。当然，他们在外面得到的收入也要全部交到基布兹。每个基布兹都有这样一些特殊职业的成员。

以色列到20世纪70年代时粮食已自给有余，还出口很多农产品。以色列土地贫瘠、干旱缺水、一半以上的国土是沙漠，人们不能不称赞它在农业方面确实创造了奇迹。而这一奇迹的主要创造者就是基布兹人。

基布兹的农产品占全国总产量的近一半，其中棉花、奶制品、水产品占全国总产量的绝大部分。

曾有一个时期，基布兹几乎成了以色列国家的象征，宣传画上的以色列人总

基布兹成员在食堂就餐

是健壮、黝黑、充满信心的基布兹成员。确实，长期以来，尽管基布兹人口从来没有超过以色列人口的5％，但它对这个国家政治、经济、文化的影响却远远大于它在人口上的比例。担任过以色列总理的梅厄夫人甚至说，没有基布兹，就没有以色列。

早期基布兹的成员大多数是来自东欧和俄国的犹太移民，他们是坚定的复国主义者，为以色列国的建立作出的贡献最大。所以，当以色列成立后，这批人就成了政治上的领导人物。以色列有四位总理来自基布兹：本-古里安、夏里特、艾希科尔和梅厄夫人。从1948年到1977年工党执政期间，有三分之一的内阁部长来自基布兹，如著名的摩西·达扬、阿巴·埃班等。首任总理本-古里安1953年卸任后，就回到了他参与创建的在内格夫沙漠中的斯德波克基布兹去劳动。次年他重返政坛，出任国防部长，后再任总理。1963年他再次退出政界后又回到这个基布兹，一边劳动一边写作，直到1973年88岁时去世。基布兹作为当今世界上唯一一种较为成功的公社式社会经济组织，以色列政府为它颇感自豪，往往把它作为一个展览橱窗供外人参观。

尽管基布兹取得了引人注目的成功，但对于大多数以色列人来说，基布兹仍是一种激进的或理想主义的选择。基布兹的原则、观念和生活方式同以色列社会的其他部分差距太大，基布兹人被人们看作是"一个繁荣而孤立的人群"。

像孤岛一样处于以色列社会中的基布兹,也在不断受"侵蚀"。实际上,它在许多方面已偏离了早期的方向,逐渐向以色列社会的主流靠拢。例如,在早期的基布兹里,儿童们完全由集体抚养,但后来孩子们同父母在一起的时间越来越多,有的每星期回家住一两天,还有的基布兹只是让孩子们白天在一起,晚上就回家里住。过去大家穿一样的衣服,吃一样的饭,住一样的房子,现在逐渐被小家庭所取代。以往基布兹成员不允许有任何私有财产,而现在人们已开始有自己的储蓄,生活上也有了越来越多的自由选择。另外,原来禁止的雇工现象也在一些基布兹盛行起来,有的基布兹工厂里一半的工人是从外面雇来的,由基布兹按劳付给他们工资。基布兹成员们在某种程度上成了一个资本家式的剥削阶层。

除基布兹外,以色列还有其他不少带有社会主义色彩的东西。有一种从基布兹中分化出来的农业生产组织叫作"莫沙夫"(Moshav),它的公有制色彩虽然没有基布兹那么浓厚,但也很强调合作互助,反对雇工剥削。莫沙夫成员们在进行农业劳动生产和农产品销售时进行合作,而财产、收入、消费则完全是个人的事。在工业领域中最富于社会主义色彩的是犹太人总工会。它不仅仅只是一个工人福利机构,而是一个庞大的经济组织,下属有许多企业。它的生产资料属全体会员共有,会员之间地位平等,工人参与所属企业的管理。

正是因为早期犹太复国主义与社会主义相结合,在以色列便出现了工党、基布兹、莫沙夫、犹太人总工会等这些很有特色的组织和机构。但近年来

一个基布兹的外景

随着犹太复国主义－社会主义思想影响的衰退，这些早年在以色列国家建设中发挥过重要作用的机构和组织的地位也在逐渐下降。

五、希伯来语的复活

希伯来语在古代曾是犹太人的语言，《旧约圣经》就是用古希伯来语写成的。犹太人流散到世界各地后，他们在日常生活中逐渐接受了所在国家当地的语言，如北非的犹太人多讲莫格拉宾语，西亚的犹太人大多数讲阿拉伯语，俄国的犹太人讲俄语。希伯来语用得越来越少，到后来渐渐被完全废弃了。

在一些犹太人比较集中的地方，犹太人把希伯来语同当地语言结合起来用，在历史上曾形成了某些独特的、只在犹太人中使用的语言。如中世纪流行在西班牙犹太人中的拉迪诺语，便是古希伯来语同古西班牙语混合后产生的一种犹太语言，其中还有不少阿拉伯语的词汇和表达形式。当1492年犹太人被逐出西班牙后，拉迪诺语也随之流传到意大利、土耳其、希腊和北非等地中海沿岸地区，后来又随着犹太移民传到了一些拉美国家。但进入20世纪后，讲拉迪诺语的人越来越少，这种语言也开始趋于消亡。

在中欧和东欧犹太人中长期流行的是意第绪语。这是一种德语和希伯来语混合形成的犹太人语言，用希伯来字母拼写，语法结构以德语为主，词汇大多来自德语，也有不少古希伯来语以及波兰语、俄语词汇。随着大批犹太人移居到美国后，意第绪语也传到了美国。19世纪末和20世纪初，意第绪语曾一度在欧美出现繁荣的现象，出版了多种报刊和书籍，并产生了一些有影响的意第绪文学作品。第二次世界大战后，由于纳粹大屠杀和欧美犹太人同化进程加快，使用意第绪语的人也在迅速减少。

古希伯来语大约在公元2世纪前后便开始从口语中消失。中世纪以来，希伯来语只是一种犹太人在举行宗教仪式和祈祷时使用的书面宗教语言。除了拉比们要学习这种书面语外，另外只有少数研究哲学、文学和历史的学者们懂得这种古老的文字。已经没有人在日常生活中和在口头上使用希伯来语，它成了一种"已经死亡的语言"。

19世纪犹太复国主义运动兴起后，提出了"一个民族，一种语言"的口号。但是，应该把哪一种语言作为犹太民族的语言，在犹太复国主义者中却存在着分歧。有人主张用意第绪语，因为当时使用意第绪语的犹太人最多；还有的主张用德语，其中便包括犹太复国运动的创始人西奥多·赫茨尔；也有少数人主张用使用得最广泛的英语；当然，也有不少人认为应该把希伯来语作为犹太人的民族语言。到底用哪一种，他们彼此争执不休，莫衷一是。赫茨尔在他那著名的《犹太国》中写道：

在未来的犹太人国家里，我们必须考虑人们使用的语言……应该说，我们要想有一种共同的通用语言会有不少困难。我们无法用希伯来语交谈。我们当中有谁掌握了足够的希伯来语，能够靠讲这种语言去买一张火车票呢？这样的事情是做不到的。

但是，赫茨尔也不赞成用意第绪语或拉迪诺语，他说：

我们将不再使用那些蹩脚的、发育不全的混合语言，因为这些都是囚犯们用的、鬼鬼祟祟的语言……被证明对于一般交往最有利的语言将非强制性地被采用为我们的民族语言。我们的民族集团是独特的和与众不同的，因为我们只是靠我们前人的信仰把自己团结在一起。

然而，后来希伯来语却奇迹般地在巴勒斯坦犹太人中"复活"了，又成了一种人们能在日常生活中自由运用的语言，并最后成为犹太人国家——以色列的官方语言。这在很大程度上要归功于一位名叫本-耶胡达的语言学家。

埃利泽尔·本-耶胡达（1858—1922）出生在立陶宛一个哈西德派犹太教徒的家庭里。他的原名叫埃利泽尔·帕尔曼。由于受犹太复国主义的影响，他21岁时用"本-耶胡达"（意为"犹太人之子"）的笔名写了一篇文章，提出建立犹太人国家和以希伯来语为犹太民族语言。此后，他就一直以这个笔名作为自己的名字。

本-耶胡达曾在巴黎学过医，但后来他决定投身于复兴和推广希伯来语的事业。1881年他和全家人移居到了巴勒斯坦，开始在当地犹太人家庭和幼儿学校试验推广希伯来语。本-耶胡达与妻子约定，在家里不仅他们彼此之间只能说希伯来语，而且对他们以后出生的孩子也只能讲希伯来语。后来，他甚至不允许他的孩子同说其他语言的孩子一起玩，怕他们受其他语言的影响。

本-耶胡达"现代希伯来语之父"

1884年，他与几个志同道合的朋友创办了第一份希伯来语报纸，后来又创办了一种希伯来语教学的刊物。由于没有足够的词汇来表达思想，本-耶胡达不断地"创造"出一些新词。1889年，他又发起建立了一个"希伯来语言委员会"，他们给自己规定的任务包括创建希伯来语词汇，使这种语言的拼写、发音和语法规范化。本-耶胡达还把大量的精力放在希伯来语教育上，他与朋友们试验用"强化"的方法教青少年学习这种语言，即从一开始就完全用希伯来语，而不是用他们的母语来过渡。到20世纪初，在雅法和耶路撒冷等地已有了完全使用希伯来语的幼儿园和小学。由于各地犹太人的口音不一致，1905年，希伯来语言委员会认为东方犹太人（即赛法尔迪）的口音与古希伯来语比较接近，决定以东方口音作为标准发音。这个委员会后来还是批准新词汇的创造和使用的权威机构。

可想而知，本-耶胡达在巴勒斯坦复活和推广希伯来语开始时所面临的困难是非常巨大的。首先，他受到巴勒斯坦当地正统犹太教徒的敌视和反对。因为在他们看来，希伯来语是神圣的语言，只能在宗教活动中使用，将其用于日常的生活琐事，用来谈论排放污水、施肥种地等问题是对这种神圣语言的亵渎。正统教徒们甚至向当时统治巴勒斯坦的土耳其当局告发，说本-耶胡达煽动犹太人谋反，他因此被土耳其当局逮捕并判处了一年的徒刑。尽管后在许多犹太人的抗议下，本-耶胡达被释放了，但当局对他的活动仍继续进行监视。

第二方面的困难是其他语言的竞争。当时巴勒斯坦流行着多种语言。一些欧洲很有影响和势力的犹太人机构和组织都希望通过语言来保持它们在当地的影响，如当时对犹太移民运动给予了大力支持的巴黎的罗斯柴尔德男爵（与英国的罗斯柴尔德为同一家族）主张在巴勒斯坦使用法语，而不是希伯来语。1913年，在海法市还发生了所谓的"语言冲突"。由德国犹太人组织开办的海法技术学院要求用德语教学，而这个学校的部分师生却主张用希伯来语，他们组织了罢课表示抗议。此外，主张以意第绪语为犹太民族语言的反对势力也相当强大。

但经过艰苦不懈的努力，本-耶胡达逐步获得了成功。据1916年巴勒斯坦的人口调查，当时已经有3.5万人把希伯来语作为主要语言来使用了，占当地犹太人的40%左右。而在儿童中，这一比例已高达70%左右。1917年底，当英国军队进入巴勒斯坦时，用七种不同的语言发表了一个在当地实行军事管制的通告，希伯来语与英语被作为其中两种最主要的语言。1922年，也就是本-耶胡达去世的这一年，英国委任统治当局正式宣布把希伯来语同英语、阿拉伯语一起作为巴勒斯坦的官方语言。

在复兴和推广希伯来语的活动中，本-耶胡达最重要的一个贡献是编纂了第一部现代希伯来语辞典，这在现代希伯来语的发展中是具有划时代意义的事情。这部辞典不再像过去所有的希伯来语辞典那样按字根来排列，而是仿照现代欧洲语言的辞典按词汇来排列。本-耶胡达开始编这部辞典时一再增补新词汇，在他死后又被多次修改扩充，最后于1959年才算正式完成，共达17卷之多。

本-耶胡达毕生致力于希伯来语的复活

由于本-耶胡达一生为复活古老的希伯来语不懈努力,并做出了卓越的贡献,他后来被誉为"现代希伯来语之父",受到了以色列人及全世界犹太人的尊敬和纪念。

以色列建国后,以政府宣布希伯来语和阿拉伯语是正式的官方语言。建国初期,大量的犹太移民从世界各地涌入以色列,语言再次成为迫切需要解决的问题。因为在建国的头三年时,以色列人口翻了一番,从68万增至140万,而他们中只有四分之一的人会说希伯来语。人们之间无法交流,只能靠手势或借助翻译来相互沟通。官方的通知文告、新闻广播等往往要同时用多种语言才被多数人接受。一些新来的移民到达以色列后,就马上进入军队去打仗,可有的人却因听不懂指挥命令而莫名其妙地死在了战场上。

为了解决这一难题,1950年,在移民安置中心和军队里,一种被称为"乌尔潘"(Ulpan)的速成希伯来语学习班出现了。这种学习班里采用一套有效的集中强化训练方法,学员一般通过6个月左右的学习就可掌握日常的生活用语,具备基本的阅读能力。乌尔潘在推广和普及希伯来语的活动中功不可没。至今以色列各地还有不少乌尔潘,在新移民的安置定居和帮助留学生、外国人学习希伯来语方面发挥着重要的作用。

今天,希伯来语已成为一种表现力很强、词汇丰富的"活语言"。以色列主要的电台、电视、报纸、官方文件都用希伯来语。它不但是以色列的国语,被广泛地使用在当地人民的日常生活中,而且世界各地的许多犹太人也在热情地学习这种犹太人自己的"民族语言"。世界各地的犹太社团或是派人到以色列来学习,或是聘请以色列教师到当地去教授希伯来语。

早年,由于受家庭和文化背景的影响,来自世界各地的移民们往往在正式、公开的场合讲希伯来语,在家里和在本移民集团中仍然讲他们原来的语言。不过,这种情况后来变得越来越少了,因为在年轻一代中希伯来语的使用都很普遍,往往是年轻人的希伯来语说得比老一辈更熟练更纯正。以色列有一句笑话说,在这个国家里,是孩子教父母说母语。

现代希伯来语有22个字母,与阿拉伯语一样,也是从右到左横行书写,并分手写体和印刷体两类。现代希伯来语与古希伯来语在许多方面差别都不大。有人说,如果古代的大卫王能在今天复活并漫步在特拉维夫街头的话,他完全能够听懂人们的谈话,现代人也能听懂他的话。不过可能彼此都会有一些困难,因为有些古老的词汇现在已经消失了,而许多新词汇又被创造了出来。现代科技的发展和国际往来的增加,使希伯来语不断增加着新词汇。据说,《圣经》时代的希伯来语词汇只有8000个左右,而现代却有12万多个。当代希伯来文学在世界文学中也有一定影响,很多用希伯来语写的诗歌、小说、戏剧都被译成了其他语言。

莎士比亚剧本的希伯来语译文

世界上许多语言学家都认为,希伯来语的复活确实是语言学和社会学中的一个奇迹。它实际上是人为地创造和推广了一种新语言,最后被社会所接受。但在这一奇迹的背后却是犹太人对他们自己古老的历史和文化的热爱,是犹太复国主义精神的强大动力。而波兰人柴门霍夫(据说他也是犹太人)创造的"世界语"之所以推广不开,正是缺乏这样一种民族和文化推动力。据说,20世纪三四十年代,在巴勒斯坦犹太人居住的城镇里,人们在街头见到不说希伯来语的人就会上去质问。孩子们如果不说希伯来语而跟着父母说其他语言,就会受到其他孩子的嘲笑。

犹太人在以色列不仅复活了古老的希伯来语,也复活其他许多古代犹太人的东西。在希伯来语中以色列总统叫作"纳西",这是继承了古代犹太国家元老院领袖的称号。以色列议会叫作"克奈塞特",也是公元前5世纪古代犹太人议事机构的名称。现代以色列议会中议员的人数与

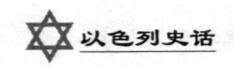

古代议事机构一样，也是120人。以色列国旗的图案是犹太教徒祈祷时使用的白底上有两条蓝道的披巾，中间加上一个宗教色彩很浓的、被称为"大卫盾"的六角星。以色列的国徽是一个被称为"米诺拉"的古老的七臂蜡烛台，原本是犹太人举行宗教仪式时使用的一个圣物，它的七支臂中的六支代表上帝耶和华创造天地的六天，中间一支代表神圣的安息日。"米诺拉"这一国家的象征在以色列随处可见，政府的公文纸上、钞票上、邮票上和许多公共建筑上都有。现代以色列的货币单位叫作"谢克尔"，它也是三四千年前古希伯来人用来衡量金银的重量单位。这类怀古思古的象征在以色列社会生活中比比皆是。

六、"两个以色列"

虽然犹太人已被公认为是一个民族（nation），但这个民族是由一些不同的族群（ethnicgroup）组成的。他们之所以是犹太人，是因为他们信仰共同的宗教——犹太教，具有共同的文化传统和历史。犹太复国主义兴起后，特别是以色列建国以来，有来自世界各地的数百万犹太人移居以色列。来自不同国家和地区的犹太人在肤色、外貌、语言和生活习惯等方面是大不相同的。在以色列，你可以看到金发碧眼的欧美犹太人，可以看到与阿拉伯人一模一样的中东犹太人，可以看到深肤色的印度犹太人，还有许多来自非洲埃塞俄比亚的黑犹太人。人们一般把犹太人分为两大类，即赛法尔迪与阿什肯纳兹，也就是东方犹太人与西方犹太人。

严格说来，赛法尔迪是指中世纪生活在西班牙的犹太人，15世纪基督教徒征服西班牙后，这些犹太人遭到驱逐，便散布在地中海沿岸各国。而阿什肯纳兹原专指生活在东欧的犹太人。但现在人们已习惯地（包括以色列人自己）把所有来自欧美的犹太人称为阿什肯纳兹，而

第六章 犹太民族国家

把来自亚非的犹太人称为赛法尔迪。其实，那些来自伊拉克、也门、印度、埃塞俄比亚等地的犹太人与西班牙毫无关系，他们从古代就一直生活在这些地区，有人把这些犹太人称为"米兹拉希"（希伯来语"东方"）。因此，把赛法尔迪、米兹拉希和阿什肯纳兹分别称为东方犹太人和西方犹太人，或者称为亚非犹太人和欧美犹太人更恰当。虽然东方犹太人和西方犹太人都是靠宗教维系的，但他们却各有自己的一套宗教仪式，并分别有各自的犹太会堂和大拉比。

东西方犹太人：左边的来自德国，中间的来自埃塞俄比亚，右边的来自也门

许多欧美犹太人到以色列来定居，是出于犹太复国主义信念（当然，也有很多人要么是早年沙皇俄国和东欧国家反犹排犹的受害者，要么是第二次世界大战中欧洲纳粹大屠杀的幸存者，他们来以色列是因为别无选择）。一些人宁愿放弃他们在欧美舒适的生活条件，来参加建设和保卫以色列这个世界上唯一的犹太人国家（当然，今天以色列的生活水平也并不亚于多数欧美国家）。而大多数亚非犹太人移居以色列却是出于另外的原因：1. 由于以色列建国，他们原来居住的阿拉伯国家与以色列处于战争状态，他们不可能继续在阿拉伯国家生活下去了；2. 以色列的生活水平远远高于许多亚非国家，因此能吸引亚非犹太人前来定居。近年数万埃塞俄比亚黑犹太人移居以色列主要就是由于经济原因。

由于欧美犹太人的教育程度、文化水平普遍比较高，他们来到以色列后，很容易获得待遇好、收入高的职业；而亚非犹太人一般文化程度

· 207 ·

都较低，所以他们往往只能从事条件差、收入低的体力劳动。这样，从一开始，东西方犹太人之间就形成了明显的经济差别。还有一个原因也造成了东西方犹太人之间的差别。例如，原先北非的摩洛哥、突尼斯有数十万犹太人，1948年以色列建国后，这些犹太人难以再在摩、突继续生活下去，只有外移。但那些比较富裕的家庭又不愿移居以色列，他们便移居到法国（因为当时摩、突都是法国的殖民地）。当时大约有上万名北非犹太人移居法国，他们都是北非犹太社团中富有的上等阶层。而剩下的数十万下层贫穷的犹太人别无选择，只能移居以色列。

以色列的西方犹太人和东方犹太人

由于传统观念的影响，亚非犹太人家庭的子女一般都比较多，因此，即便有同样的收入，他们的生活水平也会低于欧美犹太人家庭。他们往往无力让自己的子女接受高等教育。据20世纪80年代的有关资料，亚非犹太人中只有16％的人受过高等教育，而在欧美犹太人中这一比例却高达56％。这样，亚非犹太人家庭就形成了一种恶性循环：文化水平低—工资收入低—教育程度低—社会地位低。

在很长一个时期里，不少欧美犹太人认为自己在素质、文化、教育等各个方面都优于东方犹太人，他们把亚非犹太人看作是"落后、原始的"种族集团，认为需要用"现代的、先进的"西方文明来教育和改造东方犹太人。

第六章　犹太民族国家

犹太复国主义最初兴起于东欧和中欧地区，因此早期来巴勒斯坦定居的大多是东欧犹太人，后来他们自然也就成了以色列国家的精英和领导集团。以色列历任总理几乎清一色都是来自东欧的移民或者具有东欧血统，如本-古里安、夏里特、艾希科尔、梅厄、拉宾、贝京、沙米尔、佩雷斯等人。长期以来，以色列政府、国会、军队、犹太人协会、总工会等权力机构基本上也都是掌握在东欧犹太人手中。亚非犹太人虽然占人口多数，但在权力机构中的代表却一直较少。即便到了今天，情况已有了很大改善，他们在国会的席位仍不到40%。

20世纪50年代到70年代末是工党执政时期，由于亚非犹太人对政治、经济现状的不满，使他们很容易站到处于反对派的利库德集团一边。1977年利库德集团大选获胜，在很大程度上就是靠东方犹太人的选票。80年代以色列政坛的格局是利库德集团拥有至少三分之二东方犹太人的选票，而工党则能保证获得三分之二西方犹太人的选票。但是，由于利库德集团一意推行"大以色列"计划，大量在约旦河西岸建定居点，人民的生活水平下降。1992年大选中，许多东方犹太人又转向了工党，致使利库德集团失败下台。

从以上情况我们可以看到，以色列存在着这样两个人口群体：一个是西方的，他们在肤色、外貌、思想意识、生活方式等方面都更接近于欧美，并在政治、经济、文化上处于国家的支配地位；一个是东方的，他们在各方面更接近于阿拉伯或伊斯兰国家，在以色列国家生活中处于被支配地位。这种状况被称为"两个以色列"。

"两个以色列"之间的差别是很明显的。生活在耶路撒冷、特拉维夫等城市环境幽雅、舒适豪华的居住区中，大多是阿什肯纳兹，而南部的比尔谢巴、阿什克伦等新开发城镇中的居民就以赛法尔迪居多。在政府官员、公司职员、律师、教授、技术人员等"白领阶层"中，西方犹太人占多数，而在建筑、服务、工厂等行业中从事体力劳动的"蓝领阶层"则是东方犹太人居多（但要说明的是，属于农业领域的"基布兹"却又是阿什肯纳兹的世袭领地）。

东方犹太人对政治上无权、经济上落后、文化上受压制的"二等公民"地位深感不满。他们曾通过请愿、静坐、示威抗议等各种形式来表达和发泄这种不满情绪。20世纪70年代初，一些东方犹太青年人甚至还模仿美国黑人组织了一个"黑豹党"，在街头寻衅闹事，与当局对抗。另外就是东方犹太人组织自己的政党，1981年大出风头的"塔米党"和后来颇有影响的"沙斯党"，都是以东方犹太人为主体的宗教政党。

European Jew　　　　African Jew　　　　Yemeni Arab Jew

两个以色列：欧美犹太人处于支配地位，亚非犹太人处于被支配地位

到底以色列人口中东西方犹太人各占多少？以色列官方出于"安全"的原因一直没有公布过确切的统计数字。但20世纪80年代末以色列中央统计局的资料中有这样一些数字使人们很容易看出东方犹太人占以色列人口多数：出生于亚非的移民及其子女占人口的43.3%，出生于欧美的移民及其子女占38.2%，出生于以色列的人及其子女为18.5%（这其中包括亚非血统和欧美血统）。将第一项和第三项中的一部分相加就是东方犹太人所占的比例。由于东方犹太人中出生率普遍较高，一般认为目前以色列的东方犹太人占人口60%左右。

以色列官方把以色列社会称为"熔炉"，本—古里安1951年曾说过："我们必须把这一堆杂七杂八的东西熔化掉，在复兴民族精神这个模子里重新加以铸造。"以色列历届政府的一个目标，是想通过教育、军队服役、混合居住等方式促进东西方犹太之间的融合，但迄今为止结果并不理想，这只熔炉的火候仍然不足。80年代中，在一些居民区，不同来源的移民被强迫安置在一起，却因生活方式差异太大而发生冲突。

尽管近年来东西方犹太人之间的混合婚姻已有了很大的增加，但有资料表明，迄今仍有近80％的西方犹太人不愿意与东方犹太人通婚，据说混合婚姻中离婚率也比较高。现在，许多人意识到，族群融合是一个漫长、自然的过程，企图人为地加速这一过程往往适得其反。

当然，也有不少东方犹太人经过努力，也成为了以色列社会中的佼佼者。如第五任总统伊茨哈克·纳冯（1978—1983年在任）就是出生在耶路撒冷的东方犹太人；第八任总统摩西·卡察夫（2000—2007年在任）是出生在伊朗的东方犹太人，1951年全家移居以色列；利库德集团领导人之一、前外长大卫·利维是来自摩洛哥的移民，曾担任过国防军总参谋长的摩西·利维来自伊拉克；以色列最著名的作家之一本-耶胡舒阿也是东方犹太人。但总的看来，与他们一样能够成为社会精英的东方犹太人并不多。

有些人（尤其是一些阿什肯纳兹）认为，随着时间的推移，混合教育的发展，不同种族之间的通婚，以及第二代、第三代人的出生，"两个以色列"的现象已经消失，赛法尔迪与阿什肯纳兹已开始融为一体。但多数人认为，东西方犹太人之间的种族差异和对立仍存在，但情况比一二十年前已好多了，要完全消除这种差别还需很长很长的时间。也有少数人认为，两个种族集团之间的差别不仅没有缩小，而且还有所扩大。一位名叫吉拉迪的赛法尔迪学者1991年写了一本题为《锡安山上的争斗》的书，对赛法尔迪与阿什肯纳兹之间的对立和冲突进行了详细的叙述和分析。他认为，种族歧视加上经济上的不平等，使以色列的两极分化在年轻一代中更加明显。

七、耶路撒冷：圣城？首都？

被一般人称为巴勒斯坦的这片土地，许多犹太人却称它为"埃雷兹·以色列"（Eretz Israel），意思是"以色列人的土地"。因为"巴勒斯坦"这个地名是从罗马时代才开始出现的，而古代犹太人在此之前很久就已生活在这里了。犹太人说到"埃雷兹·以色列"时，总是带有一种宗教色彩，并怀着一种神圣的感情。

犹太教徒称，巴勒斯坦是上帝许给犹太人的土地，因此他们把这块土地称为"应许之地"。据《圣经》记载，上帝耶和华对生活在两河流域的犹太人始祖亚伯拉罕说："你要离开本地、本族，往我要指示你的地方去。我必叫你成为大国。我必赐福给你。"于是，亚伯拉罕便根据上帝的指示从乌尔来到了巴勒斯坦（当时称为"迦南地"）。后来，上帝又再一次显现，并对他说："我要把这地赐给你的后裔。"（见《圣经·创世记》）

古代犹太人的宗教和历史，与巴勒斯坦这块土地紧密地交织在一起。早期的希伯来人曾在这里繁衍生息；他们与上帝在这里订约，创立了犹太教；他们又在这里建立了自己的国家；建盖起了贡奉上帝的犹太圣殿；他们在这里写出了《圣经》和《塔木德》；他们曾在这里与异教徒浴血战斗，最后从这里流散到世界各地。尽管他们远在他乡，但却一刻也未曾忘记故土。在犹太人的宗教仪式和节日中，在他们每日念的祈祷文中，常常都会提到"埃雷兹·以色列"，提到锡安山和耶路撒冷。因此，可以说，对"埃雷兹·以色列"的感情，已成了犹太宗教信仰和文化的一个组成部分。

对于犹太教徒来说，整个巴勒斯坦都是他们的"圣地"。而在圣地中，耶路撒冷又有着特殊的地位，被称为"圣中之圣"。

当古代的大卫王统一了希伯来人各部落后，选定耶路撒冷作为首都，并把它称为大卫城。大卫之子所罗门王在城里兴建了宏伟华丽的圣殿，作为供奉上帝耶和华的地方，殿内安放着刻有"摩西十诫"石板的约柜。所罗门圣殿后被巴比伦人毁坏，犹太人从巴比伦返回后，耗时20年，又在原来圣殿的位置上重建起了犹太第二圣殿。公元1世纪罗马大军征服了巴勒斯坦，残酷镇压犹太人的起义，耶路撒冷又一次被夷为平地，第二圣殿也荡然无存了。

此后，犹太人也被迫离开了巴勒斯坦，流散到了东方和西方。但流散的犹太人始终把耶路撒冷作为他们不能忘却的精神中心，相信他们终有一天要返回那里。在《圣经·诗篇》中，犹太人说："我们怎能在异乡颂唱耶和华的歌呢？啊，耶路撒冷，我若是忘记你，就让我的右手变得麻木不仁；若是我不记念你，若是不把你作为我最大的愉悦，就让我的舌头粘住上腭。"犹太教的许多传统习俗中都要提到耶路撒冷，如婚礼上的祝福词、葬礼上的哀悼词，甚至人们在信件的末尾也常常要写上"为耶路撒冷而祈祷"。从中世纪起，犹太人每年在过逾越节时，总要祈祷仪式中念诵："明年在耶路撒冷。"

犹太人流散后，犹太圣殿就始终未能再恢复重建。后来留在巴勒斯坦的一些犹太人在原圣殿的废墟上用石块垒起一堵长48米，高18.9米的大墙。由于这堵墙是在原第二圣殿西外

犹太教徒在亲吻哭墙

墙的位置，垒墙的大石块都是原来圣殿用的材料，犹太人就把这墙称为"西墙"，认为是当年圣殿留下来的唯一遗迹，因而也是犹太教最神圣的地方。许多世纪来，犹太人都要到这里来面壁祈祷。每逢宗教节日，他们就聚集在墙下举行仪式，诵经、祈祷、哭泣，以缅怀先人和追忆千百年来犹太人遭受的苦难。因此，这堵大石墙也被人们称为"哭墙"。耶路撒冷除了"哭墙"外，还有其他许多犹太宗教遗迹，如圣殿山、锡安山、大卫城遗址、大卫王墓、先知墓等。

尽管犹太民族主体流散到了其他地方，耶路撒冷城中始终仍有少量犹太人居住。19世纪后期犹太复国主义运动兴起后，一批批犹太人从欧洲移居巴勒斯坦，耶路撒冷的犹太居民也逐渐增加。当狭小的古城容纳不下越来越多的人时，在西城门外便发展起了一个新居民区。后来，人们就把这里称为新城，或西耶路撒冷，而把原来有围墙的古城称为旧城，或东城。以色列建国以后，又在新城建起了许多居民住宅、学校、医院、商店、旅馆、办公楼，修建了宽阔的街道、漂亮的公园和各种方

便的设施，昔日荒凉的山岗现在已变成了繁华、喧闹的都市。

在犹太人把耶路撒冷称为他们的圣地的同时，世界上另外两个最大的一神宗教——基督教和伊斯兰教的信徒也把耶路撒冷称为自己的圣地。对于基督教徒来说，耶路撒冷的神圣性并不亚于犹太人。耶稣基督就诞生在这里，最后又在这里受难，被钉死在十字架上。而在伊斯兰教中，耶路撒冷是仅次于麦加、麦地那的第三大圣地。先知穆罕默德当年曾在这里"登霄"，聆听了真主的启示。这些交织在一起的历史和传说，使各个宗教都声称耶路撒冷是本教的圣地。上千年来，各派为争夺圣地发生过无数次冲突。犹太人、波斯人、希腊人、罗马人、埃及人、阿拉伯人、欧洲十字军、土耳其人、英国人都先后成为过耶路撒冷的主人。

绝大部分宗教和历史遗迹都集中在耶路撒冷旧城及其周围。旧城四周有宏伟的城墙，有八座城门连通城内外。旧城内分为四个部分，最大的是东北角的穆斯林区，西北是基督教徒区，东南是犹太人区，西南角是最小的亚美尼亚人区。

根据联合国1947年的巴勒斯坦分治决议，耶路撒冷将由国际共管。但这一决议实际并未能实施。当1949年第一次阿—以战争结束后，耶路撒冷事实上被分割成了东西两半，东部被约旦夺得，西部在以色列的控制下。尽管如此，联合国并未放弃"国际化"的努力，1949年12月9日，联合国大会通过了《关于耶路撒冷国际化的决议》（303号决议），重申了1947年181号决议的原则。以色列和约旦都反对这一决议。以色列12月11日决定将首都迁往西耶路撒冷，次日，约旦也宣布兼并东耶路撒冷。1950年1月23日，以色列国会通过决议，宣布耶路撒冷是以色列的永久首都。但这一宣布并没有得到国际社会承认，而且由于耶路撒冷处于军事对峙前沿，以色列国家的政治、经济、文化中心实际上都在特拉维夫。

耶路撒冷的分裂持续了19年，一直到1967年的"六天战争"，也就是第三次中东战争之后才结束。此次战争中，以色列不但夺得了东耶路撒冷，而且还占领了阿拉伯人的约旦河西岸、加沙地带、西奈半岛、戈兰高地等地方。

第六章 犹太民族国家

六天战争中,约旦国王侯赛因在埃以战线战况不明的情况下,仓促参战,命令驻在东耶路撒冷的约旦军队炮击西耶路撒冷。一个小时后,以军开始炮火反击,原定投入西奈战场的一个伞兵旅转而开往耶路撒冷。尽管以军在当天下午就完成了对耶路撒冷老城的合围,但国防部长摩西·达扬根据战前的安排,一直没有下令进攻老城。直到7日凌晨,联合国安理会通过了停火决议,利库德集团领导人贝京建议在停火协议生效前攻占老城,否则将再次丧失统一耶路撒冷的机会,以色列内阁接受了贝京的建议。6月7日中午,古尔将军指挥的伞兵旅攻入老城。当晚,约以双方接受了联合国停火决议。

穆斯林正在阿克萨清真寺做礼拜

战争结束后不到三个星期,即1967年6月27日,以色列国会就通过了一项法律,正式宣布东西耶路撒冷合并,并完全处于以色列主权管辖之下。与此同时,开始采取行动对耶路撒冷旧城实施改造工程,将数百户阿拉伯居民搬出旧城,把哭墙前面的区域扩建为一个广

· 215 ·

场，同时还将东耶路撒冷行政区划从原先的6.5平方公里扩展至70平方公里，以实现耶路撒冷"法律上和地理上的统一"。1980年7月30日，以色列国会再次以112票对7票的绝对多数通过《基本法：耶路撒冷——以色列的首都》，宣布统一的耶路撒冷是以色列国"永恒的和不可分割的首都。"

1967年以后，以色列逐渐把它的政治中心从特拉维夫移到了耶路撒冷，在这里建起了国会大厦、政府大楼、总统官邸、最高法院、各个世界性犹太人组织的总部等政治机构，以及希伯来大学、犹太教神学院、国家博物馆等许多文化教育设施。原先东、西耶路撒冷分属约旦（阿拉伯人）和以色列（犹太人），两部分在市政规划、居民构成、建筑风格、文化氛围等方面截然不同。1967年合并后，经过以色列几十年的建设、改造，现在两部分的道路体系和基础设施已连为一体，城市外貌也基本一致，没有多大差别了。到90年代末，以色列已经在东耶路撒冷兴建了10多处大型犹太住宅区，近6万套住宅，安置了近20万犹太人。在过去很长的时间里，特拉维夫一直是以色列最大、人口最多的城市。但从80年代起，耶路撒冷的人口就超过了特拉维夫，成为以色列全国最大的城市。现在耶路撒冷有近70万人口，其中犹太人占68%，阿拉伯人占32%。

但是，由于耶路撒冷独特的历史和敏感的地位，以色列把整个城市作为其首都的做法一直没有得到国际社会的认可。当1980年以色列通过宣布耶城为它的永久性首都后，联合国安理会立即就通过了一个478号决议，宣布以色列的这项法律违反了国际法，要求与以色列有外交关系的国家从耶路撒冷撤出其外交使团。所以，直到现在，包括与以色列关系非常密切的美国在内的各国使馆仍然都还在特拉维夫，耶路撒冷是世界上唯一没有外国使团的首都。

由于耶路撒冷也是伊斯兰教的圣地，伊斯兰国家对以色列合并东西耶路撒冷，并把它宣布为首都的行为持强烈的反对态度。巴勒斯坦的阿拉伯人更是宣布要对以色列进行圣战，夺回他们的圣城耶路撒冷。领导巴勒斯坦人斗争的巴勒斯坦解放组织明确宣布，他们的目标是要建立一个以东耶路撒冷为首都的巴勒斯坦国家。

第六章 犹太民族国家

在经过几十年你死我活的争斗之后，1993年9月，以色列和巴勒斯坦解放组织终于达成了实现和平的协议，巴勒斯坦人也开始了在约旦河西岸和加沙地带逐步实行自治。但是，双方关于耶路撒冷问题的立场却相差十万八千里，最后他们所能达成的妥协也只是把这个棘手的问题放到今后再去谈判解决。然而，阿拉伯人和犹太人未来在耶路撒冷的主权问题上能取得一致吗？人们对此普遍抱怀疑态度。1994年，以色列国内曾进行过一次民意调查，人们在其他问题上意见纷纭，但在耶路撒冷问题上却表现出惊人的一致，95%的人都反对把东耶路撒冷划给阿拉伯人。许多犹太人称，与巴勒斯坦人什么问题都可以谈，但统一的耶路撒冷作为以色列的首都是不容谈判的。

耶路撒冷是一座特殊的、具有国际意义的城市，三大宗教势力都曾成为这里的主人，都留下了许多无法转移和无法替代的宗教圣迹。犹太民族和阿拉伯民族都是这座城市的居民主体，任何一方都不能无视另一方的存在和应该享有的权利，都应该承认耶路撒冷的多重属性，并本着理智的和务实的态度寻求各方都能接受的解决办法。犹太民族应该作出

今天的耶路撒冷已是一个有70万人口的现代化城市

必要的让步,同巴勒斯坦阿拉伯人分享耶路撒冷,这才是实现犹阿两个民族和以巴两个国家永久和平的唯一出路。人们有理由相信:以巴和平进程遇到的障碍终究能被克服,持续了近一个世纪的犹阿耶路撒冷之争终将得到解决。

第七章 后犹太复国主义时代

自19世纪后期犹太复国主义思想兴起以来，犹太复国主义运动已经历了一百多年的发展与变化。世界各地的犹太人在犹太复国主义旗帜下，来到巴勒斯坦，建立了民族家园，进而建立了以色列现代国家。没有犹太复国主义思想和运动，就没有今天的以色列。在许多以色列人看来，以色列国家的建立是犹太复国主义运动的顶峰，同时也是犹太复国主义的"新起点"，因为当犹太民族有了自己的国家之后，犹太复国主义也就有了新的意义和内涵，其目标不再是"复国"和"建国"，而是要巩固和发展这个犹太民族国家。但也有一些以色列人认为，以色列国家的建立，也就意味着犹太复国主义运动走到了它的"终点"，因为"复国"的目标已经达到。而此后，犹太民族需要做的，就是使自己成为一个"正常的民族"，以色列所需要做的，也是使自己成为一个"正常的国家"。

确实，以色列国家的建立并未能解决当代犹太人的诸多问题，如世界犹太人与以色列的复杂关系、以色列内部不同族群的纷争、世俗犹太人与犹太教徒的矛盾、以色列国内犹太人与阿拉伯人的纷争等。甚至连反犹主义这一犹太人的梦魇也依然存在，而且在某种程度上还因为以色列国家的存在而变得更加尖锐和更加复杂了。旷日持久的巴以冲突加剧了以色列社会的分裂，围绕着边界、安全、定居点、耶路撒冷的归属等一系列的问题，犹太人内部的分歧也越来越严重了。总之，随着历史的不断展开，笼罩着以色列的犹太复国主义神圣光环正在逐步褪色，以色列已进入了一个"后犹太复国主义"时代。

第七章　后犹太复国主义时代

一、国际社会中的孤独者

20世纪60至80年代，虽然以色列只是同阿拉伯国家对抗，但在东西方冷战的格局下，以色列一直保持着与美国的特殊关系，以及受其他各种因素的影响，1967年和1973年两次以—阿战争后，以色列在国际上遭到了空前的孤立，成了国

美国是长期以来以色列的最坚定的盟友。图为本—古里安1950年拜访美国总统杜鲁门（左），右为以驻美大使阿班·埃班（1951年）

际社会中的一个孤独者。在很长时间里，国际社会中有两个国家特别孤立，一个是在国内实行种族隔离制度的南非，被称为国际社会中的"不可接触者"，另一个就是以色列，被称为"国际社会的弃儿"。

六天战争之后，以色列在联合国中成了众矢之敌。21个阿拉伯国家，再加上一些伊斯兰国家、不结盟运动国家以及中国、苏联和东欧集团，在联合国内构成了一个强大的反对以色列的"自动多数"。1967年以后，几乎每年的联合国大会都成了阿拉伯国家同以色列进行政治战争的战场，而且都是阿拉伯国家大获全胜。每年的联大辩论和决议中都有

· 221 ·

不少谴责以色列、支持阿拉伯国家的内容。据统计,包含谴责以色列内容的联合国决议共有93项之多;另外在联合国安理会、教科文组织、世界妇女大会等组织和机构中,以色列也常常处于"被告"的角色。十月战争之后,阿拉伯国家加强了利用联合国来反对和打击以色列的活动。应阿拉伯国家的要求,联合国1974年11月正式接纳巴勒斯坦解放组织为观察员,巴解主席阿拉法特当天便佩带着手枪在联合国大会发表了长篇演讲,要求联合国制裁以色列。

使以色列在联合国中受到的最沉重的打击,是1975年11月10日第30届联大通过的3379号决议,这个决议谴责"犹太复国主义是一种形式的种族主义和种族歧视"。投票表决时,有72个国家投票赞成,35国反对,32国弃权。西方国家除希腊和葡萄牙弃权外,都投了反对票,投反对票的还有少数拉美国家和非洲国家。决议通过后,以色列驻联合国代表、后成为以色列总统的赫尔佐克发言说:"犹太人民是人类历史上最令人发指的种族主义现象的受害者……正是种族主义和专制主义结合,才会使联合国通过这样一项充满仇恨、谎言和傲慢的决议。对于我们犹太民族,这份决议没有任何道德的、法律的价值。对于我们犹太民族,它无非是一张纸,我们也确实把它当作一张纸。"他说完,当众把一份决议撕碎扔在地上,随后退出会场。

赫尔佐克当众撕毁联大3379号决议

由于以色列国是因联合国决议而诞生的,很多以色列人对联合国有特殊的感情,海法、特拉维夫、耶路撒冷等一些以色列城市都有一条"联合国街"。当1975年的联大决议通过后,许多

第七章 后犹太复国主义时代

以色列人都感到极为悲愤和沮丧,称"联合国已经死亡",那些街道也被改名为"犹太复国主义街"。在很长的一个时期,以色列对联合国采取了不信任、不合作的态度。一些以色列人说:"以色列为什么要与一个攻击它赖以存在的基础的组织去打交道呢?"随着时间的推移,越来越多的国家也认识到,将犹太复国主义等同于种族主义是不妥当的。到1991年,第46届联大会议经过表决,又正式废除了3379号决议。

苏联和东欧的共产党国家原先都是联合国分治决议的积极支持者,也是最早承认以色列的国家。但随着以色列外交上逐渐倒向美国和西方,而埃及等阿拉伯民族主义国家向苏联集团靠拢,再加上因苏联和东欧国家内部的犹太人问题与以色列发生的矛盾,从50年代中期起,以色列和苏联东欧国家的关系日趋冷淡。1956年苏伊士运河战争中,苏联东欧集团对以色列进行了公开的谴责,并向埃及提供武器。1967年六天战争爆发后,除了罗马尼亚外,所有东欧国家和苏联都断绝了与以色列的外交关系,进入了一个长达20年的关系"冻结时期"。苏东集团不但在政治上严厉地谴责以色列,而且还大力重新武装埃、叙等阿拉伯国家。十月战争中,苏联和东欧国家这种支阿反以政策达到了最高点。

西欧国家一直是以色列的重要支持者。英、法、德、意等国不仅在政治上同以色列保持着很密切的关系,而且也是以色列传统的经济伙伴和军事合作者。然而,十月战争爆发后,一些西欧国家对以色列的态度也发生了重大变化。尽管民意调查表明,西欧各国多数民众仍是偏向以色列的,认为埃、叙发动战争是对以色列的侵略,但官方政策却显然不同。法国外交部长约伯特称:"我们能把一个国家试图收复自己领土的行为称之为侵略吗?"除葡萄牙外,西欧各国都拒绝用飞机或船只转运美国援助以色列的物资,英国还拒绝美国使用它在塞浦路斯的空军基地。1973年11月6日,在布鲁塞尔召开的欧共体外长会议发表声明,要求以色列撤出1967年占领的阿拉伯土地,承认巴勒斯坦人的合法权益。德国总理施密特和法国总统密特朗也多次在公开场合批评以色列。

西欧国家对以态度的转变，主要是因为两个原因：第一个原因是当时西欧各国都在谋求同苏联东欧国家的"缓和"，希望尽量避免在中东问题上同苏东集团迎头相撞，这一点在西德的"新东方"政策中尤其突出；第二个原因便是阿拉伯国家石油武器的使用，迫使多数西方国家从本国利益出发，不得不重新考虑自己的中东政策，采取疏远以色列的做法。当时西欧国家85%的石油供应来自中东（日本为90%），而美国却只有约7%的石油要依靠中东。因此，西欧各国在阿以冲突问题上自然不能盲目地跟着美国跑。

而以色列与亚、非、拉国家的关系则更加困难。自50年代开始，一大批亚、非新兴国家走上了国际舞台。以色列为了寻求更为广泛的国际承认和支持，从50年代末起便努力发展同亚、非新兴国家的关系。而以色列建国后在经济建设和社会发展方面取得的成就，也对许多新兴的亚、非及拉美国家产生了很大的吸引力，因此以色列和这些国家的关系一度在60年代发展较快。但是，随着以阿冲突的激化和不结盟运动、非洲统一运动的兴起，许多亚、非、拉国家又开始采取疏远以色列的态度。1967年战争中以色列占领了大片阿拉伯领土，战后拒不撤出，以及以色列与美国的特殊关系，使它在亚、非、拉国家眼中的形象不再是一个值得同情的弱者，而成了一个蛮横无理、仗势欺人的"恶棍"。

本-古里安等以色列领导人曾多次强调，以色列在地理、民族、文化等方面都属于亚洲国家，因此应大力发展同亚洲国家的关系。但是，由于一方面亚洲是穆斯林聚居的地区，另一方面战后苏联集团在亚洲的影响很大，因此多数亚洲国家都不愿意主动同以色列发展关系，以免得罪阿拉伯国家和苏联集团。除日本、缅甸等少数国家外，中国、印度、越南、朝鲜、蒙古等多数亚洲国家在很长时间里一直都没有承认以色列。印尼、马来西亚、巴基斯坦等伊斯兰国家则出于民族和宗教感情，在以阿冲突中坚定地站在阿拉伯国家一边。伊朗、土耳其等国虽然在六七十年代同以色列保持着来往，但也一直不愿同它建立正式的外交关系。尽管以色列为拓展国际空间作了很大的努力，但在亚洲始终没有打开外交局面。

第七章 后犹太复国主义时代

从50年代中期起，以色列开始积极发展同黑非洲国家的关系。由于阿拉伯国家在黑非洲的影响有限，以色列通过提供经济技术援助等形式，很快就赢得了一批新独立的黑非洲国家的承认。1958年至1961年，以色列外交部长梅厄夫人五次出访黑非洲，取得了巨大的成功，交了一大批非洲朋友。到1967年时，在41个独立的非洲国家中，已有33个同以色列建立了外交关系。然而，六天战争后，以－非关系便开始恶化，有5个非洲国家中断了同以色列的外交关系。十月战争爆发后，以－非关系更是出现了"雪崩"现象：除了马拉维、莱索托、斯威士兰三国外，所有的黑非洲国家全都与以色列断绝了外交关系。之所会出现这种情况，有几方面的原因：一是1963年非洲统一组织成立后，黑非洲各国极大地加强了同阿拉伯国家的关系，此次"雪崩"就是由埃及在非统组织内提出的一项决议引起的；二是沙特阿拉伯、利比亚等阿拉伯产油国许诺向黑非洲国家提供经济援助和低价石油；三是以色列自身形象的改变，以及它同罗得西亚、南非白人政权日益密切的关系引起许多黑非洲国家的不满。以色列与黑非洲陷入低谷的关系直到80年代才逐渐得到恢复。

由于多数拉丁美洲国家都有相当人数的犹太社团，再加上意识形态、社会制度相近，经济有互补性，以色列也很注意发展同拉美国家的关系，将拉美视为外交的重点地区。在联合国1947年11月通过分治决议时投赞成票的33个国家中，拉美国家就占了13票。以色列建国后第一年就有20个拉美国家承认了它，占当时承认以色列的国家总数的40％。五六十年代，以色列与拉美关系发展一直比较顺利，阿根廷、巴西、秘鲁、墨西哥等都是以色列重要的经济合作伙伴。拉美国家在政治上也给予了以色列很大的支持，1973年以前在耶路撒冷建立了使馆的国家中，拉美国家占了大多数。1967年战争后，拉美国家在联合国积极支持242号决议的通过，主张应将确保以色列的安全与撤军结合起来考虑。

然而，1973年以后，多数拉美国家对以色列的态度也发生了一定的变化。1974年有9个拉美国家投票支持联合国大会接纳巴解组织的决议。古巴、圭亚那和尼加拉瓜先后同以色列断交，不少国家同巴解组织

· 225 ·

建立了正式关系。在1975年通过关于犹太复国主义是种族主义的联大决议时，有5个拉美国家投了赞成票，10个国家投了弃权票，另有10个国家投了反对票。尽管如此，与亚非国家相比，1973年后拉美国家同以色列关系的变化不算激烈，双方的经贸往来和军事合作仍保持着相当高的水平。

二、政治地震

早期犹太复国主义有一个非常明显的特点，就是它有着强烈的社会主义色彩。犹太复国主义兴起的19世纪后期，也是工人运动风起云涌、社会主义思想迅速发展的时代，而犹太复国主义运动主要发源地的东欧，也正是社会主义思想兴起和传播的重要地区。这样，犹太复国主义便与社会主义同时在东欧的一些犹太社团中传播开来，早期移居巴勒斯坦的人中，也有不少社会主义者，他们建立了基布兹、犹太工人总会等集体经济组织，建立了劳工联盟、青年卫士、巴勒斯坦工人党等工人政党。在此后的半个多世纪里，工人政党一直在以色列政坛占统治地位，以集体和国营企业为主、强调国家对经济的宏观控制、重视社会福利的社会主义政策也一直是以色列社会经济的特点。以色列的前五位总理本-古里安、夏里特、艾希科尔、梅厄、拉宾都是具有社会主义色彩的工党领导人。

在本-古里安时代，以色列政坛是工党一统天下。从建国前起，本-古里安就一直把右翼的犹太复国主义运动修正派排除在巴勒斯坦犹太社团领导层之外。建国后，修正派领导人贝京将原伊尔贡改组为自由运动，参与政治角逐，但该党仍遭到本-古里安的排斥和压制。本-古里安对贝京十分厌恶，甚至在议会中都不愿直呼其名，而称其为"坐在约哈南·巴德尔右边的那个人"，每当贝京发言时，本-古里安都要起身示威性地离去。本-古里安曾多次宣称,他可以同"除了自由运动和以色列共产党"的任何党派合作。

然而,当20世纪60年代工党走向分裂时,由贝京领导的自由运动的影响却日益上升,力量逐渐壮大。但由于历史的原因,在许多人眼中它仍是一个"不负责任的反对党"。为了改变在公众中的形象,自由运动放弃了一些极端的主张,并与非工党的普通犹太复国主义党派联合。1965年4月,自由运动与属于普通犹太复国主义派别的自由进步党组成了加哈尔(意为"统一")集团。在加哈尔集团内,自由运动居于绝对的优势地位,贝京也就当仁不让地成了该集团的领袖。在1965年11月的大选中,加哈尔集团获得了26个议席,成为议会中的第二大政治集团。这样,以色列政坛就形成了加哈尔集团同工党联盟(45席)分庭抗礼的两极局面。

艾希科尔继本-古里安担任总理以后,对自由运动采取了主动的和解态度。例如,他同意在犹太复国主义修正派创始人雅博廷斯基逝世25周年之际,将其遗骸运回以色列,并在赫茨尔国家公墓为他举行隆重的葬礼。雅博廷斯基于1940年死在纽约,生前曾表示希望被安葬在巴勒斯坦。但过去本-古里安一直对此表示反对,他说:"我们要运回来的是活的犹太人,而不是死的犹太人。"1967年6月战争爆发前夕,艾希科尔还首次将贝京等反对派人士吸收进了民族团结政府,这标志着加哈尔集团在参政道路上迈出了关键性的一步。

加哈尔集团1965年组成后不久,其内部就发生了分裂。一部分成员反对加哈尔集团上层在领土问题上的僵

以色列国会——克奈塞特

· 227 ·

硬立场，要求对阿拉伯人采取和解政策。这一部分人退出了加哈尔集团，于1967年3月另组建了一个"自由中心"，并在1969年的大选中获得了2个席位。对阿政策和领土问题一方面引起了加哈尔集团内部的分裂，另一方面也促进了加哈尔集团与其他右翼力量的联合。在阿里尔·沙龙等人的奔走下，1973年9月，加哈尔集团同大以色列劳工运动、国家党和自由中心实现了联合，组成了一个右翼议会党团——利库德集团（希伯来语意为"团结"）。1969年工党联盟的建立和1973年利库德集团的建立，标志着以色列政坛正式形成了左右两大政党对峙的局面。

利库德集团的政治纲领主要包括：1.把以色列的主权扩大到占领地区，对英国委任统治时期的巴勒勒斯坦全境（即包括外约旦）保留提出要求的权利；2.改善以色列"落后居民群体"成员的经济和社会状况；3.给以色列的阿拉伯人和非犹太人以公民权利；4.强调犹太意识，尊重犹太传统价值和宗教。由于利库德集团强调占领地区与以色列是不可分割的，从而满足了坚持"大以色列"的民族主义者的要求，同时它强调了"落后居民群体"——东方犹太人的利益，因而在下层群众中赢得了广泛的支持。

还在十月战争爆发前，在关于如何处理被占领地区的问题上，以色列国内就出现了"鹰派"与"鸽派"的重大分歧。由右翼民族主义政党、宗教党派组成的鹰派势力从民族、宗教感情，以及从地域安全的角度出发，主张尽快正式兼并约旦河西岸等占领地区；而由左翼党派、双民族主义者构成的鸽派则认为维持占领的代价高昂，而且如果兼并占领地区，当地100多万阿拉伯居民的高人口出生率将会使以色列成为一个阿拉伯人占多数的国家，因此他们认为要保持国家的长治久安，要保证以色列国的犹太性，就应该尽快放弃被占领土，用"领土"向阿拉伯人换取"和平"。处在鹰派与鸽派之间的工党政府左右为难，骑虎难下，只好维持着这种既不兼并、又不撤军的占领政策。

1973年的十月战争使被占领土问题又一次凸现出来。保持对这些地区的占领，是使以色列更安全，还是使以色列更危险？鹰派和鸽派又一次展开了激烈的辩论，看起来鸽派观点对人民的影响更大一些。当年底

第七章 后犹太复国主义时代

一个社会研究机构进行了一次民意调查,结果是四分之三的以色列人都表示愿意放弃1967年战争中所占领的全部或者绝大部分土地,以换取和平。民众的这一态度也对当时正在开展竞选的各党派产生了影响,工党在其竞选纲领中便表示可以在领土问题上作出让步,一些右翼政党也提出可就领土问题与阿拉伯国家进行"直接谈判"。

然而,一些巴勒斯坦武装组织针对以色列人的恐怖活动却又从另一个方面加强了鹰派的立场。例如,1970年连续有几架进出以色列的飞机遭到劫持和爆炸;1972年5月恐怖分子在特拉维夫的罗得机场用手枪狂射,当场打死26人,打伤72人;当年9月,9名以色列运动员在慕尼黑参加夏季奥运会时被巴勒斯坦武装组织绑架为人质,最后全部遭到杀害;1972－1973年以色列驻国外的多处机构遭到爆炸和袭击;等等。因此,不少人赞同鹰派的观点,认为如果以色列当局一味软弱退让,只会鼓励更疯狂的恐怖主义活动。

尽管以色列在十月战争中最终仍在军事上取得了优势,但也付出了比前两次战争惨重得多的代价。战争结束后,民众中蓄积已久的怒火就爆发了。一批老兵走上街头,要求调查战争责任,尤其是要求追究轻敌麻痹和情报失误的责任。在各方压力下,政府于11月18日任命了一个调查委员会,对战争初期失利的责任进行调查。

在经过了近半年的听证、调查之后,战争责任调查委员会于1974年4月2日公布了调查结果的中期报告。该报告认为,战争初期失利的责任主要在情报部门和总参谋部,建议解除情报部长扎拉和总参谋长埃拉扎尔的职务,但对总理梅厄夫人和国防部长达扬的责任却只是轻描淡写地一笔带过。但国内舆论普遍认为,达扬对战争结果也负有不可推卸的责任,到后来连工党内部和达扬的部下也要求达扬辞职。为了避免工党的分裂,梅厄夫人于4月11日宣布内阁总辞职。伊扎克·拉宾成为工党新领袖,并出任以色列第五任总理。

1976年6月28日,一架载有248位乘客的法航班机(其中有105名犹太人)被巴勒斯坦恐怖分子劫持到乌干达的恩德培机场,部分人被释放后,大部分犹太乘客仍被扣为人质。如何解决这场危机,内阁中出现了意见分歧。拉宾坚持不向劫机者妥协,主张采取武力营救的办法,得到了多数人的支持。经过周密的计划和准备,以色列派出的特种部队于7月4日在恩德培机场成功地解救了人质,恐怖分子全部被击毙。此次成功的救援行动大大提高了拉宾政府的声望,也在一定程度上扭转了十月战争以来国内的阴郁气氛。

但拉宾政府却未能阻止自十月战争以来国内经济的下滑势头,加上受世界性经济衰退的影响,石油等进口物资的价格上涨,1976年以色列的财政赤字高达40亿美元。弥补这些赤字,一方面靠美国贷款,一方面只得靠通货膨胀,通胀率从1973年的30%上升到1975年的40%以上。经济状况的恶化,导致了社会不满情绪的上升。拉宾政府一方面要对付民众的不满,另一方面还要对付工党内部的矛盾和权力斗争。同拉宾竞争工党领袖失利的佩雷斯在内阁中出任国防部长,拉宾在党内的另一个对手阿隆任副总理兼外交部长,他们都有各自的政治主张,在党内有一批支持者;已下野的达扬也保持着很大的影响和势力。拉宾的政治活动受到了来自各方面的掣肘。另外,新闻媒体披露的一系列腐败丑闻也损害了工党作为执政党的形象。1976年下半年,以色列国家银行总裁、住房部长、犹太工总医疗保险主任等人的贪污、受贿案件先后曝光,极大地动摇了人们对工党上层的信任。

在这种情况下,一个偶然事件便轻易地导致了拉宾政府的垮台。1976年12月一个星期五的下午,一批从美国订购的F-15战斗机到达以色列,拉宾和一些部长出席了为迎接这批飞机而举行的仪式。仪式结束时太阳已经落山,犹太教的安息日已开始。几天后,以色列正教党即在议会中以政府违反安息日教规为由对其提出不信任案,在进行表决时,已加入了内阁的全国宗教党全体议员弃权,从而使该动议获得通过。拉宾只得宣布内阁辞职,并决定于1977年5月提前举行大选。1977年3月,报纸又揭露了一条新闻:拉宾在任驻美大使期间,其妻子在华盛顿一家银行开有两个秘密的美元账户,这是一种违反以色列法律的行为。拉宾对此难辞其咎,只得于4月初辞去总理和工党领袖的职务,由佩雷斯出任看守内阁总理并作为工党候选人角逐下届总理。这一连串的事件使公众对工党失去了信心

1977年5月18日,以色列举行了第九届议会选举,结果是执政已长达

第七章　后犹太复国主义时代

29年的工党联盟只获得了32席，而贝京领导的利库德集团却获得了43席，一举赢得了大选。这次大选的结果出乎许多人的意料，在国内外引起了强烈的震动，被称为是一次"政治地震"。

梅纳赫姆·贝京于1913年出生在波兰的布列斯特，1935年毕业于华沙大学法律系，早年曾领导过东欧的青年犹太复国主义组织——贝塔尔。他于1942年移居巴勒斯坦，不久后就成为犹太地下武装伊尔贡的司令。由于在同英国人和阿拉伯人的斗争中坚持强硬立场并主张用暴力手段摧毁英国统治，他被一些人称为"恐怖主义者""极端民族主义者"。以色列建国后，伊尔贡组织被解散，他创立了"自由运动"，1965年与其他中右翼政党组成加哈尔集团，后发展为利库德集团。多年来，贝京本人一直是右翼政党的核心人物，作为反对派领袖在议会中同工党分庭抗礼。由于他建国前后长期的政治军事活动和重要地位，贝京在以色列人心目中是一个几乎与本-古里安齐名的人物。

以色列第六任总理、利库德集团领导人梅纳赫姆·贝京

1977年5月的大选结果，看起来似乎出人意料，实际上也反映了一种必然趋势。在从1965年到1977年的四届大选中，工党联盟的席位数在不断下降，分别为63席、56席、51席和32席，而利库德（加哈尔）集团的席位数却在节节上升，分别为26席、32席、39席和43席。之所以出现这种趋势，一方面固然是工党本身日益保守僵化，不思进取，腐败蔓延，以及十月战争的责任；另一方面是以色列人口中来自东方的犹太人（塞法尔迪）增长较快，已超过了来自欧美的犹太人（阿什肯纳兹），东方犹太人的社会地位和文化程度普遍较低，对工党政府日益不满，而利库德集团的许多改革求变的政治主张正好满足了他们的需要。利库德集团的获胜，在很大程度上就是赢得了众多东方犹太人的选票。另外，利库

德集团在领土问题上坚持"大以色列"的强硬立场,也迎合了六天战争以后在国内激起的狂热的民族、宗教感情。总之,正如一位分析者所说的,"人们厌倦了无所作为的工党政府",于是选择了利库德集团。

利库德集团在领土问题上的态度非常鲜明,声称"以色列对犹地亚和撒马利亚(即约旦河西岸)拥有永恒的、不可分割的权利",并说"在大海与约旦之间将只有一个犹太主权国家存在",政府将采取强硬的政治和军事手段,以威慑和防止新战争的爆发,并要消灭巴解这一恐怖组织。同时,利库德集团还号召以色列和海外的犹太人到被占领土上去定居。

贝京政府对占领地区的政策主要由农业部长兼定居委员会主席沙龙执行。沙龙上任14天后便公布了一个在西岸地区新建犹太定居点的所谓"沙龙计划",该计划主要是设想沿西岸西部建立一条由中心城镇和卫星城镇构成的、纵贯西岸地区的人口走廊,另外还将在耶路撒冷城的东、南、北三面建立若干新定居点。按贝京和沙龙的设想,以色列最终将在西岸地区安置30万犹太定居者。从1977年到1983年,以色列共在约旦河西岸修建了规模不等的定居点81个,在东耶路撒冷修建了11个,另外还分别在戈兰高地和加沙地带修建了12个和9个定居点。大约有4万名犹太人在此期间移居到西岸地区。

从1967年到1980年,耶路撒冷的人口(包括阿拉伯人)从26万增加到40万,已超过特拉维夫成为以色列第一大城市。耶城人口的增加,主要是在以色列政府的鼓励下,大批犹太人从国外或者以色列其他地方前来定居。耶路撒冷的阿拉伯人口也在同期从6.5万增加到12万,这一方面是靠自然增长,另一方面也有不少人是从西岸各地搬迁来的。由于耶路撒冷地位的敏感性,贝京政府采取的主要方式是通过在该城东部兴建定居点的"事实兼并"。但极端民族主义者对此并不满意。1980年7月,极右翼议员盖拉·科亨提出一项议案,要求正式宣布"统一的耶路撒冷是以色列永恒的、不可分割的首都"。尽管国际舆论反应强烈,以色列议会仍以69票对15票(3票弃权)通过了该项法案。在贝京的支持下,1981年底议会还通过了在戈兰高地实施以色列法律的议案,完成了对戈兰高地"法律加事实的兼并"。

第七章　后犹太复国主义时代

三、犹太国度里的教俗冲突

在以色列街头，看到的男人大致可分为这样三类：第一类在衣着上与一般西方人没有什么区别；第二类不同的是在头上多了一顶叫作"基帕"的小圆帽；而第三类最引人注意，他们身穿黑色长外套，头戴黑礼帽，留着大胡子和两鬓的头发。

第一类便是人们所说的世俗犹太人。其实，他们中一些人也到犹太教堂参加礼拜，按传统习俗过逾越节、哈努卡节等节日。他们多数人都按照犹太教习俗举行婚礼，让家里的男孩接受割礼。不过他们并不把这类活动当作一种宗教义务，而更多的是当作一种民族文化传统和习惯。就像中国人过春节、过中秋、清明扫墓一样，其中并没有多少宗教含义。他们之所以是"世俗"的，是因为他们认为自己不信仰宗教，只在民族上属于犹太人。他们也不遵守犹太教关于安息日和宗教饮食法（kosher）的规定。

第二类被称为改革派和传统派犹太教徒。他们明确宣布他们信仰犹太教，并且认为犹太民族与犹太教是不可分离的。他们都按时到教堂祈祷，有自己固定的拉比，遵守安息日的教规，严格遵守犹太教的饮食规定。20世纪七八十年代后，以色列

改革派犹太教徒在犹太会堂中

这类犹太人的人口和影响呈上升趋势。在西岸和加沙的犹太定居者中有相当大一部分人都属于这类信教的犹太人。在政治上，这些人大多支持右翼的利库德集团，还有不少人是宗教党派的成员。

第三类便是正统派犹太教徒，在以色列被称为"哈里迪姆"（意为"敬畏上帝者"）。实际上，正统派只是一个总称，他们中又进一步分为许多小的派别，有的被称为极端正统派，如哈西德教派。对于外界来说，正统派犹太教徒的生活实在是令人不可思议。男人们无论寒暑，总是穿着厚厚的黑色长外套，戴着圆顶礼帽，有的教派甚至总是戴一种黑毛皮帽子。男性从小就留着两鬓的头发。妇女们一般都穿长裙，包头巾。据说按犹太教义，女人的头发是不能让外人看见的，因此她们都严严实实地把自己的头发藏在头巾里。更有甚者，个别极端教派的妇女还会剃成光头，然后再包上头巾。

除了服装奇特之外，正统派犹太教徒的生活方式也令常人难以理解。他们严格按宗教法律的各种规定生活，绝不越雷池半步。男子一般不工作，从幼年到老年，终生的任务就是学习和研究。小时候在宗教学校中学习，成年结婚后便进入"犹太经学院"钻研《圣经》等犹太经典和神学理论，一直到老死。家庭主要靠妇女工作来维持，同时，他们也依靠国外犹太人的捐助。大多数极端正统派犹太教徒不参与政治，也不服兵役。对于他们来说，这个世界除了宗教之外，似乎其他一切都不存在了。

然而，并非所有的正统派都是远离尘世、超凡脱俗的"圣人"。他们常常与其他以色列人发生冲突，有时这种冲突还非常激烈。冲突的原因主要是各方都企图把自己的价值观念和生活方式强加给另一方。

尽管犹太教分为正统教、传统派和改革派三个派别，但由于历史的原因，正统派是以色列官方承认的宗教权威形式。这样，虽然正统派教徒在以色列人口中不到15％，但却在社会中很有势力。只有正统派拉比才能决定谁是犹太人，也只有正统派拉比批准的结婚、离婚、皈依才有效，甚至人死后也只有经他们允许才能安葬在犹太人墓地。而按他们的标准，世俗的犹太人被认为不能算是犹太人。这样就给这些世俗犹太人在入籍、婚姻、继承等许多方面带来了极大的不便。多年来，他们一直

第七章 后犹太复国主义时代

在为改变这种状况而努力。1988年，正统派企图改变《回归法》，认为应该在确定"谁是犹太人"时采取更严格的标准。按照这种标准，现在的许多犹太人都将变成"非犹太人"，这在以色列激起了世俗犹太人和其他犹太教派的强烈反对。最后在美国犹太人的支持下，才挫败了正统派的这一打算。

在正统派教徒看来，星期六的安息日是一个非常神圣的日子。犹太人在这一天除了祈祷和休息之外，不能从事其他任何活动。而世俗

以色列的正统派犹太教徒

犹太人对安息日并不看重，他们有些人在这一天依然要工作，要做生意，要娱乐。这就引起了正统教派的强烈不满。有一段时间，耶路撒冷等地的一些正统派教徒常在星期六聚集起来，用石块袭击过往的汽车，冲砸在这一天开门营业的店铺，殴打进行娱乐活动的人，往往引起暴力冲突。正统教派还控制着社会生活一个极重要的方面，这就是犹太教饮食法规。犹太教对食品的规定是极其严格和繁琐的，例如规定不得食用猪肉、鳝、贝类；不得同时食用肉类和奶类；对各种食物的加工制作、动物的屠宰都有一定的程序，否则就是"不洁净"的食物。如果正统教拉比们认为某种食品不符合犹太教规定，他们就有权禁止在市场上出售这种商品。如果一个餐馆不符合规定，就会被吊销执照。在这一问题上，世俗派与正统派也常常发生冲突。

世俗犹太人、一般信教者与正统教派之间最明显的分歧还反映在政治问题上。

虽然犹太复国主义是一种世俗的民族主义思想，但它与犹太教有着密切的联系，不少犹太教徒从一开始就参加了犹太复国主义运动。在起

草《独立宣言》时，宗教代表强烈要求表达对"永恒的上帝和救世主"的信仰，而世俗人士却坚决反对此类语言，最后在本-古里安的协调下双方都作出让步后才达成一致。这就意味着，尽管以色列是一个世俗国家，但宗教将在国家的政治生活中发挥重要的影响。

犹太教在政治中的影响主要通过政党形式表现出来。早在20世纪初期，一些犹太教徒就组织了自己的团体和政党，参加犹太复国主义运动。以色列建国时，共有四个宗教政党：以色列正教党（成立于1912年）、以色列正教工人党（1925年从以色列正教党中分裂出来）、精神中心党（成立于1903年）、精神中心工人党（1922年从精神中心党中分裂出来）。1949年这四个宗教政党组成联合宗教阵线进入议会，共获得16个议席，但1951年又重新分裂为四个党。1956年精神中心党和精神中心工人党合并为全国宗教党。

虔诚的犹太教徒只占以色列人口的15%－20%，所以宗教党派在议会中的议席一般也就是15－18席。然而，由于工党、利库德集团等大党在大选中不可能得到超过半数的议席，因此需要联合其他党派共同组阁。而宗教党派的这10多个席位正是大党所需要的席位数，所以大党一般都要拉宗教党派联合组阁，同时在宗教社会事务上向它们作出让步。宗教党派参加政府后，往往可获得对宗教事务、教育、内务、司法等部的控制。

一般来说，宗教党派在重大政治经济问题上同主要执政党不会有多大分歧，但对涉及宗教方面的问题却非常敏感，有时还会同世俗力量发生严重冲突。如1958年3月，在登记新移民时，内政部长将犹太人的民族身份与宗教信仰区分开来，引起了宗教界的激烈抗议，并在全国引发了一场关于"谁是犹太人"的争论。三个月后，宗教党派的部长们退出政府，导致政府垮台。本-古里安在征询了55位国内外犹太权威人士的意见后，决定仍按宗教标准认定犹太人身份，才平息了这场风波。后来，宗教政党还多次在身份认定、宗教教育、婚丧、安息日、饮食法等问题上同世俗主义者发生冲突。

还有些极端正统派教徒根本就不承认以色列国家的合法性，因为他们认为，上帝将最终使犹太人返回故国，而人为的复国活动是对上帝的亵渎。因此，他们既反对犹太复国主义运动，也反对现代以色列国家的建立。他们甚至反对使用"以色列"这一名称，因为他们认为不能用这个神圣的名词来称呼一个世俗的、人为创造出来的国家。他们拒绝参加以色列的一切政治活动，不接受以色列法律的管辖，不纳税，不服兵役，他们的社区成了一个国中之国，而以色列当局也拿他们无可奈何。

20世纪八九十年代，以色列政坛的基本格局是工党与利库德集团势均力敌，平分秋色，这就给以色列正教党、全国宗教党、塞法尔迪妥拉卫士党（音译为"沙斯党"）等宗教党派从中渔利提供了良机。两大党派为了获得组阁的议会多数，都拼命拉拢占议会席位15%－20%的宗教党派。而宗教党派则趁机提出种种条件，例如增加学校中的宗教课程、增加给宗教机构拨款、国民须遵守安息日的教规等等。两大党派为了获得他们的支持，一再作出让步。

1992年大选中，两个正统派宗教党获得了10%的选票，因此沙斯党在议会中占有6个席位，全国宗教党4席。工党虽然已获得了足够的多数单独组阁，但总理拉宾仍把沙斯党拉入内阁。因为没有沙斯党的支持，他将受制于议会中的几个阿拉伯人政党。但后来拉宾政府推动的以巴和平进程就受到了沙斯党的阻挠。正统派教徒声称约旦河西岸是上帝许诺给犹太人的土地，他们将其称为犹地亚和撒马利亚，不同意撤出这里的犹太定居点把这些地方交给巴勒斯坦人。在加沙和约旦河西岸的犹太定居点中，许多居民都是头戴"基帕"小圆帽的犹太教徒。以色列社会中正统派犹太教徒的人数虽然不多，但对整个国家的影响却不可低估。他们人口增长快，对各种问题的看法极端，宗教与世俗的矛盾一直是社会焦点之一。

2000年以来，以色列社会中正统教派与世俗犹太人的冲突，以及不同

信仰虔诚的以色列军人

宗教派别之间的冲突似乎有所减少。在耶路撒冷，前些年电影院在星期五晚上是根本不可能营业的，而后来却可以了。在远离正统教派街区的地方，安息日营业的商店、餐馆，街上行驶的汽车也慢慢多了起来。然而，这并不意味着人们之间已开始沟通和变得较宽容了。正如以色列巴尔伊兰大学的弗里德曼教授说，实际上世俗犹太人与正统派之间的鸿沟比以前更大了。以前许多人混居在一起，人们之间有冲突，也有交流和相互影响，而现在不同的人群分开生活，形成了各自的小天地。

四、"法拉沙人"的故事

1985年1月，新闻界透露出一个惊人的消息，以色列正在秘密地进行一次代号为"摩西行动"的空运行动，把大批埃塞俄比亚的黑色犹太人经苏丹运送到以色列。美国《纽约时报》在评论这一消息时说，这是历史上第一次有如此多的黑人不是作为奴隶，而是作为自由人被从一个国家运送到另一个国家。这些被运到以色列的黑犹太人到底是些什么人？他们为什么又会被运送到以色列去？当时人们对此充满了疑问和好奇。

这批黑人在埃塞俄比亚被人们称为"法拉沙人"，意为"外来人"或是"陌生人"。他们自己不喜欢被别人称为法拉沙人，他们自称"贝塔以色列"，意为"以色列之家"。法拉沙人的起源至今仍是一个谜。据《圣经·列王记》记载，埃塞俄比亚北部示巴王国女王因倾慕所罗门王的智慧，带着臣仆、香料、宝石和黄金来到耶路撒冷。她向所罗门王提了许多问题，所罗门王一一做了回答。两人都为对方的容貌和才智所倾倒，爱恋之情油然而生。据说法拉沙人就是那些陪同所罗门王和示巴女王的儿子米涅利克王返回埃塞俄比亚的古代犹太人的后裔。另有一种说法称他们是古代犹太人"十个遗失的部落"中"但"部落的后代。但

第七章　后犹太复国主义时代

多数人类学家认为，这些人并不属于闪米特人，很可能是当地的一个部落，在历史上某个时期（大约在基督教兴起之前）在阿拉伯半岛南部犹太人的影响下皈依了犹太教。

公元4世纪，埃塞俄比亚统治者接受了基督教，这些犹太人因此受到迫害，向北迁移到青尼罗河发源地附近的贡德尔山区里。他们在那里与世隔绝地生活了一千多年，保持着古老的犹太教习俗，遵守教法，过犹太节日，但对世界其他地区犹太教的情况却一无所知。他们有《圣经》，但却不知道犹太教的另一重要经典《塔木德》。他们也知道锡安山，知道耶路撒冷，并梦想着有朝一日能重返圣地。法拉沙人以农业为主，在埃塞俄比亚国内的社会地位很低，有些类似欧洲的吉卜赛人和印度的贱民。

法拉沙人——埃塞俄比亚犹太人

许多世纪以来，关于非洲某地有犹太人存在的说法一直在流传，但人们始终无法肯定这到底是真是假。直到19世纪中叶，一些基督教传教士才在埃塞俄比亚山区"发现"了法拉沙人。此后，一些犹太人开始与法拉沙人进行接触，并试图帮助他们保持他们的犹太特性。有个犹太组织还在首都亚的斯亚贝巴建立了一个犹太寄宿学校，帮助法拉沙人学习希伯来语、犹太教和现代科学知识。以色列建国并颁布了《回归法》后，一些犹太人就不断向以色列政府施加压力，要求允许法拉沙人移居以色列。但也有不少人对法拉沙人到底是否算犹太人存有疑问，因此，以色列当局对此一直没有明确表示态度。

1973年中东十月战争后，埃塞俄比亚政府同以色列断交。1974年埃塞俄比亚又发生了军事政变，海尔塞拉希皇帝被推翻，成立了共和国。新的军政府宣布只有基督教和伊斯兰教是合法宗教，其他所有宗教均为非法。犹太教活动也被当局禁止了，而且也不允许法拉沙人学习希伯来语，认为这是"犹太复国主义敌人"的语言。随后，埃塞俄比亚因干旱又发生了几次饥荒，法拉沙人在国内的处境日渐艰难。

1975年，耶路撒冷的东方犹太人大拉比宣布，经过对法拉沙人所信仰宗教的教义、礼仪和习俗的考察，可以确定他们属于犹太人。大拉比还呼吁世界各地的犹太人和犹太组织救助法拉沙人，并特别强调说应该帮助他们返回以色列。在宗教界的要求下，当年以色列国会便通过了一项法案，宣布同意法拉沙人根据《回归法》移入。此后，就开始有少量的法拉沙人通过各种途径移入以色列。

从1977年起，包括许多法拉沙人在内的大批埃塞俄比亚人为了逃避饥荒和战乱，纷纷越过边境逃入苏丹，作为难民栖身在难民营里。不久后，以色列开始通过美国与苏丹政府进行秘密谈判，要求把这些难民中的法拉沙人接到以色列来。以美国答应给苏丹经济援助为条件，苏丹总统尼迈里同意让以色列前来把这些黑犹太人空运走。但他要求此事必须严格保密，因为苏丹是伊斯兰国家阵营中的一员，此事传出去就会危及尼迈里的政治地位。于是，从1981年开始，陆续就有一些法拉沙人被秘密地空运到以色列。然而，由于要保密，再加上技术原因，空运进行得很缓慢。

但是，由于逃出埃塞俄比亚时经过艰苦的长途跋涉，加上苏丹难民营里居住拥挤和食品、药品严重不足等恶劣的生活条件，不断有法拉沙人在难民营中死去。后来还发生了其他埃塞俄比亚难民迫害和攻击法拉沙人的情况，认为是他们带来了饥荒和传染病。到1984年，这批法拉沙人的情况已变得相当糟了。

以色列当局认为如果再不采取紧急救援行动，数千名法拉沙人就可能会在难民营中死去。1984年11月，在一家比利时犹太人开的航空公司协助下，以色列政府实施了代号为"摩西行动"的大规模空运法拉沙人的计划。之所以被称为"摩西行动"，是因为希望像古时候摩西把犹太人带出埃及一样，也把这些埃塞俄比亚黑犹太人救出苦难的深渊。从1984年11月底到1985年1月初，大中型飞机一共从苏丹喀土穆国际机场起飞了三十五架次，把7000多法拉沙人运送到了以色列。但是，当新闻界披露了这一消息后，苏丹政府立即下令停止空运，"摩西行动"也就中止了。

由于苏丹难民营中还有1000多名法拉沙人，以色列再次通过美国人

第七章　后犹太复国主义时代

与苏丹尼迈里政府协商。尼迈里在获得一些追加援助的条件下，同意由美国人出面空运这批难民，但不允许以色列人参与。1985年3月下旬，这1000余名法拉沙人也被用美国飞机送到了以色列。至此，逃到苏丹的黑犹太人基本上都被接到了以色列，总数大约有1.3万人。

在埃塞俄比亚国内还有不少法拉沙人，他们也希望移居以色列。1989年11月，以色列与埃塞俄比亚恢复了外交关系，并开始与埃总统门格斯图就法拉沙人外移进行谈判。经过讨价还价，1990年底，双方达成了协议，以色列答应通过纽约的银行账户向埃政府支付3500万美元和一批军火，埃塞俄比亚则同意让5000名法拉沙人移居以色列，与他们的亲人团聚。

"所罗门行动"中的埃塞俄比亚法拉沙人

与此同时，大批法拉沙人从他们生活的山区来到了首都亚的斯亚贝巴，聚集在以色列新开设的驻埃大使馆附近，等待着移居以色列。但是，到1991年5月，埃塞俄比亚的内战形势发生剧变，反政府武装兵临亚的斯亚贝巴城下，总统门格斯图也逃到了国外。以色列担心同门格斯图达成的协议无法履行，决心单独采取行动救助这些黑犹太人。

从5月24日到25日的二十五个小时里，以色列成功地实施了一项代号为"所罗门行动"的空运救援计划，把14194名法拉沙人从混乱不堪的亚的斯亚贝巴接到以色列。"所罗门行动"共动用了包括军用运输机和民航客机在内的35架飞机，来回41架次。由于机少人多，这些法拉沙人除了身上穿的衣服外，不准带任何行李。他们到机场后每人在额头上贴一个有号码的小标签，在以色列士兵指挥下排队上飞机。有的飞机为了多载些人，连座位都拆掉了。有一架波音747竟载了1087人，连厕所里都挤满了人。吸取1984年"摩西行动"的教训,这次空运行动完全是在保密状态中进行的。直到行动结束后才把消息向新闻界公布。

这些黑犹太人到达特拉维夫的本-古里安国际机场后,以色列总理沙米尔等国家领导人和犹太人协会的官员都前来迎接。许多法拉沙犹太人一下飞机就跪在地上,亲吻这块两千多年前他们的祖先曾生活过的土地。

大多数法拉沙人很快就熟悉并适应了以色列的社会生活,但有一件事使许多法拉沙人非常愤怒。这主要是一些以色列的正统派犹太教徒对法拉沙人的宗教信仰仍然表示怀疑。他们把法拉沙人的传统宗教首领(被称为"克西姆")召来进行质询。在经过反复考证和激烈的辩论之后,犹太教正统派勉强承认了法拉沙人属于犹太人。但一些正统派拉比又提出,要举行一次象征性的皈依仪式,让这些黑人重新确认自己的犹太教信仰,并宣布接受正统派的宗教律法。法拉沙人十分愤怒地拒绝了正统派这一"非分的"要求,认为他们的宗教纯洁性远远超过了一般的犹太教徒。

"所罗门行动"结束后,据说埃塞俄比亚剩下的法拉沙人已不多了。但进入新世纪后,又有数万自称"贝塔以色列"的埃塞俄比亚人也要求移民以色列。经过专家考察,他们中的许多人实际上属于一个古老的基督教派。显然,这些埃塞俄比亚人是为逃脱贫困而希望移居以色列。因此,以色列当局决定对埃塞俄比亚的移民申请者,在家世、血统、信仰等方面进行严格审查,以防让非犹太人移入。后来经以色列宗教权威确认,大约还有近8000名法拉沙人留在埃塞

刚下飞机的埃塞俄比亚法拉沙人亲吻以色列的土地

俄比亚。

2011年7月,以色列政府决定再次实施一项代号为"鸽之翼"的空运行动,将最后留在埃塞俄比亚的法拉沙人全部运回以色列。这项行动持续了一个多月,到8月底共运送了7500多人。至此,埃塞俄比亚所有的法拉沙人全都回到了以色列。现在,生活在以色列的法拉沙人总数约有12万人,其中近一半是在以色列出生的。

五、"移民国家"

移民,在当代以色列是一个永恒的主题。确实,当代以色列国家从无到有,人口从少到多,力量从弱到强,靠的都是移民,靠的是来自世界各地的犹太人。人们常把美国称为"移民国家",其实,以色列才是彻头彻尾的"移民国家"。没有移民,就没有今天的以色列国。

一些以色列人常常宣称,犹太人已在巴勒斯坦不间断地生活了三千年。这的确是事实。但在19世纪初期,巴勒斯坦的犹太人只有几千人。犹太复国主义运动兴起后,犹太人开始有组织地向巴勒斯坦移民。到以色列建国前夕,巴勒斯坦全境已有60多万犹太人。1948年以色列建国后,犹太人像潮水般涌来,仅在1948—1951年的三年间,以色列的犹太人口就翻了一倍,达130万。在此后的几十年里,犹太移民像一股涓涓细流,从世界各地不停地汇入以色列,20世纪60年代和70年代中还出现过几次移民的小高潮。

80年代末90年代初,又一次出现了犹太人大规模移居以色列的高潮,这一波移民主要来自苏联和东欧。苏联是世界上犹太人最多的国家之一,到80年代时约有160万人,仅次于美国和以色列。由于长期以来苏联与西方国家和以色列相互敌对,它对国内犹太人的外移一直严加限制。直到1985年戈尔巴乔夫上台执政后,这种控制才逐渐放宽。

戈尔巴乔夫80年代后期开始推行其改革，苏联国内出现了严重的政治不稳和经济困难，民族矛盾也日趋尖锐，犹太人担心自己成为新的种族主义和反犹主义的受害者，在苏联当局放宽了外移限制后，便纷纷提出移居国外的申请。而戈尔巴乔夫为了推行其改革措施，需要得到美国在经济上的支持，而美国过去常常因苏联限制犹太人外移而对其进行指责，因此他便放宽限制，允许犹太人外移。1987年被允许出境的苏联犹太人数为8,177人，到1988年便上升到18,965人；从1989年下半年开始，外移人数急剧增加，当年出境的犹太人共有71,000人，而到1990年，外移犹太人竟猛增到20万！

这些外移的苏联犹太人只有少数去了美国等西方国家，而大部分来到了以色列。主要原因是其他国家都对移民有种种限制，而以色列却对犹太移民敞开大门，积极协助他们前来定居，甚至开辟了专门运送移民的国际直达航线。1990年来到以色列的苏联犹太人多达18.18万人，1991年为17.5万人。在1991年苏联解体后的几年里，每年仍有7万－8万前苏联犹太人移入以色列，即使在1991年海湾战争期间以色列遭到伊拉克导弹的袭击时，源源不断的苏联犹太移民潮流也没有停止。

到80年代时，其他东欧国家也还有一些犹太人，其中人数较多的是匈牙利（6万人）、罗马尼亚（2.2万人），另外捷克斯洛伐克、波兰、保加利亚、南斯拉夫等国也都有数千人。80年代末90年代初，一些东欧国家犹太人也加入了苏联犹太人外移的浪潮，前来以色列定居。此外，埃塞俄比亚剩余的1.4万黑犹太人也在1991年来到以色列。从1990年到2000年的十年时间里，以色列一共接受了约80万新犹太移民。这一波移民潮使以色列的犹太人口从原先的不到400万猛增至近500万。

以色列实施的几次著名的移民行动

1949－1950年，以色列组织"神毯行动"，将49000名也门犹太人空运到以色列。

1950年，以色列组织"以斯拉－尼希米行动"，陆、海、空军配合，协助15万伊拉克犹太人移居以色列。

1968—1989年，以色列通过向罗马尼亚政府支付赎金的方式，使4万多名罗马尼亚犹太人移居以色列。

1984年，以色列政府组织"摩西行动"，将8000多名埃塞俄比亚犹太人空运到以色列。

1991年，以色列政府组织秘密的"所罗门行动"，将14500名埃塞俄比亚犹太人空运到以色列。

1990—2000年，苏联解体前后，在以色列政府的帮助下，约80万前苏联人犹太人移居以色列。这是以色列历史上最大的一次移民潮。

2011年，以色列政府实施"鸽之翼行动"，将最后留在埃塞俄比亚的7500多名黑犹太人运回以色列。

1991年的"所罗门行动"把埃塞俄比亚犹太人运送到以色列

以色列不遗余力地大量吸收犹太移民，无非是出于两方面的考虑：一、实用主义目的。增加人力资源，维护国家安全，加快经济发展，与阿拉伯国家和巴勒斯坦阿拉伯人竞争和抗衡。二、理想主义目的。以色列的《回归法》规定，以色列是犹太人古老的民族家园，每一个犹太人都有权利回到这里来定居。而且，这种理想主义观念已为大多数以色列人所接受。1990—1993年大批苏联和前苏联犹太人来到以色列时，以色列经济正处于低谷中，失业率很高，但人们对政府同意接纳如此众多的新犹太移民并没有多少争论，有许多人还自愿为接待和安置新移民提供义务服务。

在20世纪90年代初期短短四五年时间里，只有400万左右人口的以色列突然接纳了60多万新移民，等于每六七个以色列人中就有一个人是新移民。安置如此众多的新移民，对以色列来说，实在不是一件容易的事。但是，由于有50年代初吸收移民潮的经验，有多年来建立的移民安置系统，更重要的是，绝大多数以色列人对此有足够的心理准备，因此，以色列仍然能在没有发生重大社会动荡的情况下吸收了这支庞大的移民大军。这在其他国家是无法想像，也是无法做到的。

新移民来到后会受到热情的欢迎

新移民来到后，一般都会受到以色列官方、犹太人组织和一些志愿人员的热情欢迎和接待。这种迎接新移民的场面相当热烈和隆重，有青少年向新移民们献花，有拉比带领人们诵读《犹太圣经》，还有协会的官员发表热情洋溢的讲话，然后新移民便在志愿人员的帮助下前往安置中心。

以色列在全国建立了近两百个移民安置中心，让新移民在融入社会之前暂时安身。安置中心可向移民们提供简易住房、语言培训、就业培训、医疗卫生等服务。虽然新移民们在安置中心住的只是临时性的简易房屋，但里面一样分为起居室、卧室、厨房、卫生间，也有电器、冷热水、液化气等设施。数百套清一色的这种简易房屋在一起，组成了一个个颇为壮观的移民城。安置中心还有商店、医疗站、幼儿园等服务设施。为了方便人数众多的俄罗斯移民，以色列街头的招牌、广告、路

第七章 后犹太复国主义时代

标，商品的标签、包装、说明书，除原来的希伯来文、英文、阿拉伯文外，都增加了俄文。俄文的书籍报刊随处可见，广播、电视中也增加了俄语节

为俄罗斯新移民开办的希伯来语速成班

目。全国还出现了不少为新移民开办的希伯来语言学校、职业培训中心。总之，一个新移民来到后，会感觉到这个国家确实是在欢迎他，并已为他作了许多安排。

但是，令人激动的欢迎仪式过去之后，移民们会发现，以色列的现实生活中并不总是鲜花和微笑，要真正融入这个社会并不是一件容易的事情。在五六十年代，移民的安置、培训、就业基本上是由国家包下来。而后来以色列采取的是"直接吸收"的方法，具体说，也就是由国家向新移民提供一笔生活补助费（一个三口之家第一年可以得到大约1.1万美元），此后，便让他们在社会中自谋生路，自主沉浮了。以色列官方说，"直接吸收"的方式既对国家有利，也对新移民有利，因为这样可以使他们较快地直接融入以色列社会。

新移民来到后，面临的最大困难一是工作，二是住房。前苏联移民的教育程度普遍比较高，他们中有不少人是教师、医生、工程师、艺术家、科学家。但以色列也是一个专业技术人员过剩的国家，尤其是医生和科技人员，以色列每年都有不少这类人才流到欧美。因此，许多前苏联的专业技术人员在以色列只能干一般普通职员的工作，甚至从事体力

· 247 ·

劳动，新俄罗斯移民中有三分之一多的人找不到工作，另有三分之一的人只能从事与自己原有专长不相干的工作。"直接吸收"也就意味着政府不向移民提供住房，移民安置中心的临时简易住房也是要付费的。为了节省安置费，有的移民在以色列有亲友的，便投亲靠友，暂住亲友家中。而多数人只能住到安置中心去。这里的条件虽然不坏，但冬天寒冷，夏天炎热，又远离城市，工作、生活都不方便，不是久留之处。但在以色列，房价非常昂贵，没有许多年的积蓄是买不起的。大多数新移民只能望房兴叹，不知道要在那些被称为"小盒子"的简易房子里住多久。

除了生活的艰辛，移民们也面临着安全问题。所有男女青年都要到军队服役，成年男子每年也必须服一个月的预备役。另外，巴勒斯坦人对犹太人不断移居以色列非常痛恨，他们往往把这种仇恨发泄在新移民身上。受到"哈马斯"等极端组织袭击的人中就有不少是新移民。因此，新移民们感叹道，这里是"热情的欢迎，冷酷的现实"。

来自苏联的新移民中绝大多数人并不是犹太复国主义者（甚至据以色列内政部说，他们中有20%的人根本就无法证明他们是犹太人），他们来到以色列完全是希望能过上好日子，能很快发财致富。因此，当发现在这里谋生不易，甚至在这里还不如原来在苏联生活得好，他们不免怨天尤人，愤世嫉俗。正是在这种不满情绪下，不少新移民在1992年的大选中投了工党的票，把利库德集团赶下了执政的宝座；当情况没有改善时，他们在1996年又投票把工党赶下台，让利库德集团重获政权。以色列两大政党一直势均力敌，而几十万新移民的选票往往能起决定性的作用。

在以色列，犹太人来这个国家定居被称为"阿里亚"，意为"上升"，新移民则被称为"欧里姆"（Olim），意为"上升者"。但对不少苏联移民们说，他们没有感到他们"上升"了，反而觉得"下降"了。对这些新移民们的抱怨，一些以色列人感到很不高兴。他们说，我们当年来的时候条件比现在差多了，我们不也挺过来了吗？你们现在来坐享其成，还有什么可抱怨的。

另一方面，俄罗斯移民也带来了一些以色列社会原来没有的问题。

以色列近年来出现的犯罪率上升，出现的黑社会、走私、贩毒、卖淫、酗酒等，多与来自苏联的移民有关。不少以色列人抱怨这些俄罗斯人败坏了以色列社会。

90年代初期的新移民中有4万多埃塞俄比亚黑犹太人。这些原来生活在贫穷落后的非洲社会中的黑犹太人，猛然来到了富裕发达的现代社会中，他们自然会产生一种感激和满足的感情。他们对生活条件要求不高，对工作也不挑剔，能吃苦耐劳，而且性情温顺，与世无争。因此，与那些吵吵嚷嚷的俄罗斯移民比起来，一般以色列人对埃塞俄比亚移民的印象要好得多。当然，也有的人看不起他们的这些"黑犹太兄弟"。令人吃惊的是，最看不起埃塞俄比亚移民的却是与他们差不多同时来到这个国家的俄罗斯移民。

尽管多数以色列人并不那么歧视埃塞俄比亚移民，但他们也认为，由于有着特殊的文化、习俗和肤色，埃塞俄比亚移民要想完全融入以色列社会要困难得多，时间也会长得多。事实上，以色列社会中对埃塞俄比亚的黑犹太人仍存在着严重的"隐形歧视"。近年来，甚至有报道披露以色列当局对黑犹太人实施强制节育，在黑犹太人妇女不知情的情况下给她们注射避孕针。此事曾导致埃塞俄比亚裔犹太人上街抗议这种"种族歧视"。

除了新来到的俄罗斯和埃塞俄比亚移民外，50年代来到的也门犹太人、摩洛哥犹太人至今基本上也还保持着自己的社团生活，还保留着一些原来居住国的文化和传统，各个不同的移民集团之间的来往并不多，互相通婚的现象虽然比以前多了，但并不普遍。各个移民集团之间，新老移民之间，都存在着政治、社会、文化和经济利益的冲突，这类冲突虽然不像其他问题那样尖锐和激烈，但对以色列社会的影响同样也是不可低估的。

六、生活在以色列的阿拉伯人

一说到阿拉伯人，许多人自然会想到经常在电视、报纸上看到的向以色列军警掷石块、投燃烧瓶的巴勒斯坦起义者。不错，他们是阿拉伯人，但却不是以色列的阿拉伯人，而是在以色列控制下的约旦河西岸和加沙地带的阿拉伯人。这里要谈的，是生活在以色列国内的、属于以色列公民的阿拉伯人。

1948年以色列宣布建国后，大批阿拉伯人逃离家园，成了流落他乡的难民，但也有不少人不愿离开故土而留了下来。1949年第一次阿以战争结束后，在以色列境内的阿拉伯人大约有16万，占当时以色列人口的15％左右。他们后来都获得了以色列国籍，成了以色列公民。由于阿拉伯人口的出生率很高，现在以色列的阿拉伯人口已达150万，占以色列全国人口的五分之一。60余年来，以色列的犹太人口从100来万增长到现在的600万，其中有相当大一部分是靠外来移民，而阿拉伯人从16万到150万的增长则基本上是靠高出生率的自然增长。

出于可以理解的原因，以色列官方在谈到国内阿拉伯人时，往往不把他们作为一个整体来看，而

一名犹太母亲和孩子走过街道，和他们擦肩而过的是一对阿拉伯母子

是进一步按宗教信仰把他们划分为穆斯林、基督教徒、德鲁兹人,甚至还进一步又从穆斯林中划分出居住在加利利村镇的切尔克斯人、在内格夫沙漠中的贝都因人等。以色列当局对这些不同类型的少数民族也实行不同的政策,采取"分而治之"的手段。其实,从历史、文化、生活习俗等方面来看,他们都属于阿拉伯人。他们都讲阿拉伯语,都自认为是整个阿拉伯世界的一个组成部分,只不过有不同的宗教信仰或不同的生活方式,居住在不同的地区而已。

以色列《独立宣言》称:"以色列将保证其所有公民不分种族、宗教或性别都能享受充分的社会及政治平等。"但事实上,阿拉伯人与犹太人在以色列是没有平等可言的。在长期的以阿对抗中,以色列对其境内的阿拉伯人一直怀有戒心,把他们视为对以色列安全构成潜在危险的"第五纵队"。在建国后相当长一段时间里,以色列当局对阿拉伯人聚居的地区实行军事管制,限制他们的行动自由,直到1966年才取消。

以色列是一个全民皆兵的国家,每个人都必须服2—3年的兵役。阿拉伯人却不能参军,这是完全可以理解的,因为以色列军队所要对付的也是阿拉伯人。确实,以色列的阿拉伯人也不愿意拿起枪去打自己的同胞兄弟。但问题是,以色列的许多社会福利与兵役制度是连在一起的,不让阿拉伯人参军,也就在事实上剥夺了他们的许多社会和经济权利。因此,他们在就业、升学、医疗保险、社会保障等方面都不可能享受与犹太人平等的权利,再加上他们的受教育程度普遍低于犹太人,以色列政府在市政建设、基本设施投资等方面也优先照顾犹太村镇,所以,阿犹之间在经济上差别是很明显的。

以色列的《回归法》《国籍法》使世界各地的犹太人都可以非常容易地回到以色列,成为以色列公民,但这些法律对阿拉伯人却十分苛刻。一个国外的阿拉伯人想要获得以色列国籍是极为困难的,即使他在以色列有亲属,或者是与以色列公民结了婚。极其繁琐的入籍程序和手续不但耗费时日,而且稍有疏漏,便会被永远拒于以色列国门之外。

虽然为同一个国家的公民,以色列的阿犹两个民族之间基本上没有什么交往,他们互相保持着强烈的戒备之心。双方在价值观念、宗教信仰、语言、生活方式等文化上的差异也使彼此难以沟通。建国后在阿犹

混居的城镇中,一般都将阿拉伯人集中到专门的街区居住,使之与犹太人分开。多数犹太人对阿拉伯人都充满着歧视和偏见,不愿与之来往。阿拉伯人聚居在他们自己的地区,有他们自己的学校体系和商业服务体系,有自己的社会和宗教机构,基本上仍保持着他们自己传统的生活方式。他们讲阿拉伯语,到清真寺做祈祷,按伊斯兰教规定过礼拜日或节日,收听阿拉伯邻国的广播电视节目或者以色列国内的阿语节目。一般的犹太人极少到阿拉伯人的村镇中来,阿拉伯人无事也不到犹太人的城镇里去。

耶路撒冷老城,以色列警察正在检查过往的阿拉伯人

阿拉伯人在政治上有选举权。如果按照他们在以色列人口中占近五分之一的比例,那他们应该在120个席位的国会中约有20个席位。但实际上,以色列国会中阿拉伯议员的人数一般只有6-8人(本届国会有8人)。这主要是因为:一、阿拉伯人的政治参与程度较低,有不少人根本不参加投票。二、阿拉伯人的选票比较分散。阿拉伯人有一些小政党,它们都为自己拉选票,但它们得到的选票又不足以使它们进入国会。只有阿拉伯民主党和民主阵线(以色列共产党)能获得一定的票数进入国会。这样,阿拉伯人对以色列政治的影响便不大。迄今为止,还没有一位阿拉伯人进入内阁。

除了在以色列国内受到的不公正对待外,阿拉伯人还有一层更深的痛苦,这就是与整个阿拉伯世界的隔绝。由于他们是以色列公民,拿的

是以色列护照，长期以来，他们不能到其他阿拉伯国家去。他们身为穆斯林，却也不能到伊斯兰教的圣地麦加去朝觐，去履行自己的宗教义务。即便他们有时到了国外，也会被其他阿拉伯人怀疑为以色列的间谍，而得不到信任。1992年就发生过两名以色列阿拉伯人（父女二人）在埃及被当作特务遭逮捕的事件，后来证明他们是无辜的。在以色列国内是处于社会底层的"三等公民"，到了国外又得不到其他阿拉伯兄弟的理解和关心，这种处境使他们非常痛苦。

他们与约旦河西岸和加沙地带的阿拉伯人之间也存在着隔阂。他们原本是生活在一起的同胞骨肉，1949年第一次阿以战争把他们分离开了。当1967年的第三次阿以战争把他们再次连在一起时，他们发现他们之间已经疏远了。双方的身份已经不一样了，一方是以色列的公民，而另一方却是受以色列统治的"无国籍居民"。以色列阿拉伯人的生活水平明显高于被占领土的阿拉伯人，他们多多少少已接受了一些以色列人的生活习惯，不少人还会讲希伯来语。他们对以色列的感情和态度也不一样，以色列国内的阿拉伯人不像被占领土的阿拉伯人那样仇恨以色列，他们没有参加从1988年开始的巴勒斯坦人反以起义（阿语叫"因提法达"）。

随着加沙和约旦河西岸向自治的过渡，一个巴勒斯坦国家迟早要建立起来。对以巴和平协议，以及对未来的巴勒斯坦国，以色列阿拉伯人的感情也比较复杂。一方面，他们欢迎和平协议，也盼望一个独立的巴勒斯坦国早日出现。不管怎么说，他们与巴勒斯坦毕竟有着"血浓于水"的联系，一个巴勒斯坦国可以是他们的母国和他们的靠山；但另一方面，出于经济上的考虑和对故土的依恋，他们中绝大多数人并不愿意迁移到新的巴勒斯坦国中去。他们甚至还担心，这样一个国家的出现可能使他们在以色列国内的处境更加尴尬。

按照以色列官方的宣传，以色列的阿拉伯人是整个中东地区最富裕、享受民主权利最多的阿拉伯人。这也倒确实是事实。与约旦河西岸和加沙地带的阿拉伯人相比，与中东其他阿拉伯国家相比，他们的生活水平要高得多，他们享受的政治权利也多得多。但也可以肯定地说，以色列的阿拉伯人决不会是中东地区生活得最愉快的阿拉伯人。相反，他们很可能是非常痛苦的、最少幸福感和安全感的阿拉伯人。

以色列声称它是一个民主国家,这就意味着,这个国家的每一个公民都应该有完全平等的政治、经济和社会权利。近年来,阿拉伯人中出现了民主政治意识增强的趋势,他们认识到他们能够以民主为手段维护自己的利益,争取更多的权利。可以预料,随着阿拉伯人口比例的增大和政治意识的觉醒,他们将会对以色列政治和社会产生越来越大的影响。不少犹太人已经看到了这一点并对此感到忧心忡忡。

在自称是一个民主国家的同时,以色列《独立宣言》中又明确指出,以色列是一个犹太人国家。这一声明的涵义是,以色列必须是一个以犹太民族为主体的国家,其国家政策必须以维护犹太人的利益为最高宗旨。那么,在这样一个国家里,占人口五分之一的阿拉伯人的位置又该如何确定呢?

以色列北部的拿撒勒,绝大部分居民都是阿拉伯人

对于犹太民族来说,近两千年没有祖国、饱受欺凌的痛苦在他们心灵上刻下了沉重的烙印。犹太复国主义运动引导他们重回故地,重建国家,使他们重获自由。但犹太民族的"救赎"带来的却是巴勒斯坦阿拉伯人的痛苦和眼泪,大批犹太人的到来也就意味着巴勒斯坦的阿拉伯人失去家园,失去自由,失去民族权利。过去犹太人曾是浪迹天涯、无家可归的流亡者,当他们有了归宿之后,巴勒斯坦人却又成了流亡者。对此,巴勒斯坦解放组织领

导人阿拉法特1974年在联合国说，欧洲人干了伤天害理的事，对犹太人欠下了道义上的债，良心不安，但这笔债却要让巴勒斯坦人来偿还。

在这个小小的犹太人国家里有着占人口五分之一的阿拉伯人口，对于许多犹太人来说，这是难以接受的。而且，阿拉伯人的增长远高于犹太人，照这样的趋势发展下去，阿拉伯人口将会变成占三分之一、二分之一，最后甚至超过犹太人。另外，如果以色列是一个真正的民主国家，它就必须让阿拉伯人享受与犹太人同样的权利，包括移民的权利。如果说以前它还能以国家安全为理由拒绝阿拉伯人移入，那么，在以阿实现和平后它还能继续以这一理由把阿拉伯人拒之门外吗？许多以色列人想到这样的前景就不寒而栗。一些极端犹太复国主义分子已提出，如果要允许建立一个巴勒斯坦国，一个条件就是必须把以色列境内的阿拉伯人都迁移到这个新国家里去。

以色列到底是要做一个真正的民主国家，还是要做一个犹太人国家？熊掌和鱼不能兼得，长期以来，以色列当局一直把这个棘手的问题搁置起来，尽量不去触碰它。但现在随着以色列与阿拉伯国家之间和平的出现，随着以色列国内阿拉伯人口的不断增长和政治意识的加强，这个问题再一次摆到了人们的面前。看样子它已到了非正视不可的时候了。

七、后犹太复国主义国家

犹太复国主义是以色列的立国之本。它是一种于19世纪后期兴起于欧洲的特殊形式的民族主义，是犹太人对当时盛行于欧洲的反犹主义做出的一种反应。早期的政治犹太复国主义有两大目标，一是鼓励和帮助世界各地的犹太人移居巴勒斯坦，在那里定居下来，以便建立犹太人自己的民族国家；二是争取世界上其他国家，主要是西方大国，对建立犹太国家目标的支持和承认。在赫茨尔、魏兹曼、本-古里安等老一代复国主义领袖们的领导下，经过半个世纪的不懈努力，犹太复国主义运动奇迹般地实现了它的目标，于1948年在巴勒斯坦建立了以色列国。

以色列建国后，整个国家的政治、经济、社会、文化仍沿着犹太复国主义的轨道滑行，但是，从某种意义上来说，犹太复国主义在实现了其最主要的目标——建立犹太人国家——之后，也就完成了它的历史使命，现在正开始逐渐退出历史舞台。今天，作为一种意识形态的犹太复国主义已渐渐失去了其早期的活力，它当年在巴勒斯坦犹太人社会中打下的烙印正在慢慢消褪，以色列人内部弥漫着一种挥之不去的困顿与迷茫。可以说，现在以色列已进入了一个"后犹太复国主义时代"。

从20世纪70年代后期起，工党独霸以色列政坛的一统天下的局面便结束了，出现了工党与利库德集团平分秋色的局面。这样一来，传统的占统治地位的社会主义－犹太复国主义思想便走上了下坡路，意识形态向多元化方向发展，自由主义、民族主义和宗教思想的影响上升，右翼的极端民族主义和狭隘的宗教狂热情绪也开始在民众中蔓延。在经济上，以色列对西方的依赖日益加深，私有资本在经济中的比例越来越大，自由竞争、自由贸易超过了国家的干预能力。在社会中，个人利益和集团利益的比重上升，早期理想色彩浓厚的集体主义淡化。社会主义、社会民主主义色彩的消褪是以色列社会近一二十年来的显著特点。

宗教势力的崛起从另一个方面证明了传统犹太复国主义的衰落。当代犹太复国主义的基本特征之一就是它的

以色列国防军士兵

第七章 后犹太复国主义时代

世俗性。犹太复国主义运动创始人赫茨尔在其著名的《犹太国》一书中，明确地反对把犹太国家建成一个神权国家。他也反对宗教干预政治，他在书中说，要"让拉比们留在犹太教堂里，就像让士兵们留在军营里一样"。世俗力量与宗教力量的斗争从以色列一建国就存在。在早期，在本-古里安等老一代犹太复国主义领导人强有力的压制下，宗教势力始终难成气候，在政治舞台上和社会中也没有产生多大的影响。

70年代以后，极端的宗教民族主义情绪在以色列人中滋长。最明显的表现是"信仰者集团"（Gush Emunim）的出现和以色列正教党、沙斯党等极端正统派宗教政党的崛起。这些党派利用以色列特殊的政治体制，攫取到许多干预政治和社会生活的权力，甚至还要求把以色列变为一个由宗教势力统治的神权国家。宗教势力的崛起削弱了世俗犹太复国主义的力量，使多数世俗的以色列人感到他们的自由和权利受到了侵犯。同时，极端宗教势力的崛起也影响到了以色列与西方犹太人的关系，因为大多数西方国家的犹太人都不属于正统派犹太教徒，他们对犹太教正统派干预普通犹太人生活的做法持强烈的反对态度，对宗教势力插手政治也非常不满。

按照早期犹太复国主义思想家们的构想，未来犹太国家的社会应该是一个平等、民主、自由的社会。而在今天的以色列，不仅国内的作为少数民族的阿拉伯公民享受不到自由和平等，就是犹太人不同群体之间也没有平等可言，东方犹太人与西方犹太人之间就存在着巨大的政治、经济、文化鸿沟。在右翼的极端民族宗教势力看来，犹太复国主义的目标是建立"大以色列"，也就是在巴勒斯坦这片古老的土地上重建圣经时代的犹太人国家。为了实现这个目标，他们可以无视国际法准则，可以无视民主、人权、平等、自由等这些人类社会的普遍原则，用武力占领和吞并巴勒斯坦人的土地，甚至企图将所有巴勒斯坦人驱逐出以色列占领下的地区。这一切与早期犹太复国主义思想家们的目标和理想都相去甚远。

犹太复国主义在巴勒斯坦经营了一个世纪，留下许多痕迹，除了以色列国家外，还有一些影响很大的机构和组织，如著名的基布兹、莫沙夫、犹太工总（现多译为以色列总工会）、犹太人协会、世界犹太复国主义组织等。这些机构和组织在犹太复国主义运动的发展历史上曾起过巨大的作用，对以色列国家的建立也立下了汗马功劳。在以色列建国后很长的一个时间里，它们在社会中仍保持着相当大的独立性，并有强大的经济实力和政治影响。但今天，这些机构的作用和影响已大大下降。例如，犹太人协会和世界犹太复国主义组织在名义上是全世界犹太人的两个机构，但实际上，现在总部设立在耶路撒冷的这两个机构纯粹已变成了以色列政府的附庸，其作用主要是协助以色列政府吸收移民，发挥一种类似于民间组织的作用。

犹太人和阿拉伯人也并非不能友好相处

另一个突出的例子就是基布兹的衰退和演变。基布兹是犹太复国主义运动兴起后，出现在巴勒斯坦的一种集体定居点。早期来自东欧、深受社会主义－犹太复国主义影响的移民，到巴勒斯坦后便把自己的理想付诸实践，于是便产生了基布兹这种独特的社会经济组织。基布兹实行"各尽所能，各取所需"的原则，具有很强的共产主义色彩。它实行民主管理，成员们之间人人平等；它反对雇工剥削，人人都必须参加生产劳动；它的财产为公共所有，大家一起过集体生活。以色列建国前后，基布兹发展很快，曾被看作是这个国家的象征和骄傲。虽然基布兹人口最多时也只占全国人口的4%，但却在以色列政治和社会生活中发挥着巨大的影响和作用。

然而，作为以色列国家象征的基布兹，近二三十年来却发生了深刻的变化。首先是它的数量开始减少，在社会中的影响逐渐下降。早在60年代初，全国已有270多个基布兹。但自那以后，基布兹就没有再增加。

第七章 后犹太复国主义时代

而近年由于合并及改变经营性质,基布兹数量还有所减少。另外,由于年轻一代中愿意留在基布兹中生活的人逐渐减少,基布兹人口占全国总人口的比例也下降了,从最多时的4%到近年的2.7%。虽然近些年以色列接受了近百万来自苏联等地的犹太移民,但在新移民中却没有建立新的基布兹,新移民中愿意到基布兹去定居的人也不多。其次,基布兹的性质正在改变。早期的基布兹基本以农业为主,它反对剥削,依靠其成员们进行自食其力的集体劳动。现在,很多基布兹基本上已成了一种完全按资本主义生产方式经营的农、工、商、贸的综合企业。为了追逐利润,它们或多或少都雇有一些非基布兹成员的外来劳动力,按劳付给工资,基布兹成员们在某种程度上已成了资本家式的剥削阶层。基布兹的集体生活方式的变化更大。早年大家穿一样的衣服,住一样的房子,共同在公共食堂一起吃饭,孩子从小在幼儿园生活的做法,现在已逐渐被小家庭生活所取代。由于小家庭的经济能力日益加强,成员们之间的生活方式差别越来越大,同一个基布兹内也出现了贫富差别。

在以色列社会从犹太复国主义向后犹太复国主义特征的转变过程中,1967年的六五战争是一个重要的转折点。这次战争中,以色列占领了大片的阿拉伯领土,极大地扩展了它的生存空间。在这种情况下,一些犹太人的民族自大心理膨胀了起来,近百年来受到的歧视、迫害和屠杀在他们心理上留下的阴影被扫除了。随后,在1973年的十月战争中,以色列虽然受到了一点挫折,但它占领的土地仍保持了下来。而与此同时,老一代犹太复国主义领导人高大的政治形象却被彻底动摇了,人们不再崇拜偶像,不再有单纯的政治理想,一个政治和思想多元化的时代出现了。正是在这两次战争之后,以色列社会逐渐走上了"后犹太复国主义"的道路。

尽管以色列事实上早就是一个犹太民族国家,但对此却从未作过正式的宣示。以色列《独立宣言》中称:"以色列国将按照以色列先知所憧憬的自由、正义与平等原则作为立国基础,将保证全体公民,部分宗教、信仰、种族和性别享有最充分的社会和政治平等权,将保证宗教、信仰、语言、教育和文化的自由,将保证保护所有宗教的圣地,并将恪守联合国宪章的各项原则。"按照这一精神和原则,以色列应该是一个

"民主国家",而非"民族国家"。但近几十年来,以色列已经与《独立宣言》中所宣称的公正与平等原则渐行渐远,已经越来越背离了"民主国家"的发展轨道。

埃塞俄比亚犹太人抗议就业不公

2014年11月23日,以色列内阁以15票赞成、6票反对的结果投票通过了"以色列是犹太人的民族国家"的法案,明确将以色列从"犹太民主国家"改为"犹太民族国家"。其实,该法案的内容并没有多少新意,许多早已在以色列实行,例如将犹太民族标志"大卫星"确定为以色列国旗,将犹太民族的另一标志"七臂烛台"作为以色列国徽,将歌颂犹太民族的歌曲《希望》作为以色列国歌,允许使用犹太传统历法,规定犹太人具有移民以色列的权利等,具有实质性内容的是取消了阿拉伯语的官方地位。该法案标志着以色列长期以来关于"民主国家"还是"民族国家"之争终于有了一个结论。以色列总理内塔尼亚胡解释这个由他推动的法案时说:"以色列是犹太人的民族国家。我们坚持以色列的每个公民拥有平等的个人权利,但只有犹太人拥有民族权利。"

第八章 漫长的和平之路

从1948年建国开始，在长达半个多世纪的时间里，以色列同阿拉伯邻国的战争和冲突一直不断。这一旷日持久的冲突，给犹太和阿拉伯两个民族带来了巨大的痛苦，也带来了沉重的经济负担。战争不仅使双方许多人失去了生命，也使阿拉伯国家失去了土地，使以色列失去了和平和安宁。经过一次又一次的战争之后，以色列和阿拉伯双方都开始认识到武力并不能解决他们之间的问题，只有坐下来谈判，双方都作出让步，他们才能够获得和平与安全，整个地区才有可能实现发展和繁荣。20世纪80年代以来，以色列和阿拉伯国家踏上了一条坎坷不平、艰难曲折和漫长的寻求和平之路。

被称为"中东和平进程"的以阿和谈、以巴和谈，尽管步履维艰、一波三折，甚至出现停滞、倒退，但毕竟双方都放弃了"打"，选择了"谈"，提出了"以土地换和平"的基本原则。然而，要实现真正的、持久的和平，既需要勇气，也需要智慧。尤其是在涉及一些核心问题，如犹太人定居点、巴勒斯坦难民的回归、耶路撒冷的归属、巴以边界的划定等，更需要双方都做出痛苦的妥协。以阿双方数十年积累起来的敌意、仇恨和不信任不可能在一夜之间消除，但已经启动的和平进程却呈现出不可逆转之势。人们有理由相信，和平最终将会降临在以阿两个民族之间。

第八章 漫长的和平之路

一、萨达特访问耶路撒冷

在1977年5月的"政治地震"中,以色列政坛出现了"改朝换代"式的变化,执政30多年的左翼工党大选失利,贝京领导的右翼利库德集团登上了权力宝座。尽管贝京政府在领土问题上非常强硬,但多数内阁成员都认识到,如果不直接同阿拉伯国家进行面对面的谈判,就不可能实现真正的和平。所以,贝京一上台就重申了前工党政府的立场,仍将致力于争取本地区的永久和平,呼吁以阿双方在不提出任何先决条件的情况下举行直接谈判。

埃及是最大的阿拉伯国家,也是几次以阿战争中以色列最主要的敌人。贝京精明地意识到,如果能同埃及实现和平,其他阿拉伯国家就不再对以色列的生存构成威胁,而且还能起到分化阿拉伯世界的作用。贝京把前国防部长达扬拉入内阁并委以外交部长一职,其实也就有通过达扬同埃及联系的考虑。达扬出生在巴勒斯坦,对阿拉伯人有很深的了解。而且达扬一直主张用西奈半岛向埃及换取和平,被认为是在西岸和加沙问题上的"鹰派",在西奈问题上的"鸽派"。1977年8月,贝京访问了同阿以双方都保持着较好关系的罗马尼亚,请罗总统齐奥塞斯库向埃及总统萨达特转达他愿意与之会晤并讨论实现以埃和平的信息。不久后,达扬也秘密前往摩洛哥会晤了在以阿冲突中一直持温和态度的哈桑二世国王,想通过他向埃及总统萨达特传递希望同埃及接触和和解的愿望。经哈桑二世协助,达扬于9月同埃及副总理图哈米会晤并初步交换了看法。

从埃及方面来看,安瓦尔·萨达特总统虽然是军人出身,但作为一个现实主义政治家,也认识到以色列的存在是一个难以改变的事实,通过谈判收复失地,实现民族和解已是一条必由之路。埃及作为阿拉伯前线

国家，在四次阿以战争中首当其冲，承受了巨大的民族牺牲和经济损失。沉重的军费负担和战争破坏，使埃及国内经济处于十分困难的境地。1973年，他领导埃及人民进行了十月战争，打破了以色列不可战胜的神话。其实，他打这场战争还有一个目的，就是"以战促和"，以军事胜利来增加谈判的筹码。

身着戎装的埃及总统萨达特

萨达特出身埃及社会下层，家境贫寒，中学毕业后进入开罗阿巴萨军事学院。他在这里参加了民族主义组织"埃及青年党"，并结识了纳赛尔，两人志同道合，建立了深厚的友谊。军事学院毕业后，他和纳赛尔一起在第五步兵旅服役，从少尉一步步晋升到中校。他们还共同创建了秘密团体"自由军官组织"。萨达特因从事反英活动曾两次被捕入狱，磨炼了其意志和能力。1952年，"自由军官组织"发动了推翻法鲁克王朝的七二三革命，萨达特成为执政的"革命指挥委员会"成员。他先后担任过国务部长、国民议会议长、副总统等重要职务。1970年9月，总统纳赛尔逝世后，萨达特任临时总统，同年10月正式当选埃及总统。

十月战争后，埃及在经济上实行开放政策，鼓励西方国家前来投资。埃以虽然签署了脱离军事接触协议，缓和了军事上紧张对峙的局面，但双方并没有实现和平，仍处于交战状态。埃及仍必须维持庞大的军事开支，外国投资者也因此望而却步。实现和平，恢复和发展经济是埃及的当务之急。萨达特的基本思想是：阿以双方以安理会242号决议为基础进行直接谈判，必要时可寻求美国人的协助；要求以色列撤出1967年战争中占领的阿拉伯领土，承认巴勒斯坦人的民族权利；在此基础上，埃及可以承认以色列，并同以色列签订和平条约。

第八章 漫长的和平之路

1977年1月吉米·卡特就任美国总统后，也决心"全面解决中东问题"，派国务卿万斯先后出访了以色列、埃及、叙利亚、约旦和沙特阿拉伯，然后又先后邀请以色列、埃及和约旦领导人访美，目的就是要推动阿以之间进行直接谈判。萨达特清醒地认识到，阿以之间存在着一道"怀疑、畏惧、怨恨，甚至是误解的大墙"。如果不打破这种"心理隔阂"，在双方互不信任、互不相让的情况下，中东问题将会无休止地拖延下去。十月战争使埃及在一定程度上恢复了民族尊严，赢得了同以色列对等谈判的地位。而此时埃及同美国的关系也日益密切，为同以色列谈判创造了有利的时机。

1977年10月，萨达特访问了罗马尼亚，从齐奥塞斯库处得到了贝京欢迎他去以色列访问的重要信息。随后他又访问了伊朗，伊朗国王巴列维也劝他尽早同以色列进行直接谈判。这样，萨达特便下决心前往以色列去"寻求和平"。11月9日，萨达特在埃及人民议会宣布，他准备前往耶路撒冷同以色列议会直接讨论以色列撤军及和平问题。这一宣布在埃及国内外产生了极大的震动，人们没有想到萨达特竟会到阿拉伯国家的死敌以色列去访问。埃及副总理兼外交部长法赫米立即宣布辞职，包括叙利亚、约旦、沙特阿拉伯等大多数阿拉伯国家都反对萨达特的决定，有人还指责他是阿拉伯世界的叛徒。而贝京听到这一消息后，便不失时机地通过美国驻以使馆向萨达特发出了正式邀请，请他11月20日向以色列议会发表演讲。萨达特也立即就宣布接受邀请。

11月19日，萨达特如期对以色列进行了这次"20世纪以来最富戏剧性的访问"。他在特拉维夫本—古里安机场受到了隆

以色列总理贝京在机场迎接萨达特

· 265 ·

重的欢迎,地上铺上了红地毯,鸣礼炮21响,乐队奏起了两国国歌和迎宾曲,萨达特在贝京陪同下检阅了仪仗队。在迎接萨达特的队伍中,除了以色列总统卡齐尔、总理贝京,还有达扬、沙龙等一些不久前在战场上还是敌人的以色列高官。此刻,萨达特虽然表面平静,心情却极为复杂,从昨天到今天他跨出了多么艰难的一步!望着朝他挥动小旗不停欢呼的以色列民众,萨达特更相信自己的决定:人民是渴望和平的。在数万以色列人的夹道欢迎中,萨达特被送到下榻的大卫王饭店。为了确保萨达特一行的安全,以色列出动了约1万名警察,并作好了预防各种不测事件的准备。访问期间,萨达特到耶路撒冷著名的阿克萨清真寺作了礼拜,参观了大屠杀纪念馆,同贝京举行了数次会谈,还会见了以色列总统卡齐尔、前总理梅厄夫人等要人。

萨达特在以色列议会发表演讲

11月20日下午,萨达特在以色列议会发表了重要演讲。"有些时候,一个国家的人民必须忘记过去,朝着新的未来迈出勇敢的步伐。"萨达特用阿拉伯语向以色列议员,向全体以色列人,同时也是向全世界说:"我在这个讲台上向你们,向全世界宣告,我是来向你们寻求全面和平的。"在50分钟的讲话中,他强调他所寻求的并不仅只是埃、以之间单独的和平,而是所有阿拉伯国家同以色列之间的和平。他还阐述了实现和平的基本条件:以色列结束1967年战争以来对阿拉伯领土的占领;保证巴勒斯坦人民拥有民族自决和建立国家等基本权利;本地区各国都有和平地生活在安全的、有保证的边界内的权利;用和平手段解决彼此之间的分歧;结束本地区的战争状态。

萨达特演讲结束后,台下的掌声长达40秒钟。贝京在答词中表示"一切都可以谈判",但又强调了统一的耶路撒冷是不可分割的,也不允许巴解组织在约旦河西岸建立国家;他还表示欢迎所有阿拉伯国家的领导人前来以色列讨论和平问题。21日下午,萨达特结束了他的耶路撒冷之行返回埃及。车队离开时,成千上万群众聚集在旅馆外面,热情地欢呼招手。萨达特原本只指望他的这次访问能打破日内瓦会谈的僵局,但却没有料到会在以色列人民中产生如此巨大的反响。萨达特一行回到埃及时,从机场到开罗城,沿途也受到近百万埃及民众盛大欢迎。这也反映了埃及人民对他和平行动的支持。

萨达特的来访,对以色列来说无疑是外交上的一个重大收获。虽然以色列建国已近30年,但没有一个阿拉伯国家承认以色列的生存权。他们一直声称要赶走犹太人,消灭以色列,解放巴勒斯坦。萨达特的和平行动,使埃及成了第一个承认以色列存在、并愿意与之谈判的阿拉伯国家。萨达特的耶路撒冷之行反映了埃及要求实现和平的愿望,也表现了萨达特追求和平的巨大智慧和勇气。通过此次访问,埃以双方至少取得了两点共识:一、埃以之间不再将战争作为解决争端的手段;二、埃及将恢复对西奈半岛的主权。这在中东和全世界引起了强烈反响,受到了多数埃及和以色列人民的欢迎与支持,并从此启动了漫长而艰难的中东和平进程。

萨达特的耶路撒冷之行也在阿拉伯世界引起了剧烈的反应。1967年六五战争之后,阿拉伯联盟便制定了共同的对以"三不政策":不承认、不和解、不谈判。萨达特的这一行动,使阿拉伯联盟陷于分裂。从此阿拉伯国家在对以政策上再也不是铁板一块了。叙利亚、利比亚、巴解组织等坚决反对与以色列和谈。他们称,以色列是永远的敌人,萨达特与敌人和解，就是与整个阿拉伯世界为敌，是阿拉伯人的叛徒。而以沙特阿拉伯为首的另一些阿拉伯国家虽然也谴责萨达特的行动，但却并不完全反对与以色列和谈。他们认为，和谈应在阿盟主持下进行，对以色列采取共同的政策。他们反对萨达特的单独行动，谴责埃及撇开阿拉伯联盟单独与以色列和谈，破坏了阿拉伯世界的团结。此后，阿拉伯世界在对以政策上分裂成了以利比亚、叙利亚为首的"拒绝阵线"，和以沙特阿拉伯为首的温和派国家。

二、《戴维营协议》与以-埃和平

1977年12月贝京对埃及进行了回访，他在开罗同萨达特就有关问题作了进一步的讨论。随后，埃以双方高层之间又进行了多次接触和谈判。但由于双方分歧严重，在近一年的时间里举行的一系列接触和谈判都没有取得任何实质性的进展。美国人一直认为，美国应该掌握中东和谈的主导权，以埃谈判必须在美国的主持下进行。为了抓住这一难得的和平机会，美国卡特总统决定邀请萨达特和贝京到华盛顿附近的戴维营举行美、埃、以三方首脑的最高级会谈。

萨达特赴戴维营前，埃及最高领导层举行了会议，专门研究了会谈的有关问题。然后由总统新闻办公室发表声明，指出埃及要求全面、公正和持久地解决阿以冲突，拒绝任何临时或分阶段的以及局部或双边的解决办法。而贝京则表示，以色列对戴维营会谈的结果"不抱过高的期望"。然而，以色列国内此时却兴起了一股强烈的和平运动，要求贝京政府放弃僵硬的不妥协立场。1978年3月，约350名预备役军官给贝京写了一封请愿书，要求政府接受"以土地换和平"的方案，组织了大规模的游行，并提出了"现在就和平"（Peace Now）的口号。9月，在贝京赴美谈判前夕，"现在就和平"运动又组织了10多万人的游行

第八章　漫长的和平之路

示威，要求贝京在谈判中表现出和平诚意。这一运动对贝京态度的转变产生了较大的影响。

1978年9月6日，美、以、埃三国首脑正式开始了在美国马里兰州戴维营的

贝京和萨达特在美国华盛顿

会谈。在整个谈判过程中，埃及和以色列之间的分歧严重，争论十分激烈，在原则问题上互不让步，谈判常常濒于破裂的边缘。埃以之间的分歧主要在于：1.埃及主张就中东问题达成全面的解决方案；以色列则坚持埃以先就西奈问题达成协议，然后再谈巴勒斯坦问题；2.埃及要求以色列结束对约旦河西岸和加沙的占领，承认巴勒斯坦人拥有民族自决以及建立国家的权利，以色列则反对建立巴勒斯坦国，拒绝放弃约旦河西岸和加沙；3.埃及坚持对西奈半岛拥有绝对主权，以色列立即完全撤出西奈；以色列则拒绝拆除定居点，并要求在3—5年内继续保持对西奈3个机场的控制。

由于双方互不让步，会谈陷入了僵局。在此情况下，萨达特决定中止会谈，离开戴维营回国。贝京也表示不可能再继续谈下去了。这意味着埃以之间将再度决裂，已出现的和平之光将又一次熄灭。后经卡特总统"以一生中从未有过"的严肃态度来再三劝阻，萨达特才答应继续留下来会谈。接着，卡特又向贝京施加了强大的压力，再加上以色列外交部长达扬和国防部长魏兹曼的劝说，贝京表示愿意在犹太人定居点问题上作出让步，会谈才出现了转机。后来埃以双方讨论了以美国方案为基础的协议草案，彼此又都作出了一些妥协。这样，戴维营会谈经过13天的激烈交锋和讨价还价后，三方在9月18日达成了协议。当晚，在卡特总统主持下，萨达特和贝京在白宫签署了被称为《戴维营协议》的两项文

件，和谈终于取得了重大突破。

所谓《戴维营协议》，实际上是由《关于实现中东和平的纲要》和《关于埃及同以色列之间和平条约的纲要》两个文件组成。

《关于实现中东和平的纲要》的主要内容是：联合国安理会242号决议是和平解决中东问题的基础；该地区各国都有在安全和公认的边界内和平生活的权利。纲要要求埃及、以色列、约旦和巴勒斯坦人的代表参加和平解决巴勒斯坦问题的谈判，这一谈判包括对约旦河西岸和加沙地带作出不超过五年的过渡安排；埃及、以色列和约旦（巴勒斯坦人可参加埃及和约旦代表团）将在约旦河西岸和加沙地带建立经选举产生的自治机构的方式和确定自治机构的权力与职责；自治机构一经建立和运转，五年过渡期即开始，有关各方再进一步谈判确定西岸和加沙的最终地位，并在过渡期结束前缔结以色列与约旦之间的和平条约。关于埃以关系，纲要要求双方通过谈判在三个月内缔结一项和平条约。

《关于埃及同以色列之间和平条约的纲要》对埃以关系中的一些主要问题作了比较具体的规定。它的主要内容是：埃及在国际承认的边界内行使充分的主权；以色列武装部队撤出西奈，它留在西奈的机场只供民用；以色列船只有权在苏伊士湾和苏伊士运河自由航行；蒂朗海峡和亚喀巴湾向各国开放；埃以签订和约和以色列完成在西奈半岛的第一阶段撤军后，双方建立正常的外交、经济和文化关系。

9月26日，以色列议会对通过《戴维营协议》进行了辩论，反对意见主要来自宗教党派和利库德集团内部的极右势力，但最后仍以84票比19票通过协议（利库德集团的

贝京、卡特和萨达特在美国签署《戴维营协议》

第八章　漫长的和平之路

43个议员只有29人投了赞成票)。10月14日,《戴维营协议》也获得了埃及人民议会的通过。11月底,瑞典的诺贝尔奖委员会决定将当年的诺贝尔和平奖授与萨达特和贝京,以表彰他们二人为实现埃以和平所作出的贡献。国际外交记者协会还将1979年的"哈马舍尔德和平奖"授予了萨达特,表彰他为寻求和平主动访问耶路撒冷。

根据《戴维营协议》,美、埃、以三方部长级代表团从1978年10月12日起,在华盛顿就缔结埃以和约开始谈判。但由于《戴维营协议》对一些重大问题有意回避,加之埃以双方对协议中的一些条款解释不同,因而缔结谈判仍遇到了很大困难。埃及坚持埃以和约应与西岸和加沙的自治进程相联系,而以色列则坚持把埃以缔约同巴勒斯坦自治问题完全分开。直到1979年2月底,缔约谈判仍无多大进展。为了打破僵局,卡特3月初亲自出访埃及和以色列,答应在5年内向埃以两国提供54亿美元的经济和军事援助。经过美国的全力调解,3月26日贝京和萨达特终于在白宫南草坪正式签署了《以色列－埃及和平条约》。卡特总统作为联署人也在和约上签了字。

埃以和约及其附件以《戴维营协议》为基础,正式宣布结束两国的战争状态,划定相互承认的国际边界以取代原先的停火线。和约规定以色列分两个阶段从西奈半岛撤军;在以色列完成第一阶段撤军后,埃以双方立即建立正常的外交关系;以色列军队完全撤离西奈半岛后,西奈半岛将实行非军事化,在双方边境上建立由联合国部队驻扎的缓冲区;以色列船只可自由通过苏伊士运河;埃以双方在十个月内开始就巴勒斯坦自治问题举行谈判。

埃以和约签订后,从1979年5月25日到1980年1月25日,以色列分五次向埃及移交了占西奈半岛面积2/3的土地。以色列和埃及于1980年2月15日宣布建立外交关系。以色列从西奈半岛撤军,放弃了它在西奈半岛的陆、海、空军事基地,放弃了11个犹太移民定居点,也放弃了它在西奈发现和已开发的石油资源等。在1982年强行拆除亚米特定居点时,以色列军队甚至同不愿撤离的犹太定居者们发生了暴力冲突。以色列完成撤军后,埃及正式收复了西奈全部领土。但是,关于有争议的塔巴地区的归属问题直到1986年才基本解决。

然而，从1979年5月开始的关于巴勒斯坦自治的谈判，却因双方立场悬殊以及因约旦和巴勒斯坦代表的缺席而没有取得任何进展。贝京政府坚持巴勒斯坦的"自治"仅限于居民自治，而不包括领土自治；在五年的自治过渡期满前后，以色列都将保持在西岸和加沙的军事存在；而且耶路撒冷不属于自治范围，其主权不容谈判。这一立场与埃及方面的要求相距甚远，因此谈判多次中断。当1980年7月以色列议会通过宣布统一的耶路撒冷是其"永恒与不可分割的首都"的法案后，埃及宣布中止巴勒斯坦自治谈判。1981年8月，谈判虽然恢复，但双方的分歧依然如旧。当年底以色列议会又通过了在戈兰高地实施以色列法律的法案后，埃及代表团再次中止会谈，返回开罗以示抗议。

《以色列－埃及和平条约》是以色列与阿拉伯国家之间的第一个和平条约。通过和约，以埃基本上解决了双方之间的重大争端，结束了30多年的战争状态，为用和平方式全面解决以阿冲突开辟了道路。条约签订后，埃及收回了西奈半岛的全部领土，以埃关系实现了正常化，双方建立了外交关系，实现了边界开放，在旅游、商业、贸易等方面开展合作。

但埃及和以色列也为和约的签订和实施付出了沉重的代价。埃以媾和引起了阿拉伯阵营内部的严重分裂。除苏丹、阿曼和摩洛哥等少数国家支持外，大多数阿拉伯国家都持不同程度的反对态度。叙利亚、利比亚、阿尔及利亚、南也门和巴解组织等成立了拒绝同以色列进行任何妥协的"拒绝阵线"，并发表宣言指责萨达特的行为是对整个阿拉伯民族的"背叛"。"温和派"沙特、约旦等国虽然不反对通过谈判来解决中东问题，但反对埃以单独媾和，主张阿拉伯国家采取一致行动，"全面而公正地"解决中东问题。1979年3月，阿拉伯国家联盟召开特别会议，决定对埃及实行集体制裁，17个阿拉伯国家全部同埃及断绝外交关系。阿盟停止了埃及的成员国资格，其总部也由开罗迁到突尼斯城。埃及在阿拉伯世界陷入了空前孤立的境地。

萨达特总统在国内也遇到了强大的阻力，反对势力既包括左翼的纳赛尔主义者也包括右翼的宗教极端分子。在同以色列媾和的过程中，埃及先后有两位外交部长因反对萨达特的和平政策而辞职。以穆斯林兄弟

第八章　漫长的和平之路

会为代表的宗教极端势力的反对尤为激烈，认为萨达特同以色列媾和是对埃及和伊斯兰教的背叛，他们采取各种方式阻止和破坏埃－以和约的实施，并密谋杀死"叛徒"萨达特。

极端分子刺杀萨达特现场

1981年10月6日，埃及为庆祝第四次中东战争胜利8周年举行阅兵式，炮车方队经过主席台时，一辆加农炮车突然停了下来，从炮车中跳出来4名士兵高喊着"光荣属于埃及"冲向主席台，投掷了一枚手榴弹并用冲锋枪扫射。萨达特身中数枪，手榴弹也在他身后爆炸。倒在血泊中的萨达特的最后一句话是："真是不可思议！"整个刺杀行动只有1分多钟，萨达特被用直升机火速送往医院，但终因伤势过重，在2小时紧急抢救后身亡。在这次刺杀行动中，除萨达特外，还有7位官员遇难，30多人受伤。组织这次谋杀的伊斯兰布里是一名炮兵中尉，他和另外3人都是极端组织"赎罪与迁徙"的成员，4人都被埃及军事法庭判处死刑。萨达特为和平付出了生命的代价。

以色列方面的阻力主要来自国内的极右翼势力。除了诸如"信仰者集团"这样的极端民族主义分子和宗教狂热分子的反对外，利库德集团内部的反对呼声也很高。以－埃和约在议会表决时，约三分之一的利库德集团议员弃权或投了反对票。有两名超级鹰派利库德议员——盖拉•科

· 273 ·

亨和摩西·沙米尔走得更远，于1979年10月组建了一个新政党——泰西亚党，强烈反对贝京政府的"妥协"政策。在右翼力量的影响下，贝京政府在以埃和约之后领土政策也变得更加强硬，从而引起鸽派人士的不满。为推动以埃和平作出了重要贡献的达扬，对贝京政府在巴勒斯坦自治谈判中毫无诚意、处处设置障碍的做法深感失望，于1979年10月辞去外长职务，由利库德集团中更富于鹰派色彩的伊扎克·沙米尔接任外交部长。

但无论如何，《戴维营协议》和以－埃和平毕竟开创了以色列和阿拉伯国家通过谈判解决争端的先例，是以－阿关系史上一个重要的转折点，其深远影响和历史意义是不可低估的。

三、黎巴嫩战争

由于国小人少、资源贫乏，以及从防御角度看十分恶劣的地理条件（用达扬的话来说就是"以色列整个国家就是一条边境线"），再加上长期处于敌对的阿拉伯邻国包围之中，以色列人对国家安全有着一种超乎寻常的敏感性。他们国家安全的理论可归纳为一句话，就是"以色列经不起任何一次失败"。为了确保安全，以色列不惜牺牲经济发展速度，投入巨额国防开支，不惜耗费巨大的人力物力强占大片阿拉伯国家土地作为战略纵深，也不顾国际社会的压力与制裁，在安全问题上我行我素。有人说，以色列对安全的敏感已到了一种病态的程度。

以色列的安全战略思想之一，就是保持强大的军事实力，对对手形成威慑。除了发展先进的常规武器外，以色列早在20世纪50年代就开始研制核武器，最主要的核基地是内格夫沙漠中的迪莫纳。法国、美国、西德、挪威、南非等国都与以色列进行过核合作。人们普遍认为，以色列是世界上继美、苏、英、法、中之后的第六个核国家。据西方专家估计，到1973年十月战争爆发时，以色列不仅已拥有了运载核武器的导弹系统，而且也已拥有了10—20枚核弹头。以色列领导人一方面多次声称以色列已拥有核能力，完全能够制造核武器，并且拒绝加入核不扩散条约；但另一方面为了避免刺激阿拉伯国家，他们又一直否认已拥有了核武器，采取一种具有强大威慑力量的"核模糊"政策。

以色列的另一个安全战略原则，是在受到威胁时先发制人，实施预防性打击，御敌于国门之外。这一点在对阿拉伯国家（尤其是对持敌视态度的国家）研制和拥有核武器的问题上尤其突出。伊拉克是阿拉伯国家中最有可能制造核武器的国家，在法国的帮助下从20世纪70年代就开始了核武器的研制，因此它便成了以色列的重点防范对象。1979年4月，伊拉克向法国购买的一座核反应堆即将启运，以色列立即派出特工人员将其炸毁在法国土伦港的仓库里。但伊拉克并未气馁，继续致力于其核计划的实施。1980年5月又一座法国制造的核反应堆和浓缩铀运抵伊拉克。1981年初，位于离巴格达不远的塔穆兹的乌西拉克核反应堆开始运转。以色列对此深感不安，贝京声明说将"被迫作出反应"。

1981年6月7日，8架携带重磅炸弹的以色列F-16战斗机在6架F-14歼击机的护卫下，从西奈半岛机场起飞，沿约旦和沙特阿拉伯边界低飞至巴格达上空，只用了两分钟的时间便炸毁了乌西拉克核反应堆。待伊拉克防空部队作出反应时，以色列全部飞机都已开始安全返航了。以色列的这次长途空袭招致了国际社会的一片谴责之声，联合国通过了措辞严厉的谴责决议，连美国里根政府也发表了指责以色列的声明，并宣布暂停交付以色列新购买的4架F-16战斗机。但贝京政府此举却在国内受到普遍赞誉，认为是一次合理合法的自卫行动。

此次对伊拉克核反应堆的空袭还给利库德集团在即将到来的大选加了分。尽管贝京政府的政策使国内通货膨胀，经济困难，但在1981年7月的大选中，利库德集团仍以48票对47票的微弱优势险胜工党联盟，与几个宗教党派组成了联合政府。此届政府比上届政府更富于鹰派色彩，两个著名的鹰派人物沙米尔和沙龙分别出任外交部长和国防部长。

70年代以来，以色列又有了一个日益强大的对手——巴勒斯坦解放组织。虽然巴勒斯坦人中早已有一些大大小小的武装组织，但它们各自

为政、主张不一,而且大多在国外,对以色列并没形成多少实际威胁,可以说只是以色列身上的一些癣疥之疾而已。但后来这些游击队加强了对以色列的攻击烈度,并且从原先的分散状态逐渐走向联合和统一。特别是当1969年

巴解领导人阿拉法特(20世纪70年代)

阿拉法特成为巴勒斯坦解放组织领导人之后,采取了新的对以斗争策略和方式,对以色列形成了实实在在的威胁。巴解组织日益成为以色列的心腹之患。

自阿以冲突爆发以来,大批巴勒斯坦难民涌入黎巴嫩。到80年代初,在黎的巴勒斯坦难民已多达60万,大多生活在条件很差的难民营里。1970年约旦"黑九月"事件后[1],巴解组织总部也从约旦迁到了贝鲁特西区,靠沙特阿拉伯、科威特等国每年提供的四亿美元援助,逐渐发展为一个"国中之国"。除了拥有大小不一的多支军事力量外,巴解组织还有自己的工厂、医院、广播电台、报纸、银行等。巴解组织经常从黎巴嫩南部向以色列发动袭击,以色列军队的报复性还击又带来黎巴嫩平民的伤亡和财产损失。这样一来,巴解组织便同黎巴嫩政府产生了矛盾。1975年黎巴嫩因教派冲突爆发内战,基督教马龙派与穆斯林之间混战不已。巴解组织很快也被卷入了内战,站在穆斯林武装一边同黎政府军和马龙派对抗。

随着以-埃和谈的发展,叙利亚等"拒绝阵线"国家也加大了对巴

---

[1] "黑九月"事件是1970年间约旦和巴解组织之间发生的严重流血冲突。整个冲突中,巴解组织一半以上成员被打死,被黎巴嫩好心接收残部。

第八章 漫长的和平之路

解组织的支持。1978年3月，以色列为了回击巴解游击队，出动两万多军队进入黎南部，撤军时把该地区交给亲以的南黎巴嫩基督教民兵武装。黎内战爆发后，叙利亚也派军队进入黎巴嫩，支持穆斯林武装，打击基督教势力。1981年4月，叙利亚向黎增派了军队，并在黎境内部署了大量苏制导弹。贝京要求叙利亚立即撤出导弹，并威胁要用武力进行摧毁。双方剑拔弩张，出现了所谓的"叙以导弹危机"。从1981年5月开始，巴解组织不断向以色列北部20多个城镇进行炮击，在不到一年的时间里，巴解共向以色列发动了290次攻击，打死29人，打伤271人。以色列7月对黎南部的巴解基地和贝鲁特的巴解总部进行空袭，巴解武装则炮轰以色列北部，进行回击。

巴解和叙利亚在黎巴嫩的活动使贝京政府深感不安，决心采取一次大规模的军事行动一劳永逸地解除巴解对以色列北部安全的威胁。国防部长沙龙是这一行动的主要策划者，他在《80年代以色列的战略问题》研究报告中提出，此次军事行动有两个目标：一是尽可能消灭巴解组织的军事和政治结构，以便保护以色列免遭来自黎南部的一切袭击；二是摧毁部署在黎巴嫩领土上的叙利亚导弹。以色列希望在占领了黎巴嫩大部分地区后，把它交给亲以的基督教马龙派，并与之签署以－黎和平条约。

1982年6月3日，以色列驻英国大使阿戈夫遇刺受重伤。虽然巴解组织声称与这一暗杀行动无关，但以色列以此为借口，于6月4日发动了大规模入侵黎巴嫩的"加利利和平行动"。黎巴嫩战争爆发，也被称为"第五次中东战争"。头两天，以空军对贝鲁特和黎南部进行轰炸，然后9万多以军在沙龙的直接指挥下，在飞机、大炮、坦克和装甲车的配合下，越过联合国临时部队驻防区，分三路进入黎南部。尽管巴解组织进行了顽强抵抗，以军仍很快就摧毁了黎南部的多处巴解军事基地，俘获了6000余名巴解人员。

以色列的另一个目标就是打击在黎的叙利亚军队和摧毁其导弹基地。6月9日，以军在贝卡谷地同叙军展开激战，双方投入了大量坦克和飞机。以色列空军用先进的雷达预警和电子干扰手段，仅6分钟便全部摧毁了叙利亚的19座苏制萨姆-6导弹发射架，并在两天的空战中重创叙利亚空军，击落48架叙利亚飞机，而以空军却没有损失一架飞机。后在美、苏的压力下，以、叙于6月11日宣布停火。

以、叙停火后，以色列又集中兵力对付巴解组织。6月14日以军开始实施代号为"大松树行动"的计划，调集了3.5万人和大量坦克、大炮对巴解总部所在地贝鲁特西区实施包围，并不断缩小包围圈，希望用军事压力配合政治谈判迫使巴解组织撤离贝鲁特。从7月上旬开始，以军不断对贝鲁特西区进行轰炸，并断水断电，禁止向巴解运送食品、药品等，试图以封锁的手段迫使巴解组织就范。

以色列坦克进入贝鲁特

6月7日，美国总统特使哈比卜飞抵以色列，开始对黎巴嫩战争进行调解。以色列提出的撤军条件是：黎巴嫩不再成为"恐怖分子"的基地；巴解武装撤出贝鲁特西区；为防止巴解武装重返黎南部，在黎南部建立一个保证以色列安全的"安全区"；所有外国军队撤出黎巴嫩。经过哈比卜不断在各方之间的穿梭斡旋，最后各方达成了一个妥协方案。从8月21日至9月1日，巴解组织的12000多名武装人员在由美国、法国、意大利组成的多国部队监护下，分15批撤离贝鲁特，前往叙利亚、约旦、突尼斯等8个阿拉伯国家，巴解组织总部也迁往突尼斯。同时，驻贝鲁特的叙利亚部队也撤往贝卡谷地。

以色列发动侵黎战争的重要目的之一，是要帮助基督教马龙派建立一个亲以的、不受巴解和叙利亚控制的政权，并谋求与黎新政府单独媾和。然而，两个多月的战争并未能实现这一目的，而且以军损失惨重，伤亡人数共1950人（其中阵亡250人，受伤1700人），远远超过原先预料的数字。因此，战争开始后不久军队中就出现了反战情绪。另外，沙龙和总

第八章　漫长的和平之路

参谋长艾坦要求以军摧毁包括黎巴嫩城镇和巴勒斯坦难民营的命令也在军队中引起了反感。越来越多的人开始对这场战争的意义提出疑问。7月3日，"现在就和平"运动在特拉维夫组织了约10万人的反战游行。

就在国内反战情绪日渐强烈时，9月14日，黎巴嫩新当选的总统贝希尔·杰马耶勒在贝鲁特东区被炸身亡。次日，以军以此为借口重新开入贝鲁特西区，并包围了贝鲁特南郊的巴勒斯坦难民营。9月16—18日，在以军的默许和配合下，黎基督教长枪党武装开进夏蒂拉和萨布拉两个巴勒斯坦难民营。长枪党武装与巴勒斯坦游击队之间多年来冲突不断，积怨很深。长枪党武装分子在难民营里大开杀戒，对2300多名无辜平民进行了血腥屠杀，受害者中有许多是妇女和儿童，其惨状令人不忍目睹。沙龙等人纵容长枪党的屠杀，目的在于制造恐怖气氛，迫使巴勒斯坦人离开黎巴嫩。这一暴行很快被西方媒体披露，在国际社会引起震惊，遭到各国的普遍谴责。埃及立即中止了同以关于巴勒斯坦自治的谈判，召回了驻以大使；美、法、意也宣布将重组多国维和部队返回黎巴嫩，以军被迫撤出贝鲁特西区。

贝鲁特难民营屠杀事件在以色列国内也激起了强烈反应。人们对贝京政府提出了尖锐的批评，舆论的矛头主要指向沙龙等人，反战情绪达到高潮。以色列总统伊扎克·纳冯也提出要求对屠杀事件进行深入调查，否则他将辞去总统职务。9月24日，"现在就和平"等组织联合在特拉维夫举行了近40万人（占全国人口近1/10）的大示威，如此大规模的抗议示威在以色列历史上是空前的。27日，以色列组成了以最高法院院长为首的调查委员会，贝京、沙龙等人都被传来听证。1983年2月，调查委员会公布了调查报告，确认屠杀事件是黎巴嫩长枪党所为，但贝京、沙龙、沙米尔等人负有相应的责任，报告建议解除沙龙以及一批高级军官的职务。不久，沙龙被迫辞去国防部长职务。

反战浪潮和贝鲁特难民营屠杀事件使贝京政府受到沉重的打击。此后的一段时间里，"现在就和平"等组织的反战示威在特拉维夫和耶路撒冷等地此起彼伏。贝京为此深感烦恼，再加上受到他妻子去世的刺激，他的精神开始崩溃了。1983年9月，贝京以"个人原因"为理由正式向总统提出辞呈，由利库德集团新领导人伊扎克·沙米尔接任总理职务。

四、从马德里到奥斯陆

1990年8月,伊拉克出兵占领科威特,引发了一场震惊世界的海湾危机。1991年1月,持续了五个月的海湾危机发展为海湾战争,以美国为首的多国部队发动了对伊拉克的军事打击。尽管以色列同伊拉克并不接壤,但全国上下对这场战争却十分关注,因为从海湾危机一开始,伊拉克总统萨达姆·侯赛因就要求将海湾问题与巴勒斯坦问题挂起钩来一起解决,并声称如果美国胆敢进攻伊拉克,他将使用化学武器"消灭半个以色列"。

果然,海湾战争一打起来,伊拉克就开始用导弹袭击以色列人口稠密的特拉维夫和海法等地。从1月18日到2月25日,以色列共遭到37枚伊拉克苏制"飞毛腿"导弹的袭击,尽管以色列进行了拦截,但仍造成了2人死亡,近300人受伤,上百处民用建筑被毁。但在美国的要求下,以色列没有对伊拉克的袭击进行报复,而是采取了不同寻常的克制态度。因为以色列领导人知道,一旦以色列卷入战争,那些参加多国部队的阿拉伯国家的态度就会发生变化,从而破坏美国打击伊拉克的战略目标。

海湾危机期间,1990年10月在耶路撒冷发生了犹太教徒与阿拉伯穆斯林因祈祷而争夺宗教圣地的大规模流血冲突,以色列军警开枪打死了22名阿拉伯人,打伤150多人。这次被称为"圣殿山事件"的流血冲突使以色列再次成为国际社会的众矢之的,连美国也在联合国安理会中两次支持通过谴责以色列的决议。但几个月后,由于以色列在伊拉克导弹袭击中"打不还手",在国际上的形象得到很大改观,还获得了不少国际援助。美国大幅度增加了军事援助,免除了以色列所欠的45亿美元的债务。欧共体也向以色列提供了3亿多美元的人道主义紧急援助。

战争的结果基本上是以色列希望看到的:激进的伊拉克受到重创,

在军事和经济上短期内难以恢复；以埃及为首的温和力量在阿拉伯世界发挥着重要作用；阿拉伯世界四分五裂，很难再形成团结一致对付以色列的局面；美国通过海湾战争确立了它在中东地区的主导作用，苏联（俄罗斯）在中东的影响基本已不复存在。但是，对执政的利库德集团来说，海湾战争也带来了一个它不愿意看到的后果，那就是巴勒斯坦问题再一次成为国际社会关注的焦点，被占领土问题的解决被提上了议事日程。

海湾战争和冷战结束，世界格局发生了巨大变化，美国成了唯一的超级大国。在这种情况下，美国的中东政策也作了一些调整，其核心是：通过海湾战争和战后中东秩序的安排，确立美国在中东地区的主导地位，建立维护美国利益的地区安全体系。美国认识到，要确立它在中东的主导地位，首先就必须解决阿以冲突。为了建立"中东新秩序"，推动阿以和谈，海湾战争期间及战后，美国国务卿贝克先后八次前往中东，在各国之间进行外交努力。

对于阿拉伯国家来说，既失去了冷战时期的苏联支持，在海湾战争中又进一步四分五裂，实力和地位都受到削弱，已不可能再形成统一的反以阵线，因此较容易接受美国的和平倡议。其实，早在1982年的"非斯计划"中，阿拉伯国家就已"含蓄地"承认了以色列的生存权。但是，以色列利库德政府却对美国倡导的中东和会缺乏热情，从一开始它就反对将海湾问题与巴勒斯坦问题挂钩；更主要的是它拒绝以联合国242号和338号决议为谈判基础，拒绝"以土地换和平"的原则，而提出"以和平换和平"，并拒绝停止在占领地区修建犹太定居点，为和谈设置障碍。

然而，以色列国内的和平力量却在发展，1991年的几次民意测验都表明，大多数以色列人赞成参加中东和谈。同时，美国也在对以色列不断加大压力，尤其是将以色列此时希望得到的100亿美元的贷款担保与它参加中东和谈联系在一起，而这笔巨额贷款对以色列安置新近涌入的大批苏联犹太移民至关重要。这样，美国连推带拉地使以色列沙米尔政府不得不同意参加中东和平会议。10月20日，以色列内阁决定参加中东和会，并组成了以总理沙米尔为团长的代表团。

1991年马德里中东和平会议

1991年10月30日，解决阿以争端的中东国际和平会议在西班牙首都马德里正式召开，美国总统布什和苏联总统戈尔巴乔夫作为会议的两主席专程前来主持开幕式，并发表讲话呼吁阿以双方摒弃前嫌，共建中东和平。马德里和会的召开，使处于敌对状态长达43年之久的以色列和阿拉伯国家终于坐到了谈判桌前，就它们之间的问题进行谈判。与13年前埃及一国与以色列进行和谈不同，马德里和会标志着中东和平进程的全面启动，是阿以关系从对抗走向对话的历史性转折。

阿以双方也在开幕式上表述了各自的基本立场和原则。阿拉伯方面坚持"以土地换和平"的原则，强调在联合国242号和338号决议的基础上解决阿以冲突；而以色列总理沙米尔在发言中几乎用了三分之一的篇幅来回顾第二次世界大战中犹太民族遭受的苦难，强调以色列的存在和权利应得到尊重，并称解决阿以冲突不是领土问题，而是实现和平的问题。开幕式实际上是各方阐述自己的立场，并没有直接的谈判交锋。

开幕式之后，马德里中东和会即分为以色列和叙利亚、黎巴嫩、约旦、巴勒斯坦的双边谈判和有关各方参加的多边谈判两条轨道同时进行。从1991年11月到1994年2月，以阿双方在华盛顿先后进行了12轮谈判，从相互试探摸底到唇枪舌剑的交锋，这场艰苦的马拉松式谈判持续了两年多时间。由于以阿双方分歧太大，互不信任的心理一时难以化解，因此尽管这12轮双边谈判涉及许多问题，却未取得多少实质性成

第八章 漫长的和平之路

果。多边谈判是讨论一些区域性问题，如军备控制、经济合作、水资源、环境与生态、难民等问题，先后在莫斯科、里斯本、伦敦、东京等地分为几个工作小组举行。由于多边谈判在很大程度上要取决于双边谈判的进展，更多的是营造一种"和平气氛"，而不可能取得什么实质性进展。

当双边谈判和多边谈判还正在进行时，以伊斯兰教为旗帜的哈马斯组织在约旦河西岸和加沙地带加强了反对以色列的暴力活动。1992年12月初，当几名以色列士兵和边防警察被哈马斯分子杀害后，以色列当局宣布将400多名巴勒斯坦"恐怖分子"驱逐到黎巴嫩南部地区。阿拉伯方面立即宣布退出谈判，以示抗议。在这种气氛下，和谈更难取得进展，马德里中东和会陷入了僵局。

就在山穷水尽疑无路之际，1992年6月，以色列举行了第13届议会选举。由于利库德集团在领土问题上坚持寸步不让的强硬政策，并继续在占领地区修建定居点，这种僵硬态度有悖于海湾战争后人们对和平的期望；而工党在被占领土问题上采取灵活务实的态度，主张以"领土换和平"的原则同巴勒斯坦人进行谈判，因而得到广大选民的欢迎。再加上利库德集团执政以来，以色列经济一直很糟，人们的不满日甚一日。大选的结果是，利库德集团遭到惨败，在议会中只获得32席，而工党获得44席，与梅雷兹党等很快就组成了新政府，由拉宾任总理兼国防部长，佩雷斯任副总理兼外交部长。

在和平问题上，拉宾政府采取了相当灵活和务实的态度，明确反对"大以色列计划"，接受"领土换和平"的原则，愿意在保证以色列安全的条件下在领土问题上作出让步，同意以联合国安理会242号和338号决议为谈判基础，同意让巴勒斯坦人实行自治。工党政府还采取了一些具体的措施，为和平道路扫清障碍：1.冻结在被占领土约旦河西岸和加沙地带修建犹太定居点；2.承认戈兰高地的主权属于叙利亚，并表示愿就从戈兰高地的撤军问题与叙利亚进行谈判；3.解除与巴解组织接触的禁令。巴解是得到大多数巴勒斯坦人承认的领导力量，没有巴解的参与，以－巴会谈就不可能取得实质性的进展。1993年1月，以色列议会决定解除与巴解组织接触的禁令，为以巴高层人员的来往清除了障碍。

拉宾政府的政策调整，主要出于这样几方面原因：首先是包括美国在内的国际社会的巨大压力，如果再顽固坚持"大以色列"的政策，将直接损害以色列的国家利益；其次，如果兼并被占领土，将改变以色列国家的犹太属性，因为巴勒斯坦阿拉伯人的增长率大大高于犹太人，最终将可能出现阿拉伯人超过犹太人的情况；再次，对西岸和加沙的长期占领，给以色列经济带来了沉重的负担，也使以色列人的生命财产受到严重威胁，自1987年巴勒斯坦人举行"起义"以来，已有近200名以色列人丧生；最后，哈马斯等激进势力在西岸和加沙发展很快，大有取代巴解组织之势，如果再拒绝与巴解组织接触，以色列将有可能找不到愿意与之谈判的对手。

以色列解除了同巴解组织接触的禁令后，双方代表通过公开和秘密的渠道进行了广泛的接触。公开渠道主要是以巴代表在马德里中东和会框架下的双边谈判，但这种谈判始终没有取得实质性的进展。而一条重要的秘密渠道是双方的高层官员在挪威外交部斡旋下进行的谈判，以巴代表从1993年1月到8月在奥斯陆先后举行了14次密谈。后来，以方的代表是外交部总司长乌里·沙维尔，巴方代表是阿拉法特的高级顾问阿布·阿拉，他们分别接受拉宾和阿拉法特的直接指示。拉宾、佩雷斯和阿拉法特面对现实，勇敢地抓住机遇，终于迈出了历史性的一步。以巴秘密谈判在1993年8月20日取得了重大突破，双方达成了《关于加沙－杰里科首先自治的协议》。佩雷斯在秘密访问奥斯陆时草签了这一协议，然后向新闻媒体公布了这一爆炸性的消息。

这个被称为《奥斯陆协议》的文件包括原则宣言和四个附件。原则宣言称："以色列政府和代表巴勒斯坦人民的巴勒斯坦解放组织一致认为，结束数十年的冲突和对抗，相互承认对方合法的政治权利，不遗余力地实现和平共处、尊严和共同安全，在和平进程的框架内实现公正、持久、全面的和平、谅解和历史性和解，这样的时刻已经到来。"四个附件的内容是巴勒斯坦人首先在西岸和加沙实现自治，建立一个巴勒斯坦临时自治机构，其过渡期不超过5年；以安理会242号和338号决议为基础实现永久和平；双方将开始就被占领土最终地位、犹太定居点、耶路撒冷地位、巴勒斯坦难民等问题进行谈判；以色列军队从加沙和杰里科撤出，由巴勒斯坦警察部队接管；举行巴勒斯坦全民选举等。

8月29日，佩雷斯向内阁通报了同巴解组织在奥斯陆达成的协议，部长们经过激烈的辩论后以16票赞成2票弃权的表决结果通过了这一协议。

在克林顿撮合下，拉宾和阿拉法特的手握在了一起

9月13日，拉宾和阿拉法特同美国总统克林顿一起，在华盛顿白宫南草坪正式举行了以巴和平协议的签字仪式。以色列外长佩雷斯和巴解执委会委员阿巴斯代表双方在《原则宣言》文本上签了字，美国国务卿克里斯托弗和俄罗斯外长科济列夫作为中证人也在这一文件上签了字。

签字结束后，在克林顿的撮合下，阿拉法特向拉宾伸出和解之手，拉宾迟疑了一下后终于同他昔日不共戴天的敌人的手握在了一起，全世界数亿人通过电视观看了这一历史性的时刻。随后，拉宾发表了一段发自内心的讲话。他说：

今天签署这样一个宣言，不论对我作为一名参加了历次战争的以色列军人来说，还是对以色列人民和散居世界各地的犹太人来说，都是不容易的。巴勒斯坦人，让我对你们说，我们命中注定要共同生活在同一块土地上。我们用响亮而又清楚的声音对你们说：血和泪已经流够了，够了！我们无意报复，我们不憎恨你们。和你们一样，我们也是正常的人——想建立一个家，想栽一棵树，希望爱情，希望和你们一道自由、体面、亲和地生活在一起。我们今天正给和平一个机会。我要对你们说，再一次对你们说：够了！

让我们祈祷，我们共同告别武器的那一天终将来到。

五、拉宾之死

《奥斯陆协议》签署后，巴解领导人阿拉法特从突尼斯回到加沙，建立了临时自治机构。以色列军队撤出加沙和杰里科，巴勒斯坦警察部队接管了自治地区。根据协议，巴勒斯坦自治权力机构可以有一定的行政、立法和司法权，可以悬挂巴勒斯坦旗帜，可以发行护照、货币、邮票，开办自己的电台等。

以巴协议签订后，以色列与约旦关系自然就被提上议事日程。以一约之间事实上已多年和平共处，双方领导人也保持着秘密来往。以巴《奥斯陆协议》的签订，突破了阿拉伯国家与以色列单独媾和的禁忌，为约旦国王侯赛因提供了一个同以色列实现关系正常化的机遇。美国也积极推动以约和解，许诺如果以约实现关系正常化，将免除约旦7亿美元的债务和提供其他援助。就这样，以约和解也就从幕后走到了台前。

当1994年以巴谈判受阻时，拉宾认为，同约旦实现和解，有助于提高政府声望，减轻反对派的压力，于是加快了同约旦和解的步伐。6月，双方代表在死海附近举行了正式会谈，7月佩雷斯首次公开赴安曼同约外交大臣会谈。至此，双方间的分歧已基本消除，尤其是解决了边界的划分和水资源的分配问题。7月25日，在美国总统克林顿主持下，拉宾总理和侯赛因国王在华盛顿的白宫南草坪正式签署了以约《华盛顿宣言》，宣告结束两国间长达46年的战争状态；双方将缔结和平条约，确定边界和合作利用水资源以及其他方面的合作。

《华盛顿宣言》签署后，侯赛因国王亲自驾机飞越以色列上空，向以色列人民致意，拉宾也在不久后访问了约旦。在以色列国内，与以巴协议引起激烈反对的情形不同，以约和解受到了各方各界的普遍欢迎。当议会10月25日对批准《以约和约》进行表决时，以105票赞成，3票反

第八章 漫长的和平之路

对的压倒多数获得通过，利库德集团也投了赞成票。10月26日，拉宾总理同侯赛因国王在以约边境的阿拉伯河谷签署了《以约和平条约》，正式建立外交关系，实现了关系完全正常化。《以约和平条约》的签订，是中东和平进程的又一重大进展，以色列得到了继埃及之后第二个阿拉伯国家的正式承认和建交。无论是以巴和解，还是以约和平，都是在拉宾推动下实现的。

　　拉宾1922年出生在巴勒斯坦本土。1937年，年仅15岁的拉宾就加入了巴勒斯坦犹太武装哈加纳。1941年他成为哈加纳突击队帕马尔赫成员，几年后，因战功卓著被提升为帕尔马赫副司令。以色列建国后，拉宾1950年任总参谋部作战部长；1964年1月，42岁的拉宾担任总参谋长，成为以色列军队的最高长官。1967年，拉宾协助国防部长摩西-达扬，指挥了六五战争，被许多人视为战争英雄。1968年，退役从政的拉宾出任以色列驻美国大使，1973年回国任劳工部长。1974年拉宾当选为工党领导人，同年6月，总理果尔达·梅厄引咎辞职，拉宾出任总理。但

《以约和平条约》签订后，以色列总理拉宾与约旦国王侯赛因成了朋友

在1977年的"政治地震"中,拉宾领导的工党联盟输给了利库德集团,他不但失去了总理职位,党内领导人的职务也被西蒙·佩雷斯取代。拉宾首次尝到了政治斗争失败的苦果。

1992年2月,卧薪尝胆数年后的拉宾东山再起,击败佩雷斯当选为工党领袖和总理候选人。工党在6月的大选中击败利库德集团成为议会第一大党,时年69岁的拉宾再次出任总理并兼任国防部长。在1984—1990年联合政府中任国防部长期间,拉宾对被占领土巴勒斯坦人的起义采取"铁拳政策",被称为"具有鹰爪的鸽派"人物,其立场比利库德集团的沙米尔温和务实,但又比工党的佩雷斯强硬。军人出身的政治家拉宾清楚地懂得,军人的职责是赢得战争,而政治家的职责是要为人民赢得和平。因此,第二次担任总理的拉宾用行动体验着"铸剑为犁"的古训,主动寻求与曾经面对面作战多年的敌人和解。

正是在拉宾的全力推动下,担任外交部长的佩雷斯也积极配合,《奥斯陆协议》终于得以签署,中东和平进程取得突破性进展。也正如许多人认为的那样,只有拉宾本人才有资格放弃他在战争中征服的土地。1994年10月,以色列总理拉宾、外长佩雷斯和巴解主席阿拉法特3人共同获得了当年的诺贝尔和平奖。

然而,由于以巴之间多年的战争和冲突,双方积怨甚深,可谓是冰冻三尺,非一日之寒。双方在随后的谈判中各怀戒心,互不信任;锋针相对,寸步不让。更麻烦的是,以巴双方内部都有强大的反对势力,阻挠和破坏和平进程。以色列方面除了右翼的利库德集团外,反对更激烈的是那些超级鹰派人物和一些狂热的民族宗教极端分子,他们中相当大一部分本身就是生活在西岸和加沙的定居者。巴勒斯坦方面的反对势力包括巴解组织中的"人阵""民阵"等派别,以及活跃在加沙和西岸的"哈马斯"等。另外还有伊拉克、伊朗、叙利亚等激进的阿拉伯国家也对以巴和解持反对态度。在这些反对势力的阻挠下,和平进程每推进一步都极其艰难,甚至要付出血的代价。

1994年2月25日,在约旦河西岸的希布伦市,发生了一起犹太定居者袭击穆斯林的流血事件。一个名叫戈尔斯坦的犹太定居者持冲锋枪混入希布伦的易卜拉欣清真寺,趁巴勒斯坦人礼拜时突然开枪,当场打死

29人，打伤上百人，随后凶手也饮弹自杀。这是一起犹太极端分子企图用暴力阻止中东和平进程的事件，既说明了以阿之间的历史积怨难以消除，也反映了以色列极右翼势力对和解的激烈反对。拉宾内阁召开紧急会议，一方面对"这一疯子的行为"进行谴责，呼吁双方保持克制；另一方面决定采取措施，解除犹太极端分子的武装，并释放一批关押的巴勒斯坦人。直到几个月后，这一事件激起的骚乱才逐渐平静下来。

巴勒斯坦极端势力对巴以和解的破坏和反对程度更加激烈。哈马斯分子发动了多次针对以色列人的恐怖活动，包括袭击、绑架、自杀性爆炸等，其中影响较大的有：1994年10月19日特拉维夫一辆公共汽车上发生的一起自杀性爆炸事件，夺去了22人的生命，另有40多人受伤。1995年1月24日，在纳塔尼亚的一个汽车站，一次巴勒斯坦人的自杀性爆炸事件造成21人死亡，近80人受伤。这类恐怖活动给了国内右翼势力攻击拉宾政府的口实，他们称允许巴勒斯坦人自治是以色列走向毁灭的开始。但拉宾没有让步，他一方面回击右翼势力的攻击，另一方面向阿拉法特领导的巴自治机构施加压力，要求加强对哈马斯的打击和控制；同时还采取了推迟撤军、封锁边界、禁止巴勒斯坦人入境做工等措施。

1993年9月以色列和巴勒斯坦签署和平协议之后，利库德集团鼓动民众发起了声势浩大的反对拉宾的游行。国会前的坡地上聚集了10余万人，巨大的海报上，拉宾被画成穿着希特勒的军服，双手鲜血淋漓，几个黑色的大字写着："拉宾是犹太民族的叛徒！"而在国会大厦里，议员们正在就是否通过以巴和平协议进行辩论，拉宾在台上发言说：

我是一个军人，还曾经是国防部长。相信我，几万名示威者的喊叫，远不如一个战死儿子的母亲的眼泪给

以色列总理拉宾

我的震撼。我是一个经历过浴血战斗的人,所以我要寻找和平的出路,这是一个转机,虽然它同时也是一个危机……

100多年了,我们试图平静地生活,种下一棵树、铺好一条路……我们一边梦想一边作战。在这片苦难深重的土地上,我们和炮火、地雷、手榴弹生活在一起。战争和恐怖使我们伤痕累累,但不曾摧毁我们对和平的梦想。

以色列和巴解就扩大自治范围的谈判,经过长时间的讨价还价和反复较量,终于在1995年9月在埃及的塔巴又达成了《关于扩大巴勒斯坦自治的协议》,并由拉宾和阿拉法特9月28日在华盛顿正式签署。仪式仍由克林顿总统主持,埃及总统穆巴拉克和约旦国王侯赛因也作为见证人参加了签字仪式。根据这一协议,巴勒斯坦自治范围将扩及约旦河西岸30%的地区,以军将撤出西岸的七个主要城市,并释放关押的数千名巴勒斯坦人;巴勒斯坦人通过选举产生自己的民族权力机构;同时还规定关于加沙和西岸最终地位的谈判不迟于1996年5月开始。

《塔巴协议》签署后,一个巴勒斯坦国已初现雏型,因此它也进一步激起了以色列右翼势力的反对。极端的民族主义者和狂热的正统派犹太教徒反对和平进程的活动骤然增加,并公开指责拉宾是"叛徒""卖国贼""廉价出卖以色列领土"。同样,支持和平进程的力量也举行各种活动,表达对和平的渴望和对拉宾政府的支持。

1995年11月4日晚,约10万名和平进程的支持者在特拉维夫中央的国王广场举行集会,表达他们对和平进程的支持,大会的口号是"要和平,不要暴力"。总理拉宾和外长佩雷斯和许多以色列政要都应邀出席了集会,与会者共同高唱《和平之歌》。拉宾在集会上发表了决心推进和平进程的讲话,他动情地说:

我当了27年的军人,只要和平没有到来,我就会矢志不渝地斗争下去。我相信现在有一个机会,一个争取和平的伟大机会。为了站在这里的人,为了更多的不在这里的人,我们必须把握住这个机会。我们曾一直同你们,巴勒斯坦人作战。但今天,我们要用洪亮而又清晰并饱含着

第八章　漫长的和平之路

鲜血和热泪的声音对你们说：够了！

演讲完毕，拉宾在众人的簇拥下走下主席台，准备乘车离开广场。人群中突然窜出一个犹太青年，掏出手枪从背后向拉宾连开数枪，拉宾随即身体前扑倒地，殷红的鲜血浸透了他的衣服，也染红了那首《和平之歌》的歌片。一个多小时后，拉宾在医院里不治身亡，享年73岁，成为了继埃及总统萨达特之后第二位为和平献身的中东国家领导人。凶手名叫伊格尔·阿米尔，25岁，是一所大学法律系学生，也是一名犹太教极端分子。当被警察逮捕后，他微笑着说自己完成了"捍卫犹太人的使命"。

拉宾遇刺身亡的消息传出，举世震惊，以色列全国上下沉浸在巨大的悲痛之中。11月6日，在耶路撒冷的赫茨尔国家公墓为拉宾举行了隆重的葬礼，有5000多人前来为这位和平斗士送行，包括美国总统克林顿、俄罗斯总理切尔诺梅尔金、埃及总统穆巴拉克、约旦国王侯赛因和联合国秘书长加利等人在内的40多个国家的元首和政府首脑参加了葬礼。出于安全原因，巴解主席阿拉法特未出席葬礼，但他三天后也在深夜前往拉宾家中吊唁，向拉宾夫人表示慰问。

拉宾的鲜血染红了《和平之歌》的歌页

六、沙龙放弃加沙

以巴1993年9月达成《奥斯陆协议》后,和平进程一度出现了令人鼓舞的良好势头。以军开始撤离占领地区,巴解组织逐步接管加沙和约旦河西岸地区,并开始实行自治。以巴谈判虽然困难重重,却仍然在继续进行之中。但是,就在和谈推进的关键时刻,以色列总理拉宾于1995年11月遇刺身亡,和平进程严重受挫。加上哈马斯又制造了一系列自杀式袭击,以色列民众觉得和平政策并没有给他们带来安全。1996年6月的大选中,立场强硬的利库德集团领导人内塔尼亚胡获胜上台,提出了"三不"政策:不允许巴勒斯坦人建国,不从叙利亚戈兰高地撤军,不谈耶路撒冷最终地位,和平进程陷入僵局。

2000年7月,任期临近结束的美国总统克林顿试图效仿当年的卡特总统,邀请以色列工党领导人、新总理巴拉克和巴解主席阿拉法特到戴维营,想促成一揽子解决以巴问题。此次,以方也准备作出前所未有的重大让步,愿意将加沙地带全部和约旦河西岸96%的土地都交还巴方。但双方在耶路撒冷地位、难民、边界等问题上仍存在重大分歧,阿拉法特最终仍拒绝在协议上签字。应该说,无论是在此之前,还是在此之后,对巴方来说这都是最好的一次机会了,但阿拉法特想得到更多,因而再次与和平失之交臂。

以色列右翼势力当然不愿意让巴拉克这样随意"出卖"国家利益。2000年9月,利库德集团领导人沙龙在大批军警的护卫下,强行"参观"耶路撒冷的伊斯兰圣地阿克萨清真寺,这一挑衅性行动立即引发了大规模流血冲突。在随后一个多月的时间里,300多巴勒斯坦人被以军打死,犹太人方面也死伤数十人,和平进程完全停顿。在一场特别的总理直选后,沙龙在2001年3月成了以色列的新总理,后在2003年的选举中又获连任。沙龙能够上台，说明以色列人需要一位强势人物。

阿里尔·沙龙1928年出生于特拉维夫附近的马拉勒村，14岁时就参加了犹太军事组织"哈加纳"。他经历了1948年至1973年间的四次中东战争，历任步兵团连长、戈兰旅指挥官、伞兵旅旅长、北部军区司令、装甲师师长和南部军区司令等职。1973年7月从国防军退役，沙龙参与组建了利库德集团。十月战争爆发后，沙龙又被紧急征召担任装甲师师长。他组织部队发动反攻，强渡苏伊士运河，利用敌方空档，直

以色列总理阿里尔·沙龙

插埃军身后，切断了西奈半岛埃军与后方的联系，一举扭转战局。由于英勇善战，沙龙被冠以"常胜将军""战神""以色列之王"等称号。

1982年6月，沙龙作为国防部长一手策划和指挥了入侵黎巴嫩的战争，将巴解组织赶出了黎巴嫩。1983年3月贝鲁特难民营屠杀事件曝光后，国际舆论大哗，沙龙被迫辞去国防部长职务，也有媒体因此称他为"推土机""贝鲁特屠夫"等。几经沉浮之后，1999年沙龙出任利库德集团领导人，并在2001年总理直接选举中获胜。

在沙场上冲锋陷阵、屡建奇功的沙龙在巴以和谈问题上素以强硬著称。他曾激烈地反对巴以和谈，反对同巴解接触，反对建立独立的巴勒斯坦国，也正是他刻意去"参观"阿克萨清真寺，挑起冲突，搅黄了巴拉克与阿拉法特的和谈。然而，当出任政府总理之后，沙龙好像变了一个人似的，在巴勒斯坦问题上的强硬立场开始发生改变。从2002年起，沙龙开始有条件地同意巴勒斯坦建国，同意与巴勒斯坦领导人见面并谈判。而他最出人意料的举动，就是在2004年提出了以色列撤离加沙的所谓"单边行动计划"。

加沙位于地中海东岸，南部与埃及的西奈半岛接壤，东北与以色列国土相连。其形状南北狭长，东西窄小，因而被称为"加沙地带"或"加沙走廊"，总面积365平方公里。1947年的联合国分治决议中，加沙被划归巴勒斯坦，但在1949年第一次中东战争中被埃及占领。1967年第三次中东战争中，以色列从埃及手中夺取了加沙。从1971年起，以色列开始在加沙修建犹太人定居点，先后共修建了21个定居点，占据了加沙30％的土地，约有8000多名犹太定居者生活在这些定居点里。

　　沙龙提出的"单边行动计划"，主要内容就是以色列主动撤出加沙地带的全部21个犹太人定居点以及约旦河西岸北部的4个犹太人定居点。加沙一直是以色列扩大战略防御纵深、加强对巴勒斯坦进行控制的战略要地。以色列当初顶着国际压力，付出巨大代价在加沙修建了这些定居点，不仅使以色列的驻军合法化，也使加沙地带被分成了彼此隔离的南、北、中三段。20世纪八九十年代，沙龙担任过国防部长、住房部长，正是他通过提供政府补贴，用廉价住房吸引犹太人来加沙定居，因此也被称为定居点的"设计师和建造者"。

2005年以色列军队强行拆除加沙的犹太定居点

而现在，沙龙决定放弃定居点，主动撤离加沙，确实出乎许多人的意料。特别是以色列国内的右翼势力，在惊愕之余，很快就联合起来反对沙龙的这一计划。但沙龙并不为所动，坚持推行他的"单边行动计划"。他前往美国，说服布什总统接受了他的想法，又让以色列国会以简单多数通过了这一计划。2005年8月15日，沙龙政府不顾国内右翼势力的强烈反对，正式实施单边行动计划。加沙定居点中的犹太人多数都是民族宗教狂热分子，他们之所以愿意生活在条件恶劣、环境危险的加沙，主要就是出于要实现"大以色列"的理想，因此许多人拒绝撤离。在沙龙的命令下，以色列士兵强行将这些人从定居点的家中拖出来，推上汽车运回以国内。9月12日，以色列完成了从加沙的撤离，结束了1967年以来对加沙长达38年的占领。可以说，在加沙犹太定居点问题上，沙龙从一个"设计师和建造者"变成了"摧毁者"。

单边撤离行动表明，沙龙已从一个强悍的军人，变成了一个精明的政治家。8月15日，他向以色列全国发表电视讲话，解释为何要撤离加沙："（撤离）是以色列应对目前复杂局势的必然选择……我们不可能永远控制加沙，那里有超过100万巴勒斯坦人，每过一代人口将增加一倍。"长期以来，为了保证8000多名犹太定居者的安全，以色列不得不在加沙驻扎1万多士兵，沉重的负担让以色列深感吃力。当年以色列与埃及对抗，加沙可以作为战略缓冲地带，而随着以色列与埃及实现和平，原先的战略要地加沙，现已成了以色列的"鸡肋"。还有人分析，沙龙放弃加沙，其实是"丢卒保车"，是为了更牢固地占领约旦河西岸。

"解铃还需系铃人"，就如同10年前拉宾有资格"以土地换和平"一样，曾经大力在占领地区修建犹太人定居点的沙龙，也是唯一有资格下令放弃加沙定居点的人。沙龙的单边撤离行动，使他成了国内极右翼势力攻击的对象，甚至有人威胁要他的性命。这一行动也引发了利库德集团的分裂。作为该党的创建者之一，沙龙决定退出利库德集团，另组新政党"前进党"参加2006年3月举行的大选。然而，就在沙龙踌躇满志，准备走向事业巅峰的时候，2006年1月4日，沙龙突发中风，被紧急送往医院抢救，很快便陷入了昏迷状态，此后再也没有清醒，一直靠呼吸机等设备维持生命。该年4月，以色列内阁宣布沙龙已永久失去履行总理职务的能力。2014年1月11日,沙龙在昏迷8年后在医院去世,走完了他充满传奇而又极富争议的一生,享年85岁。

以色列撤出之后的加沙,成为了联合国1947年分治决议之后第一块完整的、全部为巴勒斯坦人控制的巴勒斯坦领土。然而,这里的形势发展却令人堪忧。2006年,以伊斯兰为旗帜的哈马斯在自治区立法选举中,超过了以民族主义为旗帜的法塔赫,赢得了议会多数,法塔赫随即宣布不承认选举结果,巴勒斯坦爆发了内战。2007年6月,哈马斯夺取了全部加沙地区。由于哈马斯始终不承认以色列,经常越界袭击以色列,以方因此针锋相对地采取报复性打击。2008年、2012年和2014年以色列都因遭到哈马斯的骚扰和袭击而大举进攻加沙,造成大量平民伤亡。面积只有300多平方公里的加沙地区有140多万人口。由于人口稠密,加上长期的冲突,这里的生存条件十分恶劣,人们的生活贫困,失业率很高,到处都是战争留下的残墙断壁。和平与安宁,在加沙还遥不可及。

七、"微型超级大国"

在《圣经》中,巴勒斯坦这片土地被描绘为"流着奶和蜜的沃地"。然而,当19世纪末那些俄国和东欧犹太人在复国理想鼓舞下来到这里时,展现在他们面前的却是一片凄凉的景象:土地贫瘠,人烟稀少,水利失修,昔日的田园早已经荒芜,许多地方变成了沼泽,草场退化成了土丘和沙漠,往日繁华的城镇早已衰落破败,只剩下了断壁残垣和枯木荒草。

但一个世纪之后,这片同样的土地却又呈现出另一番景象:过去疟疾流行的沼泽地被排干了水,改造成了整齐平坦的良田和果园;裸露的山岗被重新栽满了树木,一片郁郁葱葱;荒凉的沙漠中出现了一片片绿洲,充满了勃勃生机;在古老的土地上,新型的现代化城镇星罗棋布,

第八章　漫长的和平之路

一幢幢高楼拔地而起，一条条高速公路四通八达……翻天覆地的变化，使这里真正成了"流着奶和蜜的沃地"。

以色列先进的沙漠农业

以色列的国土面积2.19万平方公里，只相当于中国台湾省面积的三分之二，居世界第147位。据2013年的统计资料，以色列全国人口810万（其中约有150万阿拉伯人），只相当于中国一个大城市的人口，在全世界210个国家中居第99位。无论从什么角度看，以色列都是一个小国家。然而，就是这个位于地中海东岸的弹丸小国，尽管建国时一穷二白，并且在过去几十年里与邻国战火不断，但却在经济发展中取得了极为骄人的业绩。

以色列白手起家，只经过短短60多年的发展，便从一个经济弱小的贫穷国家一跃成为当今世界上经济和科技最发达的十二个国家之一。从衡量一个国家经济实力的重要指标——人均国民生产总值（人均GDP）来看，到2014年，以色列的人均GDP已高达37043美元，居世界第26位。与

· 297 ·

那些老牌的欧洲国家相比，以色列的人均GDP超过了意大利、西班牙、葡萄牙，已赶上或接近英国、德国、法国等国，与亚洲的日本、香港处于同一水平。

几十年来，以色列经济一直保持着高速的发展。从1948年到1973年，经济发展平均每年递增10%，在此后的30多年里发展速度虽然放慢了一些，但基本仍保持为年增长6%左右。60年代以色列的国民生产总值（GDP）只有25亿美元，70年代末为190亿美元，1995年为850亿美元，到2014年时已高达3040亿美元。从1950年到2010年的60年时间里，其国民生产总值翻了100倍。

50年前，以色列的出口总额只有10亿美元左右，而到2010年它的出口额已达550亿美元，增长了50多倍。以色列在通讯、电子设备、计算机等高科技产品方面，在世界贸易市场中占有重要的地位，更不用说它先进的军工产品了。

除了国小人少之外，以色列还面临两大不利条件：一是它地处沙漠边缘，极度缺乏自然资源；二是长期笼罩在战争阴影中，军费开支占GDP比重常年高达10%左右。因此，在这样的环境和条件下取得的发展成就不能不说是一个奇迹。由于以色列在过去几十年里的发展成就，有人把它称为中东的日本，也有人把它比作中东的新加坡，还有人说它是中东的瑞士。但以色列就是以色列，其发展环境和发展道路是独一无二的。从以色列所取得的成就和影响来看，称它为一个"微型超级大国"可能更恰当一些。

还有以下几个事实可以说明以色列是一个"微型超级大国"：

一、以色列这样一个只有几百万人口和60年历史的小国家，迄今为止已有12人获得了诺贝尔奖，其中2人获得诺贝尔物理学奖，4人获得化学奖，2人获得经济学奖，1人获得文学奖，3人获得诺贝尔和平奖。

二、以色列是世界上除了美国、英国、俄

1966年获诺贝尔文学奖的以色列作家塞缪尔·阿格农

罗斯、中国、法国五大国之外少数拥有核武器的国家。由于以色列不是《核不扩散条约》签署国，外界对以色列核武器的具体数量并不清楚，一般估计它拥有至少一百枚核弹头，并拥有高性能的运载装置。而且早在1973年的十月战争时，以色列就已经拥有了核武器。以色列还在1988年就已成为了世界上第八个独立向太空发射卫星的国家。

三、小小的以色列拥有数千家高新科技企业，主要涉及电信设备、软件、半导体、生物技术和医疗电子设备等广泛的领域，其中最成功的已经跻身于世界领先行列；有100多家高科技公司在美国上市，是美国股票市场外国厂商最多的国家之一。

以色列取得这样骄人成就的秘密是什么？

从经济结构来看，以色列长期以来既保持着典型的资本主义特征，但又采取了许多不同于一般资本主义国家的做法。一方面，以色列存在着许多私营企业，完全按市场规则和价值规律运行，互相竞争，适者生存。但另一方面，它又有不少集体和国营企业，这类企业早在建国前就已存在，建国后一直在国民经济中发挥着重要的作用。从1948年到1980年，以色列的公有制经济成分一直占国民经济的60％以上，80年代仍占50％左右。这便是以色列经济持续快速发展的第一个秘密，即无论是资本主义，还是社会主义，只要能促进经济发展就拿来用。在以色列领导人看来，国家对经济干预这只"看得见的手"是非伸出去不可的，因为以色列面临的是特殊情况。首先，它要经常接纳大批的移民，而解决他们的生活和工作只有政府才能做得到；其次，以色列建国后一直处于战争状态中，也只政府才能对大炮和黄油孰先孰后作出安排；第三，建国后，以色列获得了大量的国外援助，有效地使用和分配外援，既是政府的责任，也是争取更多援助的前提条件。

以色列保持经济高速发展的第二个秘密，是高度外向型的经济结构。以色列之所以走这样一条经济发展道路，也是与它独特的国情分不开的。第一，它国小人少，资源贫乏，单靠国内资源和市场是无法发展的；第二，以色列人文化技术素质优秀，他们生产和开发的产品科技含量高，在国际上很有竞争力；第三，富有经商传统和经验的犹太人遍布世界各地，是以色列天然的国际商业网络。

例如，以色列农业在基本解决了粮食问题后，便全力发展面向出口的经济作物，这其中最主要的是花卉。以色列人利用玻璃或塑料大棚调节和控制温度，利用电脑设备控制灌溉、施肥，利用生物技术培育品种。据统计，以色列每年出口13亿美元左右的农业产品，其中三分之一是鲜花，平均每人数十美元。钻石加工是犹太人的一项传统行业，以色列的钻石出口举世闻名，然而它本身却不出产钻石。以色列从南非等地进口钻石原料，以高超的切割和打磨技术进行加工，然后再通过世界各地的犹太商业网出售，每年创汇达30多亿美元。

以色列经济奇迹的第三个秘密是用活资金，尤其是大量利用外资。在以色列，各行各业的人都喜欢说这样一个词"筹款"（Fund Raising）。不管用什么方式，只要能筹到款，目的就达到了。贷款也好，投资也好，无偿援助也好，一概欢迎。因为精明的犹太人深谙此道：钱是可以生钱的。在这个国家，有一种组织形式非常普遍，那就是基金会。大到开展一项庞大的基建工程，小到出版一本学术著作，人们都会成立一个专门的基金会。建国后，以色列的外资主要来自四个方面：一是美国等西方国家的援助；二是世界犹太人的贷款和捐赠；三是德国政府的赔款；四是国外的投资。以色列从以上这四个方面获得的巨额外资，为其经济发展提供了强大的动力。

第四个秘密就是靠高素质的人才。建国后，以色列能够在敌对的环境中求得生存，保持社会的繁荣稳定，经济的高速发展，最重要的原因之一，就是它依靠自己独特而优秀的教育制度，培养出高质量的人才，使自己无论是在军事冲突中还是和平竞争中都立于不败之地。

崇尚知识，重视教育，是犹太民族的传统。以色列历届政府都对教育保持着高投入，多年来一直不低于国民生产总值的8%，这一比例高于美国、日本等多数发达国家。另外，散居世界各地的犹太人也是以色列教育经费的一个重要来源。如果让他们出钱帮以色列买武器打仗，可能他们还会有些犹豫，但如果要他们帮助以色列发展教育，他们大都乐意慷慨解囊。以色列大学的许多设施，如教学大楼、图书馆、实验室以及一些奖学金、研究基金都是国外犹太人捐助建立的。犹太人重视教育这一优良传统在以色列的发扬光大，结果便是造就了大批高质量的建设人才。除了依靠发展自己的教育外,移民也给以色列送来了大量优秀的人才资源。几十年来,来到这个国家的移民中,有不少是欧、美、苏联等国家的第一流科技文化人才。他们的到来,使以色列的科学和教育从一开始就建立在很高的起点之上。

以色列劳动人口的24%都有大学学历,这使以色列成为工业国家里学历程度第三高的国家,仅次于美国和荷兰。20世纪90年代初,以色列每万人中的在校大学生人数为280人,这一比例高于大多数欧洲国家。它人口中平均拥有的教授和医生人数比世界上任何一个国家都多。正是由于有了大批高质量的人才,以色列经济和社会的发展才有了最坚实的基础。

年轻的现代化城市——特拉维夫

自1948年建国起,以色列一直面临着一个压倒一切的问题,这就是国家的安全与生存。它与阿拉伯国家之间发生过五次大的战争,小规模的战争和流血冲突不计其数。60多年来,以色列已经与战争、冲突和外部压力结下了"不解之缘"。甚至从某种角度来说,它的发展得益于这样一种战争和准战争的外部环境。

以色列是一个小国家,它的生存和发展脱离不了周边环境,在很大程度上要与整个中东地区共存共荣。半个多世纪来,中东地区战乱不已,动荡不定,经济受到严重破坏,军备负担沉重,与世界其他一些地区相比,经济和社会发展严重滞后。90年代以来,以、阿之间开始进入一个由战争到和平,由对抗到合作的转折时期。虽然以阿间的经济合作还存在一些障碍和不利因素,但未来中东地区经济合作的前景仍是光明的。以色列总理佩雷斯1994年曾写过一本名为《新中东》的书,他认为如果把阿拉伯国家巨大的人力资源,海湾国家雄厚的资金以及以色列发达的高科技结合起来,中东就会成为一片"和平的绿洲"。在犹太民族古老的《圣经》中,先知们也表达了同样的理想:

  他们要将刀打成犁头,把枪打成镰刀。这国不举刀攻击那国;他们也不再学习战事。

第九章 以色列与中国

犹太民族与中华民族是世界上两个古老而伟大的民族，双方之间在历史上也曾有过长期的交往。古代在中国的开封等地曾有过规模不一的犹太社团，在经过近千年的和平生活之后，他们最终融入了中华民族大家庭。20世纪以来，又有不少犹太人从世界各地来到中国，在中国近现代历史上留下了他们的痕迹。尤其是在第二次世界大战期间，数万名犹太人为了逃避纳粹大屠杀，作为难民来到上海，受到中国人民的友好接待，在中国渡过了一段难忘的岁月。

犹太复国主义运动兴起后，也在一定程度上得到了中国政府的支持。以色列1948年建国时，中国正处在国共两党激烈的内战中，两国未能相互承认和建交。中华人民共和国成立后，1950年1月，以色列就正式承认了新中国，而且双方还进行了一系列外交接触，但由于受到各种因素的干扰，两国仍未能建立外交关系。直到40多年之后的1992年，中以两国才建立了正常的外交关系。中以关系经历的曲折发展道路，既反映了冷战时期国际大环境的制约，也反映了不同时期中、以两国外交政策的变化。建交后中以关系得到了迅速而健康的发展，双方在政治、经济、文化等方面开展了一系列卓有成效的合作。随着全球化时代的到来，中国和以色列通过相互学习，相互交流和合作，将共同为世界作出更大的贡献。

一、中国古代的开封犹太人

有证据表明，早在汉唐时期，就有犹太人随商队沿着古丝绸之路来到中国。20世纪初曾有过两个重要的发现。一是1901年英国探险家斯坦因在新疆和阗的沙漠中发现一封未发出的信，这是一个波斯犹太人用波斯语写的，用的是希伯来字母，信写在当时只有中国才生产的纸上。信的内容是说因作者做生意亏了本，希望他在波斯的犹太同胞向他提供帮助。据考证，这封信的年代是公元8世纪初，正是中国的盛唐时期。另一个发现是法国学者伯希和在甘肃敦煌的千佛洞找到的一份写在纸上的希伯来祈祷文残片。据鉴定，这份祈祷文残片也是公元8世纪的"古董"，而当时造纸术还没有传到阿拉伯，显然这也是在中国的犹太人的作品。

在唐代后期，大批波斯和阿拉伯商人开始从海路来到中国。生活在他们中间的犹太人也随他们一起来到了中国。由于犹太人在外貌上与波斯人和阿拉伯人相似，穿一样的衣服，讲一样的语言，甚至取了阿拉伯

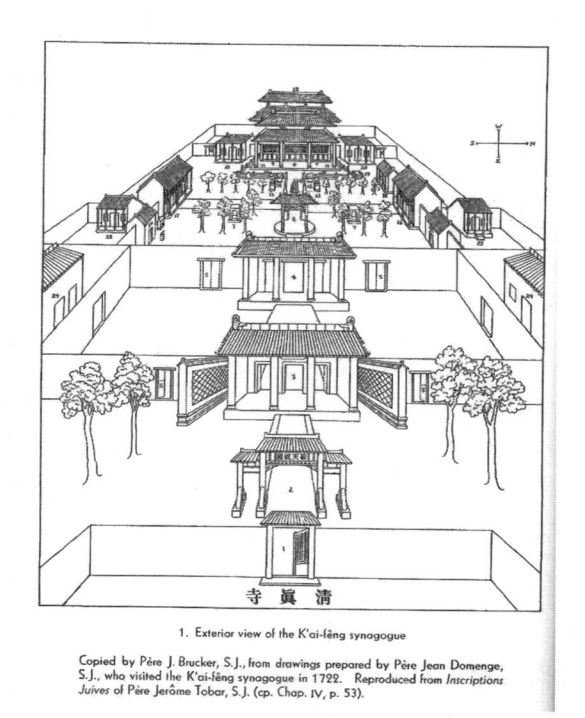

开封的犹太会堂

或波斯名字，所以中国人是无法区别他们的，而把他们都称为"胡人"或"蕃客"，后来又称为"色目人"，意思是"眼睛带有颜色的人"。他们中的一些人定居在广州、泉州、扬州和宁波等港口城市，还有一些则沿大运河和汴河北上来到汴梁（开封）和其他北方城市。

较多的犹太人则是在北宋时期（960－1127年）从印度来到中国的。这些犹太人在公元一、二世纪为逃避罗马帝国的迫害离开犹太本土来到印度，在印度在孟买到科钦的西南沿海一带生活了几百年，然后又逐渐从海路再向东来到中国。我们之所以知道他们是在公元一、二世纪就已离开巴勒斯坦，是因为这些在印度和中国的犹太人都不知道"哈努卡"（光明节）这个公元165年之后才有的重要犹太节日。断定他们来自印度，不仅因为他们一再称自己"出自天竺"，而且他们还带来了当时只有印度才出产的"西洋布"（棉布）。

这些犹太人最初主要的活动是经营商业，尤其是出售布匹。开封当时是北宋的都城，有近百万人口，经济非常繁荣，这样就为这些善于经商的犹太人提供了发挥他们才能的广阔天地。据记载，犹太人曾向北宋皇帝进贡西洋布，皇帝很高兴，于是对他们说："归我中夏，遵守祖风，留遗汴梁。"从此，犹太人便开始在开封定居下来了，同时仍保持着他们自己的传统宗教和文化。后来，陆续又有一些他们的犹太同胞循着他们的足迹来到开封，随后又散布到中原各地。史料证明，除了开封外，在宁夏、敦煌、洛阳、北京、杭州、宁波、扬州、泉州、南京、广州等地也有过数量不等的犹太人。但开封的犹太人社团不仅人数最多，而且存在的时间也最长。

宋朝在开封的犹太人多达上百户，人口上千，共分为李、俺、艾、高、穆、赵、金、周、张、石、黄、李、聂、金、张、左、白十七个家族。金大定三年（1163年），生活在开封的犹太人兴建了一所犹太会堂，也称为"清真寺"。当地犹太人便以这座会堂为中心，形成了中国境内一个有相当规模的犹太人社区。犹太人每逢犹太教的节日和安息日便集中到这个会堂中来，参加礼拜和祈祷，整个社团保持着正常的宗教生活。

开封犹太人称自己的宗教为"一赐乐业教"。这一名称是

"Israel"，即"以色列"一词的译音，这个汉语译名从字面上看也带有一种吉祥如意、安居乐业的意思。而当地中国人大概觉得这一名称比较拗口，而看到这些犹太人根据自己的宗教习俗，在宰杀牛羊时要将其腿筋剔除掉，便称他们为"挑筋教"，把开封犹太人居住的地方也称为"挑筋教胡同"。还有些中国人后来因分不清犹太人与回民的区别，只是看到他们戴蓝色的帽子，因此也把他们叫做"蓝帽回回"。

关于开封犹太人的历史最翔实、最珍贵的文献是这些犹太人自己用中文写的。为纪念重修开封犹太会堂而分别于1489年、1512年和1663年刻的三块石碑，再加上赵氏家族1679年立的一块碑，给后人提供了关于开封犹太人的来历，他们的教礼、教义以及与其他犹太社团关系的珍贵资料。

到了明代，生活在开封的犹太人达到了他们的鼎盛时期，有五百余户，人口多达四五千人。他们的社会、经济和政治地位也比原来提高了，犹太会堂被多次重修。但与此同时，犹太文化也逐渐开始与中国文化融合，一些犹太人开始放弃对犹太教

清末民初时的开封犹太人

经典的学习，转而学习中国的孔孟之道和传统文化，参加中国的科举考试，走上了仕途。据开封犹太石碑记载，他们中出过举人、进士，文官有过知县、知府、布政使、按察使等，武官有游击、兵马司指挥、锦衣卫指挥等。这样，外来的犹太人与中国社会的同化和融合便开始了。

文化上与中国社会的融合，加上频繁发生的战乱、洪水、饥荒，开封的犹太社团后来逐渐衰落了。到了明末崇祯十五年（1642年），在一次黄河水淹没了开封之后，返回开封重建家园的犹太人只剩下李、赵、艾、张、高、金、石这七姓人家了。由于犹太社团的人数越来越少，他们已不能再维护过去的"族内通婚"制度，开始与周围的汉族、回族通

婚。但这些犹太人仍企图努力维护和恢复他们的宗教生活，他们筹资修葺了犹太会堂，重新修订了教内保持着的13部《托拉》经卷。

使开封犹太社团最终走向消亡的是犹太会堂的毁坏。据开封犹太碑文记载，开封犹太会堂曾数次遭黄河洪水冲毁。在15世纪对其进行重建时，扬州、宁夏、宁波的犹太人还捐赠了经书和钱财。从1163年到1688年，犹太会堂曾先后重修过十一次。但自从17世纪末，这座犹太会堂就再也没有被修葺过了，它终于在清朝咸丰四年（1854年）彻底毁废了。犹太会堂一度曾是他们的社会、文化和宗教生活的中心。会堂一毁，开封犹太人也就失去了这样一个凝聚中心，于是，逐渐地，一些犹太人接受了伊斯兰教，成了当地的穆斯林，还有一些人通过与汉族、满族互相婚嫁，完全放弃了自己的犹太身份，成了汉、满等民族。

据清道光三十年（1851年）香港基督教圣公会派出的两位使者描述，当时已破败不堪的犹太会堂周围还住着约二百个犹太人，其中妇女居多，还有些是寡妇。他们描写道：这些犹太人在外貌和行为上也完全中国化了。谁也不会读希伯来文，也不懂如何举行宗教仪式。只有少数人还知道他们是犹太人的后裔，但却对犹太教、犹太历史和文化一无所知。由于生活困苦，一些住在"清真寺"附近的犹太穷人将寺的木头砖瓦拆下来卖。到后来，一些犹太遗民甚至把会堂内的犹太经卷、石碑也偷出来卖给外国人。其他地方如北京、杭州、宁波、扬州等地的犹太社团也遭到了同样的命运，消失的时间甚至比开封犹太社团还要早。

当开封犹太人趋于衰亡的消息传到国外后，美国的犹太人曾于1852年组织了一个"中国犹太人救援委员会"，企图帮助挽救开封犹太社团。20世纪初，一些在上海的犹太人也成立过一个"中国犹太人救援会"，打算救助开封的犹太人。然而，这些努力都未能阻止开封犹太人最终同化到中国社会里。

如今，开封已经没有犹太人了。但在开封和其他一些地方却还有不少有据可考的开封犹太人后裔。虽然他们已不再作为一个单独的民族而存在了，但他们中有不少人知道自己具有犹太血统，对自己先辈的历史和宗教仍怀有特殊的感情，有些人还保持着某些他们先人的风俗习惯。甚至在少数犹太后裔的身上还保留着某些与一般中国人不同的遗传生理特征，如头发卷曲、颜色发黄，深眼窝，高鼻梁，肤色较白。

流徙于世界各地的犹太人，都能保持着他们的宗教信仰、文化传统和生活习俗，维系着强烈的民族意识，贫困、迫害、屠杀等苦难都不能使他们屈服，他们也不同化于居住国社会。然而，这些在中国的犹太人却是一个例外。他们在中国的土地上生活了六七百年后，竟完全溶入了中国社会，与中华民族浑然一体了。在一些西方学者看来，这实在是一个"十分罕见的完全同化的例子"，是一个"令人困惑之谜"。一些中外学者对犹太人同化于中国社会之谜进行了探讨，试图找出这个问题的答案。

其实，开封犹太人同化的原因并不复杂，主要可以归结这样两条：

第一，开封犹太社团与外部犹太世界长期隔绝，成了一个被包围在中国文化和中华民族的汪洋大海中的孤岛。尽管他们曾力图维持他们的民族血缘、宗教信仰和传统文化，但要长期生活在中国文化的环境中而保持不受影响是不可能的。在被切断了与外部犹太世界的来往之后，开封犹太人的文化和宗教成了一潭无源之水，它的干涸只不过是一个时间的短长而已。

第二，开封犹太人被同化的更重要的原因，是中国社会对犹太人没有歧视和偏见，中国历代统治者如同对待历史上的其他民族一样平等地对待他们。无论是在中国官方或民间的史料中，

1932年，戴维·布朗（右一）与开封犹太人后裔在赵祖方屋前合影。布朗是一位对开封犹太人抱有浓厚兴趣的美国实业家

还是在犹太人自己的记载中,都没有犹太人遭到歧视、排斥和迫害的任何根据。正是中华民族的宽容和大度,使犹太人消除了心理上的疑虑、隔膜,为自然同化创造了条件。他们走上了"学而优则仕"的科举道路,与当地中国人通婚,采用汉人的语言文字、姓氏,接受汉人服装、习俗,最后,终于完全同化于中华民族。

二、旧中国的犹太过客:商人和难民

1840年的鸦片战争轰开了中国清朝政府"闭关自守"的大门。由于上海优越的地理位置,成了近代中国对外贸易的中心城市,也成了许多希望发财致富的外国冒险家的乐园。自19世纪中期起,一些犹太人以他们特有的精明眼光,瞄准了黄浦江畔的上海这块风水宝地,纷纷前来"淘金"。近代来到上海的这批犹太人以英籍居多,大多来自英属印度、伊拉克等地,属于东方的赛法尔迪犹太人。他们从鸦片、茶叶、丝绸贸易开始,后发展到工业、金融、房地产、公用事业等方面,迅速积累起了巨额财富,逐渐成了上海乃至远东最富有的一个犹太商人集团。

20世纪初,上海犹太商人们各显神通,竞相发展。沙逊集团一方面大力投资上海的房地产,另一方面又开展银行、典当、保险等多种行业的经营。沙逊集团的投资涉及上海的13个行业,到抗日战争爆发前夕,其总资产达50亿中国法币。作为后起之秀的另一个犹太大亨哈同则在上海繁华地段大量购置土地,建造房屋,成为名噪一时的房地产大王。还有另外一些犹太人,虽然没有沙逊、哈同那样富有,但也都是些赫赫有名的百万富翁。他们中较著名的有嘉道理家族、以斯拉家族以及安诺德家族等。

这批犹太商人来上海经营发展后,建立了自己的犹太会堂和墓地,从而形成了一个小规模的犹太社区。到20世纪20年代时，上海的这个以塞法尔迪犹太商人为主的社团最多时大约有700－800人，共有三座犹太会堂，保持着正常的宗教生活。以斯拉还于1904年创办了上海犹太社团的第一份报纸《以色列信使报》，这份报纸一直到1941年才停刊。

日本侵略中国的战争爆发后，上海犹太资本家的经营活动也受到了沉重打击，从此开始走上衰落的道路。

沙逊家族

当日军占领了上海租界后，立即对各国外商的财产进行掠夺性的接管，多数犹太商家都没能幸免。抗战胜利后，中国又爆发了内战，时局变得非常混乱和动荡。这些犹太资本家发现他们已经很难再在中国这块土地上继续经营发展了，于是纷纷开始从中国撤退，如沙逊集团将其总部迁到了巴哈马群岛的拿骚，嘉道理家族将其经营中心搬到了香港。还有一些人迁到了美洲、欧洲、澳洲。到新中国成立时，绝大部分犹太资本家已携带财产离开了上海，只有一些无法拿走的不动产留了下来。

近代上海的这批犹太大亨，从19世纪中期开始崛起，20世纪20年代前后达到鼎盛，到40年代衰落。他们在中国的经营活动大约刚好是一百年。无论在犹太历史上，还是中国历史上，一百年都是一段很短的时间。然而，他们却能在一百年中迅速崛起，积累起巨大的财富，成为令人瞩目的一个集团，后来又迅速衰退并消失，成了中国历史舞台上的匆匆过客。

20世纪初，除了上海的犹太商人集团外，中国境内还有一些犹太人。他们就是经中国东北来的俄国犹太人,这些人主要是因逃避东欧和俄国的反犹狂潮以及十月革命后的动乱而来到中国的。他们开始时生活在哈尔滨、沈阳、大连等东北城市,后来逐渐南迁到天津、上海等地,主要集中在外国租界内,经营诸如西餐馆、咖啡馆、面包房、服装店、旧货店等小本生意。他们的人数增加很快,到30年代初已有4000多人。

1931年九一八事变后,又有一大批东北的俄国犹太人逃到上海。他们在当地犹太同胞的帮助下,很快就安顿下来,逐渐融入了社区生活。人多了,活动也就多起来了。这个社团中也出现了一些活跃的犹太复国主义分子,开展宣传和支持犹太复国主义的活动,其中影响较大的是修正派犹太复国主义组织贝塔尔上海支部。这些犹太人还开展了各种文艺和体育活动,包括组织了一支足球队。犹太社区有自己的俱乐部、会堂、学校、医院、墓地以及慈善机构。他们甚至还有自己的军队,1931年上海万国商团组建了一支以俄罗斯犹太人为主的犹太连队,有队员一百多人,装备了较先进的武器并进行正规的军事训练。

然而,真正使上海成为一个犹太移民城的,是希特勒在欧洲开始大规模迫害犹太人后,像潮水般涌到上海来的德国、奥地利等中欧国家的犹太难民。

上海的外国租界当时是名副其实的自由港,外国人到这里来不需要办理任何手续,是世界上唯一既不需要护照和签证,也不需要什么经济担保便可出入的城市。从1933年起,就开始有少量中欧犹太难民进入上海。后来越来越多的犹太难民向上海涌来。仅从1938年下半年到1939年夏天,就有14500多人到达上海。

值得一提的是,1938年至1940年中国驻奥地利维也纳总领事何凤山,是最早向犹太人发放签证,帮助他们逃离纳粹屠杀的外交官之一。虽

何凤山

然犹太人进入中国上海不需要签证，但离开德、奥等国时却需要有外国签证。何凤山在德国排犹期间向奥地利犹太人发放了2000多份"救命签证"，使这些身处绝境、走投无路的犹太人获得了一条生路。何凤山因此被称为"中国的辛德勒"。2001年，早已去世的何凤山被以色列政府追授予"国际义人"称号。

  犹太难民在离开欧洲时，大部分财产都已被纳粹没收，再经过长时间的海上漂泊颠簸，来到上海时大多数人都已疲惫不堪、形同乞丐了，景况十分狼狈和凄惨。上海犹太社团热情地向这些同胞伸出了援助之手，积极向他们提供各种救济。但随着越来越多的犹太难民来到上海，给上海租界造成了很大的压力。1939年夏以后，上海租界当局和占领了上海的日本人开始采取限制措施。但到1941年，仍有近万人来到上海。直到太平洋战争爆发后，犹太难民的移入才完全停止。至此时，上海犹太人的总数已超过3万人，成为了远东地区最大的犹太社团。除上海外，还有大约1万名犹太人生活在中国其他地方，中国境内的犹太人总数超过了4万人。

生活在上海的犹太难民

  安顿下来之后，这些犹太人很快就显示出极强的适应能力，纷纷出来找工作，经营谋生。他们大都有一技之长，一些人通过职业介绍所很快找到了工作。但更多人还得自谋生路，一些人不得不放弃原先的本行，干起了各种能挣钱谋生的行业。这些来自德国、奥地利、波兰的犹太人，在上海犹太社团和中国人民的帮助下，靠自己的勤奋和智慧，在困难的条件下仍过上了比较稳定和充实的生活。

太平洋战争爆发后，日本占领当局规定持英、美护照的犹太人为敌国侨民，没收了他们的大量财产，并于1943年2月在虹口正式建立了犹太人隔离区。1万多犹太难民被强迫迁入了隔离区，里面的生活条件非常糟，居住十分拥挤，而且四周还被用铁丝网隔开，入口处有日本兵把守，出入须出示身份证明并接受检查。这些犹太难民的人身自由受到了极大的限制，生活也变得日益困难。他们主要依靠上海和国外的救济机构提供的物品和汇款，在隔离区内维持着最低限度的生活水平。这是上海犹太人历史上最黑暗的一页，直到1945年日本投降，犹太隔离区才最后取消。

上海人民向犹太难民们给予了力所能及的帮助，如向他们提供房屋，帮他们找工作。虹口的许多犹太难民与中国人杂居在一起，但他们之间很少发生矛盾和纠纷，因为大家都明白，目前他们的共同敌人是德、日法西斯，而他们彼此都是遭受侵略和压迫的患难朋友。在三四十年代，生活在上海的犹太人和中国人之间结下了深厚的友谊，还有数十人结成了异族夫妻。

在第二次世界大战期间，逃到上海来的犹太难民共有25000多人。对于他们来说，上海毕竟不是他们久留的家园，而只是躲避迫害和战火的一个避难地。他们中有些人在大战中后期便相继离开了上海，但多数人一直生活到第二次世界大战结束。从1945年开始，一批批犹太人怀着对上海的美好回忆开始离去。

最先离开上海的是德国和奥地利的犹太难民。因为德、奥是战败国，没有政府对他们给予保护，所以他们的地位较差。上海市政当局要求他们尽早离开。他们有的返回了德、奥，有的去了美国、加拿大、澳大利亚和南美。大部分波兰籍犹太人去了美国，也有少数人返回了东欧。对那些来得较早的俄罗斯犹太人来说，上海更是他们难以离舍的地方。他们一般都已在这里居住了十多年，有些人生活的时间更长。上海早已成了他们的第二故乡，他们一般都有稳定的收入，过着较宽裕的生

第九章 以色列与中国

活，因此他们都不愿离开。当后来他们大多数人不得不离去时，多数人回到了苏联，还有一些人去了美国。

上海犹太难民身份证　　　　　中国政府为犹太人发放的签证

以色列建国后，1948—1950年间，又有数千犹太人从上海移居到了以色列。中华人民共和国成立后，留在上海的犹太人只剩下了几百人，他们中的大部分后来也陆续离去了。新中国成立后，仍有一些犹太人因各种原因留了下来，生活在上海、天津、哈尔滨等地，有的终老在中国。直到1966年"文革"爆发，最后一批犹太人才不得不离开中国。这些离去的犹太人并没有忘记在他们历史上最黑暗的时刻给他们提供了庇护的中国人民。他们组织了一个"曾生活在中国的犹太人协会"，该协会的总部在特拉维夫，会员分布在世界各地。协会创办了英、俄、希伯来文会刊，并经常组织联谊活动，缅怀过去的岁月。

中国实行对外开放之后，不少当年的犹太人又携子女来到中国，回到上海、哈尔滨等地探访"寻根"，重游故地，缅怀和追忆那些流逝的岁月。1994年4月，一批当年在上海生活过的犹太难民在虹口的原难民收容所旧址立起了一块铜质纪念碑。碑上用中、英、希伯来三种文字写道：

　　第二次世界大战期间，这里曾有来自纳粹德国的二万难民幸存下来。谨以此碑献给所有的幸存者以及施以援助的热情友好、宽宏大量的中国人民。

三、中国与犹太复国运动

　　早在辛亥革命前，犹太复国主义就在上海犹太社团中传播。1903年，一位名叫以斯拉的巴格达犹太移民在上海建立了犹太复国主义组织，并派代表参加了在瑞士巴塞尔举行的第六届世界犹太复国主义代表大会。在以斯拉的努力下，上海犹太复国主义组织还办了一份《以色列信使报》，经常刊登一些文章，宣传犹太复国主义思想。

　　当1917年英国发表支持犹太人在巴勒斯坦建立"民族家园"的《贝尔福宣言》后，以埃利·嘉道理为主席的上海犹太复国主义组织立即进行了活动，希望争取中国官方支持《贝尔福宣言》。他们设法将写有这一要求的信件通过美国驻华公使交给了中华民国北洋政府外交部次长陈箓。陈箓除了对犹太人建立民族之家的愿望表示了"个人的同情"外，于1918年12月14日致函上海犹太复国主义组织主席埃利·嘉道理，称"我荣幸地通知您，中国政府在对待犹太复国主义理想的问题上持与英国政府相同的态度"。

　　上海犹太复国主义者取得的更为辉煌的成就是得到了孙中山先生对他们这一运动的支持。《以色列信使报》主编以斯拉主动致函当时也住在上海的孙中山，向他介绍犹太复国主义运动，并希望得到他的支持。1920年4月24日，孙中山写了一封信交给《以色列信使报》发表，对在巴勒斯坦建立犹太民族之家表示赞同。信件全文如下：

> JEWISH NATION DESERVES AN HONOURABLE PLACE IN THE COMITY OF NATIONS.
> —SAYS DR. SUN YAT-SEN.
>
> Replying to a letter addressed by the Editor of ISRAEL'S MESSENGER, to the ex-President of the Chinese Republic, the latter wrote in reply under date of 24th April, as follows:—
>
> "I have read your letter and the copy of Israel's Messenger with much interest, and wish to assure you of my sympathy for this Movement—which is one of the greatest movements of the present time. All lovers of Democracy cannot help but support whole-heartedly and welcome with enthusiasm the movement to restore your wonderful and historic nation, which has contributed so much to the civilization of the world and which rightfully deserve an honourable place in the family of nations."
>
> Sun Yat-sen
>
> DR. SUN YAT-SEN.

载于《以色列信使报》上的孙中山致以斯拉信

以斯拉阁下：

拜读阁下来信及《以色列信使报》，非常欣慰！

余愿就这项当代最伟大的运动之一，向阁下申致同情之忱。所有爱好民主的人士，对于重建你们伟大而历史上著名的国家，必然会给予全心的支持与热烈的欢迎。这一国家，在世界文明方面具有重大的贡献，也应该在国际上赢得一个光荣的地位。

孙逸仙四月二十四日于上海[①]

中国当时之所支持犹太复国主义运动，是认为它也是世界民族主义运动之一。中国的民族主义者在谈民族运动时，往往引用犹太人的例子来激励国人。

1927年，著名的《东方杂志》上一篇题为《犹太人与犹太的复兴运

---

① 见《孙中山全集》第五卷，第256—257页。

动》的文章这样写道：

> 中国从犹太人的情况反省什么呢？……犹太人自古到今人才辈出。中国只有历史上有伟大人物，近代无论政治、实业、学术上都无世界一流人物。我们对犹太人似不能无愧色，对本国先民也不免汗颜。犹太人虽亡国之民，到处受人轻视，尚能依旧奋斗，不畏艰辛，从事故乡复兴运动。由此可见，有国有家之民族，尤当努力奋斗，发奋蹈厉，以图自强不息之进步……我相信我们中国的同胞对开发本国宝藏，促进本国文化，如果真能具有犹太人对他们复兴运动的热心和毅力，则收效之宏，将远在犹太民族复兴故乡之上。

1945年5月，中、美、苏、英、法五大国在旧金山大会上共同建立了联合国。而犹太复国主义者担心，新成立的联合国会受阿拉伯国家的影响，不再由英国对巴勒斯坦实行委任统治，而由联合国来进行托管，从而否定《贝尔福宣言》和国联《委任统治议定书》，这样将非常不利于犹太人在那里继续建立其民族家园。中国作为联合国安理会常任理事国，其态度极为重要。为了游说中国代表团，犹太复国主义者甚至请来了当年孙中山的侍卫长、加拿大犹太人莫里斯·科恩（中文名字叫"马坤"）。经过努力，犹太复国主义者说服了中国代表团支持巴勒斯坦继续保持委任统治地位。

1947年2月，由于英国无力再继续维持对巴勒斯坦的委任统治，正式将巴勒斯坦问题提交给联合国处理。联合国调查委员会8月提出了巴勒斯坦分治方案，并将其提交大会进行表决。为使分治方案得到通过，建立一个犹太国家，犹太复国主义者又在当时联合国所在地美国纽约的成功湖开展了全方位的游说活动。同样，中国代表团是他们工作的主要对象之一。尽管中国只有一票，但是中国的一票却有特别重要的意义：因为中国是安理会常任理事国，即使分治计划获得大会通过，中国仍有否决权。犹太复国主义者们的目标是，即使不能得到中国对分治计划的支持，至少也要使中国不反对该计划。

第九章 以色列与中国

天津犹太社团的犹太复国主义青年团（Betar，1942年）

犹太复国主义者们一方面在联合国开展活动，另一方面也在做中国政府的工作。一位居住在上海名叫朱蒂丝·哈瑟的犹太复国主义修正派负责人，多次到南京国民政府进行活动，向外交部呈递叙述犹太人建国情况的备忘录。1947年夏，哈瑟得到了中华民国国民政府副主席、立法院院长孙科（孙中山之子）的一封信件，表示对犹太复国运动的支持：

尊敬的哈瑟女士：

现给您复信。我郑重声明，犹太复国主义运动在从事一项有价值的事业。我高兴地看到已故孙逸仙博士对这一运动的同情和支持现已产生了结果。作为一个热爱民主的人，我完全赞同先父的观点。

致以诚挚的问候并祝事业成功！

中华民国国民政府立法院孙科
1947年7月4日于南京

犹太复国主义者很快就把此信的抄件交给了在成功湖的中国代表团，希望能对中国代表团在即将进行的投票施加影响。但此时，中国政府已经注意到了国内人数众多的穆斯林在巴勒斯坦问题上的立场，同时也看到了中东阿拉伯国家反对分治方案的坚决态度。中国代表在联合国仍表示希望阿、犹双方能够进一步谈判，和平解决争端。最后，看到阿、犹双方不可能消除分歧时，中国决定既不投赞成票，也不投反对票，而是采取投弃权票的做法。11月29日，联合国大会表决时，33个国家投了赞成票，13个国家投了反对票，决议刚好达到三分之二多数而获得通过。中国和另外9个国家对分治决议投了弃权票，但中国却是当时11个亚洲国家中唯一没有投反对票的国家。

1948年上海犹太社团集会庆祝以色列建国

1948年5月以色列宣布建国后，中国舆论普遍表示欢迎。不仅国统区的报纸有许多肯定性的报道，中共领导的《冀中导报》也在社论中说："定名为'以色列'的新犹太国家于14日宣告成立。两千年来没有祖国而到处流浪受排斥、侮辱与屠杀的犹太人民，要求建立犹太国的愿望，开始实现了。"

但由于随后以色列和阿拉伯国家之间爆发了战争，中国国内国共两党也处于激战中，因此中以两国都没有就相互承认和建立外交关系进行联系。以色列方面此时比较关心的是当时还滞留在上海的数千名犹太难民，他们中大部分人都希望能尽快离开时局动荡的中国，移居到新建立的以色列国去。以色列外交部派人来到上海，一方面就这些犹太人的身份、财产等事宜同上海市政当局交涉，另一方面对这些犹太人进行登记，并租用船只，协助这些犹太难民前往以色列。

1949年2月，以色列和阿拉伯国家达成了停火协议。3月1日，中华民国正式宣布承认以色列，并同意以色列在上海设立领事馆。3月9日，中华民国与安理会多数成员国一道，投票支持以色列加入联合国。5月11日，以色列正式加入联合国。但是，以色列与中国国民政府的关系却没有再继续向前发展。一方面是因为双方都在忙于各自的当务之急；而另一方面，以色列领导人认识到，国民党政府已经无可挽回地失去了中国，而共产党的军队正在排山倒海地席卷全中国。

四、失之交臂：冷战时期的中以关系

1949年10月1日中华人民共和国宣告成立。中华人民共和国成立后刚100天，即1950年1月9日，以色列就决定承认新中国。以色列外交部长摩西·夏里特致电中国政府总理兼外交部长周恩来，电报全文如下：

我荣幸地通知阁下，以色列政府已决定贵国政府为中国合法政府。我高兴地借此机会对阁下表示我国政府对中华民族繁荣昌盛的真诚希望，以及我本人对阁下幸福的最良好祝愿。

当时除了苏联、波兰等一批社会主义国家承认新中国外，宣布承认中华人民共和国的非共产党执政国家只有缅甸、印度、英国、锡兰、巴基斯坦和挪威。以色列是第七个承认新中国的非共产党执政国家，也是当时唯一的中东国家。为此，中国政府总理兼外交部长周恩来1月16日回电摩西·夏里特，对以色列的承认表示欢迎和感谢，并希望两国尽早建交。

以色列称，之所以在中华人民共和国成立后很快就予以承认，完全是按国际法原则行事：只要一个国家事实上存在，其政府有效地控制着其领土和人民，就应予以承认。实际上，以色列承认新中国主要有这样几个原因：一、1948年诞生的以色列是一个刚摆脱了英国殖民统治取得独立的国家，面临着阿拉伯世界强大的反对力量，很需要得到国际上的承认，它对新中国的承认，其实也希望中国对它予以承认。二、以色列认为自己是一个亚洲国家，本-古里安等人认识到中国是一个极有潜力的亚洲大国，与它保持良好关系对以色列未来的发展是有利的。三、以色列虽然不是一个共产党国家，但它执政的工党带有较强的社会主义色彩，当时受到了苏联集团的支持。它承认与苏联有亲密关系的社会主义新中国，也是一种对以苏联为首的社会主义阵营的友好表示。

1950年6月，中国驻苏联代办在莫斯科会晤了以色列驻苏代办，询问以方是否准备向北京派驻外交使团。以方的答复是，以色列很愿意同中国保持密切联系，目前只是因为费用问题暂时无法向北京派驻外交代表。6月底，以色列内阁任命了以驻苏联公使，并决定由驻苏公使兼任驻中国公使。但以外交部很快又指示以驻苏代办："政府原则上已决定同人民中国建立外交关系，但在远东局势明朗之前，暂不要在此方面采取进一步行动。"这里所说的"远东局势"，指的是1950年6月爆发的朝鲜战争。后来中国出兵朝鲜，联合国在美国操纵下谴责中国是"侵略者"。以色列当时在政治、经济、军事上迫切需要美国的支持，在对华外交政策上，自然要看美国的脸色行事，因此在同中国建交的问题上持消极和拖延态度，从而错过了第一次建交机会。

四年后，随着朝鲜战争的结束和中国国际地位的提高，中以双方再次就建交问题进行接触。中国驻缅甸大使与以色列驻缅大使多次举行会晤，并取得了一些进展。中国周恩来总理1954年6月参加日内瓦会议回国途中访问缅甸，会见了以驻缅大使哈科汉，并邀请他访华。有了这些接触后，周恩来总理在1954年9月一届人大《政府工作报告》中宣布："我国同阿富汗和以色列建立正常关系的事宜，正在接触中。"

1955年1月，一个由以色列驻缅甸大使哈科汉为团长的经贸代表团访问了北京，受到了周恩来总理的接见，并同中方达成了贸易议定书。会谈中，中国希望在发展贸易关系的同时，两国建立正常的外交关系。然而，以方却因受美国影响，在同中国建交问题上仍在观望彷徨，躲躲闪闪。当时以色列内部存在着两种意见：一派以外交部亚洲司司长列文、驻缅甸大使哈科汉等人为代表，认为中国是一个大国，对世界事务有重大影响，主张尽快同中国建交；另一派以驻联合国代表埃班、驻美大使斯洛阿等人为首，认为同中国建交将损害以美关系，因此反对同中国建交。处于两种对立的意见之间，以色列总理兼外长夏里特举棋不定，难下决心。这样，两国间的第二次建交机会也就失去了。

中以之间的两次建交机会都因以色列的犹豫和拖延而失去，中方同以发展友好关系的诚意始终没有得到以方的响应，这不能不影响中国对以色列的看法。另外，从1954年下半年开始，中国就注意到阿拉伯国家作为一支新兴的、强大的亚非力量正在国际舞台上崛起，而以色列和阿拉伯国家之间的矛盾却在不断激化。1955年初以色列曾谋求参加在印尼万隆举行的亚非会议，但因阿拉伯和穆斯林国家的强烈反对而被排除在外。而且它在外交上也越来越多地倒向以美国为首的西方阵营。这些因素都使中国对以色列的态度开始发生变化。

在万隆会议的筹备和召开过程中，中国与阿拉伯国家的关系迅速发展。在会议期间，周恩来总理首次接触了埃及总统纳赛尔等阿拉伯国家领导人，同他们结下了友谊，对中东地区的形势也有了更多的了解。中国决定加强同阿拉伯国家的关系，在巴勒斯坦问题上采取支持阿拉伯国家的态度。周恩来在大会闭幕时强调了中国对巴勒斯坦阿拉伯人权利的支持。

以色列夏里特政府经过几个月的犹豫，尤其是当它要求参加万隆会议遭到拒绝后，才终于下决心同中国建立外交关系。1955年4月29日，也就是万隆会议闭幕后的第三天，以外交部亚洲司司长丹尼尔·列文两次致函中国外交部，明确表示希望同中国建立外交关系。但此时却为时已晚，中方已开始调整其中东政策，着眼于同"阿拉伯国家一大片"发展关系。周恩来就中以关系指示："同以色列缓建交，但可保持贸易关系。"5月21日，中国外交部电示驻缅使馆："我虽准备同以色列建交，但目前我国同阿拉伯国家开展关系，时机上应稍缓。"对以方的表示，中国采取了冷处理的方式，称目前建交时机不成熟，可继续保持接触。

1956年5月至8月，中国先后同埃及、叙利亚、也门建立了外交关系。10月，以色列与英、法一起发动了对埃及苏伊士运河的侵略战争。中国政府强烈反对英、法、以的行动，坚决支持埃及的反侵略斗争，中断了同以色列的一切接触，并开始公开批评以色列对阿拉伯国家的侵略政策。从此，中以关系进入了一个长达30年的"冻结时期"。

中国采取这样的立场，并不是因为中、以之间存在着什么直接的利益冲突，而是着眼于国际斗争全局和争取阿拉伯国家的需要。随着中国与阿拉伯国家关系的发展，中国对以色列的批评态度也变得越来越激烈。60年代中，以色列方面曾多次主动表示希望与中国接触和改善关系，但中国方面均不予回应。在"文化大革命"期间，中国对以色列的批评和谴责达到了高潮。当时中国宣传舆论称以色列是"一个犹太复国主义统治的军国主义'国家'"，"是帝国主义侵略和镇压阿拉伯民族解放运动的工具"。当时中国出版的《各国概况》和世界地图甚至不把以色列当作一个国家，只将其作为"巴勒斯坦"的一个附录。

在一次次伸出来的手遭到中国拒绝后，以色列也转而采取了对中国不友好的态度。自1965年以后，以色列在联合国内连年投票反对驱逐台湾和恢复中国的合法席位。在这种情况下，中以关系已没有任何改善的可能性，于是便处于一种相互对立和隔绝的状态中。但是，一方面由于台湾与不少阿拉伯国家保持着密切的关系，另一方面也因为以色列仍然希望同中国改善关系，以色列也一直没有同台湾建立外交关系。

在1971年10月第26届联大关于驱逐台湾、恢复中国合法席位的关键性表决中，以色列投了赞成票。尽管中国注意到了以色列的这一态度，但并不打算改变亲阿反以的政策。10月28日，周恩来重申了中国不打算同以色列建交的立场，他说："在投票支持阿尔巴尼亚提案的国家中，有一些国家中国是不能与它建立外交关系的，尽管它们的人民与中国人民是友好的，比如以色列。但这并不意味着我们不能同犹太人友好相处。以色列在1967年进行了侵略，而且一直没有解决这个问题。鉴于这种情况，尽管以色列投了支持中国的一票，中国仍不能与其建立外交关系。"

1973年5月，还发生了一次中国外交官误入雅典以色列使馆的"乌龙事件"。中国驻希腊大使原本想去参加科威特使馆的国庆招待会，但由于人生地不熟和翻译的疏忽，阴差阳错地进入了以色列驻希腊大使的官邸，并同以色列大使握手寒暄。此举被误认为中国将承认以色列，《纽约时报》第二天便刊登了此消息，弄得中方很狼狈。中国大使很快被召回国内，周恩来总理认为"雅典事件"是"十分严重、极为荒唐的政治错误"，"成为外交界的丑闻，影响极坏"。中国外交部先后三次发布通告力图消除误入事件产生的影响。

70年代后期，虽然中、以之间仍没有什么来往，但中国对以色列批评的口气已较过去有所缓和。1977年10月，埃及总统萨达特主动访问以色列，寻求和平解决中东问题的途径。绝大多数阿拉伯国家均反对埃及的这一做法，但中国却对此给予了肯定和支持，并对埃以之间实现和平持十分明确的赞成态度。1979年以后，中国中东政策一个明显的变化，就是对阿以冲突不再像过去那样持"一边倒"的态度，开始支持通过政治途径，寻求公正、合理地解决冲突的方案。从1980年起，中国一再表示包括以色列在内的"中东各国都应该享有独立和生存的权利"。

五、水到渠成：中以建交和友好往来

随着20世纪70年代中美关系的改善和中美建交，制约中以发展关系的美国因素逐渐减弱。到80年代初，中国开始实行改革开放，在对外政策方面也作了较大的调整，与越来越多的国家建立了正常的外交关系。

在这样的形势下，中以关系逐渐开始解冻。

1984年9月，以色列新总理佩雷斯在其就职演说中声称："我们愿意再一次叩响强大的中国的大门。"1985年，以色列内阁专门召开会议研究对华政策，决定由不管部长魏兹曼负责这项工作。以色列还决定拨款重开已关闭了10年的驻香港总领事馆，将其作为"通向中国的窗口"。以色列政府的目标是，利用各种渠道与中国接触，以打破以中关系僵局，争取尽快与中国建立外交关系。

自80年代中期开始，中国和以色列之间的民间往来也逐渐增多，双方通过民间交往在经济和技术方面开展合作。中国从1982年起就开始允许以色列学者以个人身份来华访问。1985年4月，以色列科学部长尼奥马

1992年1月，中以正式签署建交协议

纳和中国国家科委主任宋健在美国得克萨斯大学进行了非官方会晤。这年6月，一个以色列经济界人士代表团访问了北京，一个由中国农业专家组成的代表团也访问了以色列。1986年3月，中以之间建立了直接电讯联系。此后，双方在经贸、科技、文化、旅游等方面的民间来往日趋频繁。

在民间交往日益增多的情况下，中、以之间建立官方联系的条件已经具备。1986—1987年，中、以官员在巴黎进行了若干次接触，商讨进一步交往的可能性。1987年，中国常驻联合国代表李鹿野在纽约两次会见以色列外交部长办公室主任塔米尔，就有关问题交换意见。这年9月30日，中国国务委员兼外交部长吴学谦在纽约会见了以色列副总理兼外交部长佩雷斯。双方如此高级别的官员举行正式会晤，表明改善两国关系，逐步建立正常关系已被纳入了双方高层的议事日程。

1988年9月，以色列总理沙米尔同中国外交部长钱其琛在联大开会期间进行了会晤。1989年1月9日，中国外长钱其琛同以色列外长阿伦斯在巴黎会晤，双方就中东局势交换了看法，并商定两国常驻联合国代表保持经常性接触。根据双方达成的协议，1989年9月，中国国际旅行社代表访问了以色列，决定在特拉维夫建立办事处；同时，以色列方面也被同意在北京开设一个以色列科学及人文学院联络处。1990年2月至3月，中以双方各在对方设立的这两个常设民间机构先后开始办公。由于这两个机构均享有外交权利，从而使中、以之间建立了事实上的领事关系。

随着海湾战争的结束和马德里中东和会的召开，中、以双方加快了关系正常化的步伐。中国作为联合国常任理事国，要参与中东和平进程，就必须同阿以冲突一方的以色列建立外交关系。另外，由于阿以关系的缓和，也排除了中以关系正常化的主要障碍。

1991年12月，中国外交部副部长杨福昌访问以色列。中以建交已水到渠成、瓜熟蒂落。1992年1月以色列副总理兼外交部长戴维·利维访问中国，24日在北京同中国外长钱其琛签署了两国建交公报，宣布中以建立大使级外交关系，揭开了中犹两个民族和中以两个国家关系的新篇章。由于中、以双方早在1950年就已相互承认，并开始了外交接触，然而后来却又中断了，因此有的学者说，中以建交是"一个推迟了42年的

1993年以色列总理拉宾和夫人在中国长城

行动"。

同以色列建交是中国主动采取的一个重大外交步骤，也是中国中东政策的一个重要变化，标志着中国在阿以关系之间将持一种更加平衡的立场。中国同以建交至少有这样几点好处：首先，由于阿拉伯世界内赞成和平解决阿以冲突的力量已占了主导地位，同以建交并不会对中国同阿拉伯国家的友好关系产生多大的负面影响，却能使中国直接参与中东和平进程，加强中国在地区国际事务中的地位；其次，可通过以色列影响西方国家的对华政策，特别是通过在美国势力很大的犹太人影响美国对华政策；第三，以色列在外贸、科技、农业和军事工业等领域很有优势，中国可以加以学习、引进和利用，为自己的现代化事业服务。中以之间在经济领域开展合作互补性强，潜力大。

从以色列方面来看，它一直希望"叩开中国的大门"，这种心情在冷战后变得更为迫切。因为它认为，同中国建交：一、可以促使作为联合国常任理事国的中国在阿以冲突中转变立场，发挥更具建设性的平衡作用，并可以抑制中国武器流向阿拉伯国家。二、中国作为一个新崛起的经济大国，其广阔的市场和发展前景对以色列有着巨大的吸引力。三、以色列在国际上一直比较孤立，同中国建交就可标志着以在"亚洲孤立地位的结束"。事实上，也正是在同中国建交之后，以色列才相继与印度、蒙古、越南等亚洲国家建交的。

中以建交翻开了中、犹两个民族关系史上崭新的一页，为两国和两个民族在文化、科技、经贸等领域开展更多的交往开辟了广阔的前景。

中以建交后，两国关系发展迅速。在政治上，双方高层经常互访。以色列总统赫尔佐克（1994年）、魏兹曼（1999年）、卡察夫（2003年）和佩雷斯（2008年、2014年），总理拉宾（1995年）、内塔尼亚胡（1998年、2013年）、奥尔默特（2007年），以及利维、沙洛姆、巴拉克等高级领导人相继访华。中国的人大委员长李鹏、国家主席江泽民也分别于1999年和2000年访问了以色列，李岚清、温家宝、钱其琛、唐家璇、杨洁篪、刘云山、张高丽等高层领导也先后访以。这表明了双方对中以关系的重视和发展顺利。

两国签署了多个经贸协议与合同。由于经济上有很强的互补性，20多年来，两国间的贸易额增长迅速。据中国海关统计，1992年中以建交时贸易额仅为5000万美元，1996年为4亿美元，2005年达到30亿美元，而到2014年时双方的贸易额已超过了100亿美元，其中中国出口77亿美元，进口31亿美元。从贸易结构来看，以色列向中国出口的主要是高科技产品和技术，如农业技术与设备、通讯系统、医疗仪器、电子产品和军工产品等；中国向以色列的出口则以纺织品、轻工产品、机械设备和消费品为主。现在，中国已成为以色列在亚洲的第一大贸易伙伴和仅次于欧盟的全球第二大贸易伙伴。

以色列农业科技很发达，农业是两国最早开展的合作领域之一。两国进行了一系列农业合作项目，在中国农业大学成立了中以农业培训中心，在北京郊区建立了示范农场，在山东、陕西、云南和新疆等地，建立了农业培植、花卉种植、奶牛养殖、节水旱作

中以建交后，两国关系发展迅速

农业示范基地。2011年，中国化工集团出资24亿美元收购了世界排名第7位的以色列农用化工企业马克西姆·阿甘公司，提升了中国农化产业生产技术水平，同时也为以色列创造了新的就业机会。

中国出口到以色列的日用品、服装、家用电器、机械设备等商品质优价廉，深受以色列人欢迎，也提高了以色列民众实际消费能力和生活水平。而以色列出口到中国的滴灌、奶牛养殖等现代农业技术设备有力促进了中国农业生产力的提高。以色列的海水淡化技术在一些中国沿海城市得到较广泛应用，缓解了这些城市的淡水供应问题。

两国间文化、教育、体育等方面的交往与合作也在不断扩大。两国一些城市结成了友好城市。以色列一些大学也纷纷建立中文系、东亚系和中国研究机构。2007年和2014年，特拉维夫大学和耶路撒冷希伯来大学在中国帮助下先后开办了孔子学院。1993年以色列航空公司开通特拉维夫至北京的国际航线以来，到中国来旅游的以色列人络绎不绝。2005年6月，中方宣布将以色列列为中国公民出境旅游目的地国，越来越多的中国人也开始走向以色列。中国人民希望更多地了解犹太民族、文化、宗教以及以色列国的情况，因此，中国国内对犹太人和以色列的研究也逐渐深入，有关以色列的出版物越来越多。

前任以色列总统佩雷斯是一位老资格的政治家和外交家，为中以友好关系的发展做出了重要贡献，对中国怀有深厚的感情。2010年9月底，在中国驻以使馆举行的庆祝中国国庆61周年和中以建交18周年招待会上，佩雷斯总统当场朗诵了一首他专门创作的题为《中国旋律》的诗歌：

它像心灵的跃动，
像朱唇的亲吻；
它像青葱的春，
像缠绵的秋；
它像远古传来的福音，
像烂漫绽放的红樱；
它像滚滚奔流的长江，

像空灵高洁的悠笛；
它令人欢悦、令人成长，
令独独乐、与众众乐，皆乐。

中华民族和犹太民族都具有悠久的历史和灿烂的文化，都对世界文明的发展做出过巨大的贡献。而这两个古老的民族在历史上没有发生过任何冲突。因此，这两个伟大、古老、智慧的民族没有理由不世世代代友好下去。

六、他们都是犹太人

20世纪以来，与中国有密切关系的有名有姓的犹太人不算少，这里简单介绍数人。

辛亥革命后，孙中山的活动一度受挫。后他在苏联的帮助下，对国民党进行了改组，实行联俄、联共、扶助农工的三大政策。苏联政府曾先后派出一些人到中国来协助孙中山的革命事业，其中两个著名的人物恰好都是犹太人。一个是1922年苏俄政府和共产国际的特使越飞（他的全名是Adolf Abramovich Yoffe）。孙中山与越飞经过会谈，于1923年元月发表声明，正式宣告国民政府对外同苏俄建立联盟关系，对内与中国共产党进行联合。另一个是1923年10月来到中国的鲍罗廷（Mikhai lBorodin）。他是苏联政府派驻广州革命政府的代表，同时作为孙中山的政治顾问。他受孙中山委托，曾为国民党"一大"起草宣言。整个第一次国共合作时期他都在中国，直到1927年蒋介石发动政变后才回苏联。

前面提到，孙中山有过一位名叫莫里斯·科亨（Morris Cohen）的侍卫长，是一位德籍犹太人，1922年来到中国。他的中文名字叫马坤，善用两支短枪,人们都称他"双枪马坤"。孙中山去世后,科亨一度受到蒋介石的怀疑,认为他可能是苏联共产党的间谍。他无奈只好去加拿大当了寓公。但不久后,他又应邀回到国民党军队中,后来被授予少将军衔。

在抗日战争中,有一位被称为"外国八路"的德藉犹太人,名叫希伯。他是一位著名记者和政论家。希伯是他的中国名字,他原名叫"汉斯·希伯"(Hans Shippe),是德国共产党党员。他早在1925年就来到中国,在国民革命军总政治部编辑英文刊物《中国通讯》。国共分裂后,他回到了欧洲。中国抗战爆发后,他再次来中国,写了大量关于八路军、新四军的报道,与毛泽东、周恩来、叶挺、刘少奇、陈毅、罗荣桓等人都有较深的友谊。1942年反扫荡时,他到山东沂蒙地区采访八路军,不幸在一次与日军的遭遇中牺牲。山东临沂烈士陵园他的墓碑上至今仍镌刻着:"为国际主义奔走欧亚,为抗击日寇血染沂蒙。"

新四军中也有过一位被为"新四军中的白求恩"的犹太医生罗生特,是奥地利人,原名雅各布·罗森泰尔(Jacb Rosenthal)。他是1939年逃避纳粹迫害来到上海的犹太难民,曾在上海法租界行医,收入颇丰。当知道新四军中缺乏医务人员时,罗生特毅然带着医疗器械和药品参加了新四军。他工作认真负责,不仅为新四军官兵治伤治病,还帮助培训医务人员,后来被吸收为中国共产党特别党员。罗生特还担任过中国人民解放军东北联军总部卫生顾问。1950年中国全国解放后,他回到了祖国奥地利。除罗生特外,参加中国抗日战争的还有两位犹太医生穆勒和弗雷,他们后来都留在了中国,并加入了中国国籍。

新中国历史上也有两位有名的犹太人,一个是沙博理,另一个是爱泼斯坦。

沙博理自然是一个中国名字,他的原名是Sidney Shapiro,按一般的译法,应该是西德尼·夏皮罗,一个典型的犹太姓名。

沙博理原是美国人,1915年出生在纽约,年轻时学的是法律,当过律师,第二次世界大战期间入伍。他所在的部队选送他到康奈尔大学和哥伦比亚大学学习中文和日文,目的是破译日本的密码。他也因此了解了大量有关中国的情况,对中国共产党领导的进步力量深感敬慕和钦佩。战后他回到纽约，继续从事了一段时间的律师工作，但他对美国政府压制进步力量的做法很反感。他1947年来到中国，在上海认识了著名左翼记者、作家凤子，并同她结了婚。从此，沙博理的生活同中国的命运、同中国人民的革命事业便紧紧地连在了一起。

1963年，沙博理在周恩来总理的过问下正式加入了中国国籍，同时放弃了美国国籍。他长期一直从事文学翻译工作，后还担任了全国政协委员。他深深地热爱着中国，对中国的进步和变化感到由衷的高兴。沙博理平时喜欢穿一件中国老式的对襟棉袄，说一口中国话，当然仍带着浓浓的外国口音。他的中国朋友和同事们都称他"老沙"，年轻人则尊敬地称他为"沙老"。

作为一个生活在中国的犹太人，沙博理常常会遇到一些中外朋友向他了解关于中国开封犹太人的情况。因此他对这个问题

沙博理

也就格外关注，进行了仔细的研究。沙博理发现，不少中国学者对开封犹太人也进行过深入的研究，但他们的成果却不为国外所知，于是他便萌生了一个想法：把中国学者的研究成果介绍到外国去。经过努力，他的一本名叫《旧中国的犹太人：中国学者的研究》的英文学术著作1984年在纽约出版。这部著作成了中外学者之间研究开封犹太人的重要桥梁。

1989年，74岁的沙博理与夫人凤子应邀访问了以色列，当时中国和以色列尚未建立外交关系。他们夫妇对这个犹太人国家取得的成绩印象深刻，也很钦佩。沙博理谈到这次访问时说："我在犹太人和犹太文化当中感到很亲切。但我不信宗教，我是个无神论者。"他又说："我完全支持犹太人有自己的国家。"

伊斯莱尔·爱泼斯坦（Israel Epstein）也是一位与现代中国有着深厚关系的犹太人。他父母是俄国犹太人，20世纪初便来到了哈尔滨，后移居天津。爱泼斯坦来到天津时还不到五岁，他是在天津犹太社团中

长大的，在这里生活了整整18年，度过了青少年时代，后来又在这里成了一名记者。1938年，他23岁时在香港加入了由宋庆龄领导的"中国保卫同盟"，投身于中国人民反对日本帝国主义的斗争，从此便与中国革命事业结下了不解之缘，同时也成了一位与宋庆龄保持着终生友谊的朋友。抗战期间，他曾与其他一些外国记者一起前往延安采访、报道。

中国抗战胜利之后，爱泼斯坦到美国与父母团聚，并在那里定居。新中国建立后，1951年他与妻子埃尔茜应宋庆龄之邀，从美国又来到中国，创办了英文版杂志《中国建设》（即后来的《今日中国》）。爱泼斯坦一直任这份刊物的总编辑，为宣传新中国作出了重要贡献。爱泼斯坦全家后来都加入了中国国籍，他本人也是全国政协常委。为纪念与他保持了40友谊的老朋友和领路人宋庆龄，爱泼斯坦在1993年宋庆龄百岁诞辰时出版了他用多年时间写成的《宋庆龄传》。

"我的犹太人身份对我生活在中国有什么影响吗？当然是有影响的。"爱泼斯坦在一篇文章中回顾了他在中国70年的经历，列举了一些他的犹太人身份在旧中国给他的生活和工作带来的影响。他写道："当然，在中国社会中偶尔也会听到一些国外那种关于犹太人的老生常谈，譬如，犹太人善于做生意啦，犹太人聪明啦，等等。但这类说法一般都没有恶意，有时甚至还带有一种称赞的口气。……这反映了中国人对犹太人缺乏了解。"

除了沙博理、爱泼斯坦外，在新中国工作过的还有几位知名的犹太人，如在延安时期就参加了革命、解放后长期在对外宣传部门工作的李敦白（Sidney Rittenberg，1980年返回美国），在山东大学当教授的金诗伯（S. Ginsbourg）等人。

中国实行改革开放之后，许多国外有远眼的企业家来中国做生意和投资办企业，其中也有一些是犹太人。索尔·艾森伯格（Shaul

爱泼斯坦

Eisenberg）就是这样一位最早进入中国市场的犹太企业家。

说起来，艾森伯尔也是一位极富传奇色彩的人物。他40年代曾在中国上海生活过，后随家庭迁居日本，并与一位有日本血统的姑娘结了婚。二战后，艾森伯格通过向占领日本的美军出售生活设施起家，后又转向日本的进口贸易，获得了巨额利润，成了一位亿万富翁，据说有约13亿美元的财产。艾森伯格1949年便成为了以色列公民，同时具有奥地利和以色列国籍。艾森伯格的记忆力惊人，能说流利的德语、日语、英语和希伯来语。

早在中国改革开放初期的1978年，艾森伯格就开始进入中国市场。通过他的牵线搭桥，一些其他国家的客商也来到了中国，包括一些以色列商人也在70年代末和80年代初开始同中国做生意，而当时中国和以色列还未建交。据说，在以色列总理贝京的授权下，1979年艾森伯格用他的私人波音707飞机秘密运送了一个以色列贸易代表团到北京来参观洽谈，第二年又用同样的方法送了一个以色列工业代表团来。此后，一些以色列公司就开始建立了与中国的商业往来，但在当时国际形势下，这种经贸关系仍是秘密的，直到80年代中期才逐渐公开化。这些商业活动加快了后来中以关系正常化的步伐，艾森伯格也因此在以色列被称为"找到通向中国的通道的人"。

以色列同中国建交后，艾森伯格仍积极参与同中国的贸易往来，并投资在中国办企业，其中包括上海著名的耀华－皮尔金顿玻璃公司。他同不少中国和以色列官方高层人员保持着密切的关系。1992年底，当以色列总统赫尔佐克应邀访华时，艾森伯格也作为贵宾受到邀请，他又是自备专机随同赫尔佐克总统来中国。他在北京购置了一套住宅，一篇报道艾森伯格的文章说："他在北京家里的时间比他在以色列、奥地利和美国家里的时间还要多。"

1993年10月，以色列总理拉宾访问中国，艾森伯格再次作为贵宾应邀陪同访问。在一次正式宴会上，拉宾总理向这位当时已72岁、胖墩墩的神秘人物祝酒说："是艾森伯格先生为以色列打开了中国的大门。"1996年，艾森伯格因心脏病去世，中国有关部门对这位中国人民的老朋友表示了深切的悼念。

参考书目
（按出版时间顺序）

1. ［以］阿巴·埃班著，阎瑞松译：《犹太史》，中国社会科学出版社，1989年出版。

2. 杨曼苏主编：《以色列——谜一般的国家》，世界知识出版社，1992年出版。

3. ［奥］西奥多·赫茨尔著，肖宪译：《犹太国》，商务印书馆，1993年出版。

4. ［美］沃尔特·拉克著，阎瑞松、徐方译：《犹太复国主义史》，上海三联书店，1992年出版。

5. ［以］哈里·霍维茨著，肖宪等译：《贝京与以色列国》，云南大学出版社，1993年出版。

6. 徐新、凌继尧主编：《犹太百科全书》，上海人民出版社，1993年出版。

7. 徐向群、余崇健主编：《第三圣殿：以色列的崛起》，上海远东出版社，1994年出版。

8. 杨曼苏著：《犹太大劫难——纳粹屠犹纪实》，中国社会科学出版社，1995年出版。

9. ［英］诺亚·卢卡斯著，杜先菊等译：《以色列现代史》，商务印书馆，1997年出版。

10. 杨曼苏著：《以色列总理拉宾》，四川人民出版社，1997年出版。

11. ［美］塞西尔·罗斯著，黄福武等译：《简明犹太民族史》，山东大学出版社，1997年出版。

12. 徐向群著：《沙漠中的仙人掌——犹太素描》，新华出版社，1998年出版。

13. 潘光、余建华、王健著：《犹太民族复兴之路》，上海社科院出

（按出版时间顺序）

版社，1998年出版。

14. 潘光等著：《犹太文明》，中国社会科学出版社，1999年出版。

15. 左文华、肖宪主编：《当代中东国际关系》，世界知识出版社，1999年出版。

16. 肖宪著：《犹太人——谜一般的民族》，上海人民出版社，2000年出版。

17. 肖宪著：《中东国家通史：以色列卷》，商务印书馆，2000年出版。

18. 彭树智主编：《二十世纪中东史》，高等教育出版社，2001年出版。

19. 肖宪著：《圣殿长存——古犹太文明探秘》，云南人民出版社，2001年出版。

20. 陈健民著：《当代中东》，北京大学出版社，2002年出版。

21. 殷罡主编：《阿以冲突——问题与出路》，国际文化出版公司，2002年出版。

22. 肖宪主编：《犹太政治家传》，河南文艺出版社，2002年出版。

23. 肖宪、张宝昆著：《犹太人和以色列——以教育立足的民族和国家》，云南大学出版社，2005年出版。

24. 虞卫东著：《当代以色列社会与文化》，上海外语教育出版社，2006年出版。

25. ［美］高斯坦主编，肖宪译：《中国与犹太-以色列关系100年》，中国社会科学出版社，2006年出版。

26. 徐新著：《犹太人的故事》，山东画报出版社，2006年出版。

27. 杨曼苏等著：《今日以色列》，中国工人出版社，2007年出版。

28. 张倩红著：《以色列史》，人民出版社，2008年出版。

29. ［英］阿伦·布雷格曼著，杨军译：《以色列史》，东方出版中心，2009年出版。

30. 潘光、王健著：《犹太人与中国》，时事出版社，2010年出版。

31. 李兴刚著：《阿以冲突中的犹太定居点问题研究》，云南大学出版社，2010年出版。

32. ［美］伯纳德·巴姆伯格著，肖宪译：《犹太文明史话》，商务印书馆，2013年出版。

后 记

我从1983年进入中东研究领域,到现在已有30多年了。我对以色列和犹太人的研究从1989年开始,至今也有20多年了。而当初之所以会对这个国家产生兴趣,在很大程度上是因为一个偶然的机会,让我去到了以色列。

1988年9月,我获得国家公派到英国进修一年的机会,我选择了英格兰北部的杜伦大学(Durham University)中东和伊斯兰研究中心。在这里,我认识了一位来自以色列的博士研究生阿娜特,当她知道我在中国从事中东研究,但还从未到中东去过时,便自告奋勇地要帮我找一个去以色列访问的机会。不久后,她就告诉我,她原先的硕士导师、特拉维夫大学达扬研究中心主任伊塔马·拉比诺维奇教授(后曾任特拉维夫大学校长、以色列驻美国大使等)愿意邀请我去访问以色列,并将承担我在以期间的全部费用。

能有这样一个机会,我当然很兴奋,但真正要到以色列去,却又面临着不少困难。要知道,当时中、以还没有建交,以色列在一定程度上还是中国的"敌人",国内媒体上还充斥着对以色列的严厉批判和谴责。而我当时是中国政府公派的访问学者,能以这样的身份去访问以色列吗?犹豫之际,我拨通了中国驻英使馆教育处的电话,向他们说明了情况,并表达了我希望访以的愿望。使馆对此很重视,让我写了一份详细的书面报告。过了不久,使馆通知我,说经请示了国内(外交部),同意我以个人身份访问以色列。这样,国内就为我访以开了"绿灯"。

当我拿着特拉维夫大学的邀请函到伦敦以色列使馆申请签证时,以

后　记

使馆的签证官可能从来没见过中国护照，拿在手里研究了半天。两个多星期之后，从以色列使馆寄回来的护照上却没有签证，而是在护照中间夹着一张纸，纸上有我的姓名、身份等信息，入境签证章盖在这张纸上。原来，以色列给我做的是"另纸签证"。我想可能是出于两个原因：一是当时中以没有外交关系，他们不便在中国护照上盖章；二是可能他们为我着想，一旦我的护照上有了以色列签证，我就不可能再持这本护照到大多数阿拉伯国家和伊斯兰国家去了。

1989年4月，我终于踏上了访问以色列的旅程。后来我才知道，我算是第一个访问以色列的中国大陆学者，以前虽然也有中国学者到过以色列，但要么是来自香港、台湾的，要么是旅居美国的。此次我在以色列一共停留了20天。在拉比诺维奇教授的安排下，我在特拉维夫大学、耶路撒冷希伯来大学做了两场学术报告，与一些学术同行（尤其是几位研究中国的学者）进行了交流；应邀到两位教授家里做客，体验了犹太家庭的安息日晚宴；参观了犹太人流散博物馆、大屠杀纪念馆，去了特拉维夫、耶路撒冷、海法、戈兰高地等许多地方；还到一个基布兹的家庭里住了一天……

正是此次以色列之行，使我与以色列结下了不解之缘，以色列成了我后来的主要研究方向之一。20多年来，我又多次访问了以色列，有几次在那里待的时间还比较长。1992年中以建交时，我正好在希伯来大学杜鲁门研究院做访问学者，一时间成了以色列多家媒体追踪采访的对象。1994年，我到以色列纳塔尼亚的一个"乌尔潘"（希伯来语速成学校）学习了4个月的希伯来语，还获得了一张"初级希伯来语水平证书"。在以色列，我曾见过拉宾、佩雷斯和沙米尔等领导人，并有机会与他们对话。2014年6—7月，我在本—古里安大学以色列和犹太复国主义研究所做客座教授时，还近距离观察了以色列在加沙实施"护刃行动"的全过程。

1992年，我和我的同事写了国内第一本全面介绍以色列的书《以色列——谜一般的国家》，由世界知识出版社出版。书出版后，市场反响很好，几次再版，仍供不应求。后来，我又陆陆续续单独或者与他人合作出版了十多本有关以色列、犹太民族和犹太教的书，其中既有学术专著，也有通俗读物，还有翻译作品，另外还发表了数十篇关于以色列和犹太人的文章。尽管已搞了近30年的以色列研究，但老实说，以色列对我至今仍然是一个"谜一般的国家"。它的许多方面我仍然知之甚少，还需要去深入了解，认真研究。

  随着中以友好关系的不断发展，越来越多的中国人有机会到以色列去访问，去领略这个国家独特的自然景观和风土人情。但与此同时，很多人也不满足于"走马观花"式的游览参观，而希望更深入、更全面地了解这个国家，包括它的昨天和前天，以及它的今天和明天。我很高兴中国书籍出版社能把《以色列史话》列入"大国史话丛书"，并让我承担这本书的写作，使我有机会与读者分享我对以色列的了解和研究。感谢中国书籍出版社的领导和安玉霞编辑，正是在他们的热情鼓励下，我用了近半年的时间完成本书的写作；还要感谢我的学生洪韬、刘军、李兴刚，他们也为本书的完成提供了很多帮助。希望此书能有助于读者朋友对以色列的认识了解，激起他们对这个国家的更大兴趣。

肖　宪
2015年8月于昆明

图书在版编目（CIP）数据

以色列史话 / 肖宪著. -- 北京：中国书籍出版社，2015.10

ISBN 978-7-5068-5138-1

Ⅰ. ①以… Ⅱ. ①肖… Ⅲ. ①以色列—历史 Ⅳ. ①K382

中国版本图书馆CIP数据核字（2015）第209921号

以色列史话

肖　宪　著

策划编辑	安玉霞
责任编辑	刘　路
责任印制	孙马飞　马　芝
版式设计	添翼图文
出版发行	中国书籍出版社
地　　址	北京市丰台区三路居路 97 号（邮编：100073）
电　　话	（010）52257143（总编室）（010）52257140（发行部）
电子邮箱	chinabp@vip.sina.com
经　　销	全国新华书店
印　　刷	三河市顺兴印务有限公司
开　　本	710毫米×1000毫米　1/16
字　　数	400千字
印　　张	21.75
版　　次	2016年1月第1版　2016年1月第1次印刷
书　　号	ISBN 978-7-5068-5138-1
定　　价	58.00元

版权所有　翻印必究

他们为什么称雄世界？

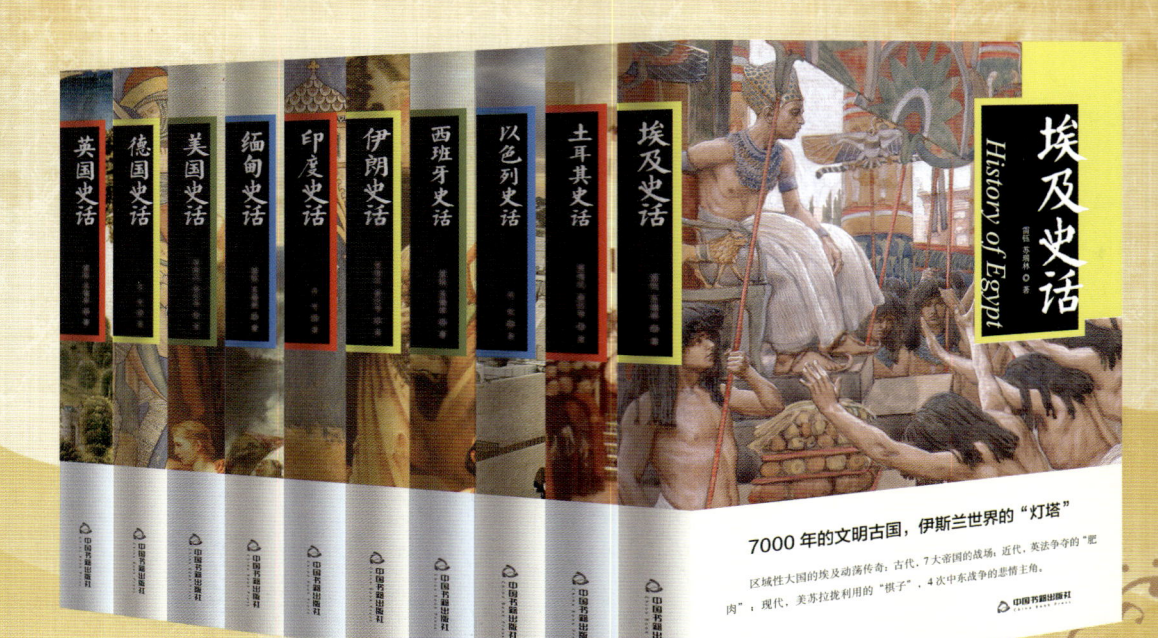

"大国史话"丛书
中国书籍出版社隆重推出

7000年的文明古国，伊斯兰世界的"灯塔"

区域性大国的埃及动荡传奇：古代，7大帝国的战场；近代，英法争夺的"肥肉"；现代，美苏拉拢利用的"棋子"，4次中东战争的悲情主角。

读懂这些大国才能更好读懂中国才能真正读懂世界

◎ **强大的作者阵容**
全国知名大学相关领域的知名学者，凝聚多年研究成果精华，内容权威，准确，评论客观、公正。

◎ **强劲的国际视角**
我们着眼历史，关注未来；瞩目一国，放眼全球。以一国兴衰荣辱，观世界风云变幻。

◎ **强悍的大国定位**
超级大国、欧美强国、新兴国家、文明古国，以及与中国地缘邻近、关系密切的国家，重新诠释今日世界多极化的『大国』精髓。